EUROPAVERLAG

Jan Ilhan Kizilhan

GEWALT IM NAMEN DER EHRE

Die Psychologie hinter Ehre, Sexualität, Religion und Terror

EUROPAVERLAG

MIX
Papier | Fördert gute Waldnutzung
FSC® C083411

Der Umwelt zuliebe
- produzieren wir zu über 90 % in Deutschland
- achten wir auf kurze Transportwege
- drucken wir auf Papier aus nachhaltiger Waldwirtschaft und anderen kontrollierten Quellen

Umschlaggestaltung und Motiv: Hauptmann & Kompanie Werbeagentur, Zürich,
unter Verwendung von Motiven von Shutterstock
Layout & Satz: Margarita Maiseyeva
Redaktion: Franz Leipold
Druck und Bindung: CPI, Leck
ISBN 978-3-95890-630-3

INHALT

DANKSAGUNG 10

EINFÜHRUNG

Ehrverletzung: ein weltweites Phänomen ... 14
Ehre in den verschiedenen Religionen und Gesellschaften ... 18

1. DIE SCHATTEN DER VERGANGENHEIT

Die Geschichte des Nahen Ostens ... 24
Ausbreitung und Entwicklung des Islams ... 29
Entwicklung des islamischen Rechtssystems ... 30
Übernahme traditioneller patriarchalischer Ehrvorstellungen ... 34
Indigene Kulturen im Nahen Osten ... 37
Einverleibung und Unterdrückung ... 38
»Osmanischer Zentrismus« ... 41
Aufleben in der Gegenwart ... 42
Eine Welt der Angst und Unsicherheit ... 43
Bedrohungen durch herrschende Mächte ... 44
Bedrohungen aus der Natur ... 46

2. DIE MACHT DER GESELLSCHAFT

Aliya – »Wenn mein Vater auf der Arbeit war […], dann ging es uns allen gut« ... 52
Ungleichheit, Hierarchie und Gehorsam als gesellschaftlicher »Rahmen« ... 55
Ungleichheit und Hierarchie als archaische Ordnungsprinzipien ... 56

Hierarchie und Gehorsam in Gruppen als Basis für Sicherheit .. 59
Solidargruppen in patriarchalischen Gesellschaften ... 61
Soziale Kontrolle ... 66
Suzan – »Für meine ›Fehler‹ fühlt sich die ganze Familie verantwortlich« ... 67
Familiäre Strukturen ... 71
Funktion und Strukturen von Familie ... 71
Familie als Rechtseinheit ... 73
Fatma – Paris, die Stadt der Liebe ... 75
Erziehung zum Gehorsam ... 79
Veränderung der sozialen Struktur und Erziehung im Krieg ... 82
Machtverhältnisse der Geschlechter ... 84
Die Beziehung zwischen Mann und Frau ... 84
Die Stellung der Frau im Islam ... 87
Verschleierung in islamischen Ländern ... 91

3. DIE MACHT DER FAMILIE

Ali Ibrahim – die Anatomie der Gewalt eines »Ehren-«Täters .. 94
Psychologische Erklärungen für Aggression und Gewaltbereitschaft ... 101
Unterdrückte, unkontrollierte Aggression ... 102
Ali – ohne Gewalt wird man als »ehrlos« abgestempelt ... 103
Lust an Gewalt und Aggression ... 104
Soziale Einflüsse – Ehr- und Schamverhalten ... 107
Strukturelle und kulturelle Gewalt ... 113
Krieg und gewaltsame Auseinandersetzungen ... 116
Dimensionen von »Ehre« ... 118
Die Ehre des Mannes ... 121
Roza – vergewaltigt, weil sie vergewaltigt worden war ... 123
Die Ehre der Frau ... 125
Die Ehre des Mannes in öffentlichen Beziehungen ... 127

Rechtsvorstellungen zu »Ehrenmorden« bzw. »Blutrachetaten« 130
Überdauern archaischer Rechtsvorstellungen 130
Rechtsverständnis von »Blutrachetaten« 134
Rechtfertigungen und Prinzipien zur Legitimierung von Gewalt 139
Tödliche Gerüchte 141

4. SEXUALITÄT ALS PATRIARCHALISCHES MACHTINSTRUMENT

Nur Schmerzen, Gewalt und Hass 146
Patriarchalische Normen und Wertvorstellungen zu Sexualität 149
Sexualität und Ehre 149
Sexualmoral im Islam 150
Sexualität und Geschlechterverhältnisse 153
Sexuelle Orientierung 155
Weibliche Genitalverstümmelung 159
Hataw – Schmerzen für eine Tradition, deren Grund niemand weiß 160
Verbreitung und Begründungen 161
Zwangsverheiratung 164
Gründe für Zwangsverheiratungen 164
Häufigkeiten und Formen 166
Zwangsverheiratung nach Vergewaltigung 168
Weitere Formen von Gewalt 168
Dilara – gegen den Willen der Familie: Durchbrennen 171
Tabuthema sexualisierte Gewalt 176
Sexualisierte Gewalt an Frauen und Mädchen 177
Folgen für die Betroffenen 180
Sexualisierte Gewalt in Krieg und Terror 183

5. POLITISCHE UND RELIGIÖSE INSTRUMENTALISIERUNG DES BEGRIFFS EHRE

Hasan – wenn normale Männer töten ... 188
Der Begriff »Ehre« bei politischen und religiösen Organisationen ... 193
Das Märtyrertum in der islamisierten Ideologie ... 194
Weil sie sich liebten, mussten sie sterben ... 198
Gründe für die politisch-terroristische Gewaltbereitschaft ... 201
Nation, Blut und Ehre ... 207
Kriminelle und ihre »Ehre« ... 212
Der Mensch kann immer töten ... 215
Gewalt als Teil des menschlichen Zusammenlebens ... 215
»Ehre« als gemeinschaftliches Ordnungssystem ... 219
»Kultur der Gewalt« ... 221

6. ANSÄTZE ZUR PRÄVENTION

Mein Körper – seine »Ehre« ... 224
Ganzheitliche Gewaltprävention ... 227
Verhaltens- und Verhältnisprävention ... 230
Prävention von Gewalt »im Namen der Ehre« ... 232
Konfliktlösung bzw. -begrenzung in der »Übergangsphase« ... 237
Möglichkeiten der Vermittlung und Schlichtung durch Dritte ... 239
Voraussetzungen für Vermittler bzw. Schlichter ... 241
Gleichbehandlung aller Beteiligten ... 243
Voraussetzungen für eine gewaltfreie Konfliktlösung durch Kommunikation ... 245
Mittelaustausch und Einschalten einer höheren Hierarchie ... 247
Therapeutische und psychosoziale Hilfe ... 248
Bei Gewalt im familiären System ... 248
Bei Ehrverletzung durch sexualisierte Gewalt ... 251

Scham und sexualisierte Gewalt ... 256
Allgemeine therapeutische und traumapädagogische Interventionen bei sexualisierter Gewalt ... 260
Männerarbeit und Vorstellungen von Männlichkeit ... 262
»Es war normal zu schlagen« ... 262
Gewaltprävention mit zugewanderten Männern ... 266
Gewalt und Männlichkeit im Kontext von Migration ... 267
Die Kategorie Geschlecht als Bezugspunkt in der Männerarbeit ... 268
Das Konzept der hegemonialen Männlichkeit ... 269
Förderung des gesellschaftlichen Wandels ... 274
Friedliches Zusammenleben durch demokratische Spielregeln ... 276
Migration und Vielfalt als Alltagsnormalität ... 277
Diversität in der Demokratie ... 279
Identität im Kontext kultureller Globalisierung ... 281
Identitäten in der Migration ... 285
Selbstfürsorge: Wie geht es den »Profis«? ... 289
Die schlimmen Erzählungen meiner Klienten werden zu Bildern in meinem Kopf ... 289
Ausblick ... 291

GLOSSAR 294

QUELLEN 300

ENDNOTEN 303

DANKSAGUNG

Es war nicht einfach, über Terror und Gewalt im Namen der Ehre zu schreiben. Als Menschen mit mir über ihre schlimmen Erfahrungen von Gewalt, Demütigung, Kränkungen, Ausgrenzungen bis zur Entmenschlichung sprachen, war ich irgendwann an der Grenze des Verstehens angelangt. Der gesunde Menschenverstand sagte mir immer wieder, »das kann doch nicht sein«, doch die Realität belehrte und belehrt mich immer wieder eines Besseren: »Ja, es passiert jeden Tag und überall!«

Daher gilt mein Dank insbesondere den vielen Menschen, die bereit waren, mir von ihren traumatischen Erlebnissen zu erzählen – ihnen ist dieses Buch gewidmet.

Abgesehen von vielen Forschungstheorien, Daten und Statistiken, waren vor allem die vielen Stunden, in denen ich mit vielen Betroffenen und Expert*innen gesprochen und diskutiert habe, für mich beeindruckend, emotional und lehrreich.

Auch Frauen, die mir besonders nahestehen, bin ich unendlich dankbar: meiner Frau Mona und meinen Töchtern Mira und Lori, die mir mit Geduld und viel Mühe eine andere Perspektive aufzeigten, die mir wahrscheinlich bis heute verschlossen geblieben wäre.

Danke meinen beiden Söhnen Heval und Robin, die das Glück haben, als Männer (fast) frei von patriarchalischen Strukturen, individuell, frei und solidarisch aufgewachsen zu sein.

EINFÜHRUNG

In den Medien weltweit wird immer wieder über sogenannte Ehrenmorde berichtet. Menschen ermorden andere Menschen, weil sie glauben, ihre persönliche Ehre oder die ihrer Familie sei verletzt worden. Die Täter geben an, sie hätten sich dazu gezwungen gesehen, diese Ehre durch den Mord wiederherzustellen. Menschen werden »im Namen der Ehre« ermordet, weil sie – tatsächlich oder vermeintlich – mit ihrem Verhalten gegen die tradierten Normen und Verhaltensregeln verstoßen und dadurch die Ehre verletzt haben. Für die Wiederherstellung der Ehre wird meist die physische Vernichtung der Person, die die Ehre verletzt haben soll, oder eines Mitglieds ihrer Familie gefordert.

Nicht nur archaisch-patriarchalische Familien und Gemeinschaften, sondern auch politische Gruppen und islamisierte Terrorgruppen bedienen sich des Ehrbegriffs. Sie legitimieren so unmenschliche Gewalttaten wie Geiselhaft, Versklavung, Köpfen und andere Formen der Ermordung von in ihrer Ideologie »unehrenhaften« Menschen.

Diese archaischen Weltanschauungen mögen veraltet und überwunden erscheinen, sie sind jedoch nach wie vor bei manchen Menschen tief verankert. In bestimmten Extremsituationen werden überflutende aggressive Emotionen aktiviert. Kommt gesellschaftlicher Druck hinzu, bleibt es nicht nur bei der emotionalen Überflutung, sondern die Emotionen werden ausgelebt. An dere Menschen werden von eigener Hand oder durch Handlanger ermordet. Die emotionale Bindung an diese Vorstellungen ist so stark und gegenwärtig, dass sogar Ehemänner, Brüder oder Väter ihre Ehefrauen, Schwestern oder Töchter töten. Im Falle einer Blutrache zwischen zwei Gruppen können Angehörige Hunderter Familien oder ganzer Gemeinschaften ohne ihr Zutun in diesen Konflikt verwickelt und in ihrer Grundsubstanz zerstört werden.

Patriarchalisch-archaische Vorstellungen haben sich in den letzten Jahren sowohl in den Herkunftsländern, wie in der Türkei, in Afghanistan, Marokko oder Ägypten, als auch in den Aufnahmeländern, wie beispielsweise in Deutschland, England oder Schweden, verstärkt. Die Zahl der getöteten Menschen im Namen der Ehre ist in den letzten Jahren gestiegen. Die ungeheuerlichen Formen von Gewalt erschrecken uns und machen uns rat- und fassungslos; wir sind kaum in der Lage, sie rational und emotional zu verstehen.

Von politisch motivierten Organisationen werden solche Taten rasch aufgriffen und dazu benutzt, die Debatte über Migration, Integration, Ausländer, Abschiebung etc. weiter anzufachen. Rasch kommt es zu einer Polarisierung und zum Teil sogar zu einer Radikalisierung, wie im aktuellen Konflikt zwischen der Hamas und Israel deutlich wird. Mögliche Gründe und Hintergründe werden kaum diskutiert, sie sind politisch nicht von Interesse. Dass die Morde zu verurteilen und die Täter zu bestrafen sind, bedarf meines Erachtens keiner Diskussion. Vielmehr geht es mir um den Versuch, dieses »System« der »Ehre«, der »Ehrenmorde«, der Blutrache und der terroristischen Gewalt zu erkunden, damit präventives Handeln entsprechend darauf ausgerichtet werden kann. Ziel muss sein, dass diese Gewalt und diese Ermordungen nicht mehr vorkommen, in Deutschland, Europa und weltweit. Scheinbar reichen die Androhungen der Rechtsstaatlichkeit mit Haftstrafen und sogar Todesstrafen nicht aus. Es braucht ein vertieftes Wissen und Verständnis zu diesem Thema.

In diesem Buch möchte ich versuchen, auf der Basis meiner zahlreichen Begutachtungen von Tätern und psychotherapeutischen Gespräche mit bedrohten Opfern Erklärungsmodelle anzubieten und Lebensvorstellungen zu beschreiben, die in Verbindung zu traditionellen Vorstellungen von »Ehre« stehen – auch um eine Grundlagendiskussion anzuregen. Neben Bezügen zu wissenschaftlichen Erkenntnissen möchte ich gleichzeitig tatsächliche Fallbeispiele vorstellen und diskutieren. Es geht dabei nicht darum, bestimmte Gruppen, Werte, Normen oder Religionen zu verurteilen oder in Misskredit zu bringen. Vielmehr sollen dieses rational so schwer fassbare Thema vor einem wissenschaftlichen Hintergrund analysiert und verschiedene Vorstellungen und Ideen vorgestellt werden, um daraus Ansätze für die Gewaltprävention auf politischer, gesellschaftlicher und praktischer Ebene abzuleiten.

Das Buch umfasst sechs Kapitel. Im ersten Kapitel werde ich auf die konfliktreiche Geschichte des Nahen Ostens eingehen, die das Fortbestehen patriarchalischer archaischer Gesellschaften und die Bewahrung der tradierten Werte und Normen bis in die Gegenwart einordenbar macht. Das zweite Kapitel widmet sich den gesellschaftlichen und familiären Strukturen dieser patriarchalischen archaischen Gesellschaften, die Gewalt im Namen der Ehre begünstigen bzw. als Teil der gesellschaftlichen Normen legitimieren. Im dritten Kapitel gehe ich auf psychologische und soziale Dynamiken und Erklärungsansätze für Aggressionen und Gewaltbereitschaft ein. Diese versuchen zu erklären, wie Menschen in der Lage sein können, selbst nahestehende Familienangehörige zu ermorden. Die Formen und Folgen der geschlechtsspezifischen und sexualisierten Gewalt, die durch die patriarchalischen archaischen Vorstellungen zu Geschlechterrollen und zu Sexualität legitimiert werden, stelle ich im vierten Kapitel dar. Der Begriff Ehre wird nicht nur in patriarchalischen archaischen Gemeinschaften verwendet, sondern er wird auch von politischen oder religiösen Organisationen instrumentalisiert, um die Gewaltbereitschaft zu fördern und Gewalt gegenüber anderen Gruppierungen zu legitimieren, wie es ganz aktuell im Konflikt zwischen der Hamas und Israel geschieht. Dem widmet sich Kapitel fünf. Im abschließenden sechsten Kapitel möchte ich schließlich Ansätze zur Prävention von Gewalt im Namen der Ehre auf der politischen, gesellschaftlichen und praktischen Ebene diskutieren und Anregungen sowie konkrete Handlungsorientierungen geben.

Ich verwende in diesem Buch bewusst das Wort »Ehrenmorde« und nicht Femizide, was für Gewaltverbrechen an Frauen steht, die durch ungleiche Geschlechterverhältnisse motiviert sind und einen Ausdruck des männlichen Dominanzbestrebens darstellen. Von »Ehrenmorden« sind, wenngleich deutlich weniger, auch Männer betroffen. Der Begriff beschreibt ein Phänomen, das seit Jahrhunderten existiert und das diese Gesellschaften in ihrem Narrativ nutzen. Dies bedeutet aber nicht, dass nicht in vielen Fällen, von denen ich hier berichte, auch der Begriff Femizide richtig wäre.

Ehrverletzung: ein weltweites Phänomen

Laut dem Weltbevölkerungsbericht der UNO werden alljährlich weltweit mindestens 5000 Mädchen und Frauen im Namen der Ehre ermordet. Diese sogenannten Ehrenmorde sind kein religiöses, sondern ein soziales Phänomen: Sie treten zwar häufig in islamisch geprägten Ländern auf, beschränken sich jedoch nicht auf diese. In manchen islamischen Staaten sind Ehrenmorde vollkommen unbekannt.

Auch Männer bringen sich im Namen der Ehre gegenseitig um, meistens spricht man in diesen Fällen von Blutrache. Von den im Bericht der UNO belegten Fällen von Ehrenmorden sind Mädchen und Frauen aus mindestens 14 Ländern betroffen, darunter Afghanistan, Bangladesch, Brasilien, Deutschland, Ecuador, Italien, Iran, Irak, Jordanien, Libanon, Palästina, Pakistan, Türkei … Die UNO geht davon aus, dass nur die wenigsten Fälle vor Gericht kommen, sodass die Dunkelziffer weitaus höher liegen muss. Nach Einschätzung der UNO bewegt sie sich zwischen 10 000 und 100 000 Fällen jährlich. Eine verlässliche Aussage kann jedoch nicht gemacht werden. Gleichzeitig hört man von vielen Menschenrechtsorganisationen, dass vielerorts wegen der spezifischen kulturellen Traditionen Verbrechen im Namen der Ehre von Richtern toleriert werden. In Ländern, wo das nicht so ist (wie z. B. in der Türkei), werden oft Minderjährige zur Tat angestiftet, um Strafmilderung zu erreichen.

In verschiedenen Gesellschaften international wurden bis weit in die 1990er-Jahre Ehrenmorde nicht als Menschenrechtsverletzungen behandelt, sondern als in die jeweilige nationale Gesetzgebung fallende »normale Verbrechen«. Erst auf Druck von zahlreichen Menschenrechtsorganisationen begannen in den letzten Jahren verschiedene NGOs (Non-Governmental Organisations – nichtstaatliche Organisationen), diese Problematik aus einer Menschenrechtsperspektive zu betrachten.

Im Jahr 2011 verabschiedete der Europarat ein »Übereinkommen zur Verhütung und Bekämpfung von Gewalt gegen Frauen«, im allgemeinen Sprachgebrauch als »Istanbuler Konvention« bezeichnet. 2021 verließ die Türkei die »Istanbuler Konvention«, seitdem stieg die Gewalt gegen Frauen jährlich an (vgl. Zimmer 2022). Im Jahr des Austritts, 2021, wurden nach Angaben der Plattform »Wir werden Femizide stoppen« 280 Frauen von Männern ermordet. Bei weiteren 271 Todesfällen stand der Verdacht im Raum, dass es sich um Femizide handelte – etwa, wenn Frauen während eines Streits mit dem Partner angeblich »plötzlich« vom Balkon gesprungen sein sollen.[1] Nur ein Jahr später waren es bereits 334 Femizide und 245 Verdachtsfälle. Viele dieser ermordeten Frauen wurden von ihren Partnern in ihrem Zuhause getötet, obwohl sie zuvor versucht hatten, Schutz zu bekommen.[2]

Das Frauenzentrum in Diyarbakir[3] berichtete bereits 2005, dass sich bis dahin 6902 Frauen bei ihnen wegen Gewalt in der Kern- oder Großfamilie gemeldet hatten. Nach den Angaben des Zentrums litten die Frauen zu 100 % unter psychischen Problemen. Etwas 58 % hätten physische Gewalt und 13,7 % Vergewaltigungen erlebt. Über 65 Frauen mit einer starken Suizidalität hätten bei dem Zentrum Hilfe gesucht. Das Zentrum habe 63 Frauen, aus Angst, dass diese wegen möglicher Ehrverletzung und Blutrache getötet werden könnten, an einem unbekannten und sicheren Ort untergebracht. Laut TERRE DES FEMMES wurden 2022 mindestens 19 Personen Opfer eines mutmaßlichen (versuchten) »Ehren-«Mordes. Dabei starben sieben Personen, bei zwölf blieb es beim Mordversuch. Unter den Opfern waren 13 weiblich und sechs männlich. Sieben der 19 Opfer waren minderjährig, von ihnen wurden drei tödlich verletzt und starben.[4] Leider sind die aktuellen Zahlen in der Türkei besorgniserregend. So wurden laut der türkischen Frauen-Föderation in den ersten drei Monaten 2024 insgesamt 114 Frauen getötet.[5] In dem Bericht wird detailliert ausgeführt, dass 37 Frauen direkt von ihren Ehemännern getötet, 14 Frauen tot aufgefunden, 4 Frauen von ihnen bekannten Männern, 12 Frauen von Mitgliedern der eigenen Familie, 4 Frauen von ihren geschiedenen Ehemännern und eine Frau von dem Lebenspartner ermordet wurden. Bei den anderen Frauen sind die Täter nicht bekannt. Ein Jahr zuvor, also 2023, wurden 438 Frauen getötet. Davon waren 180 verheiratet, 102 ledig, 27 getrennt, 12 religiös verheiratet, und bei 117 war die Beziehung unklar. Die Frauen kamen durch Pistolen (196), scharfe Gegenstände (86), Sturz aus einer Höhe (36), Würgen (17) ums Leben bzw. bei 103 war die Todesursache unklar.[6]

Es ist aber auch festzuhalten, dass die toxischen Vorstellungen von Männlichkeit, Ehre, Besitz, Stolz und Herrschaft herkunftsübergreifend der Hauptgrund dafür sind, warum Männer zu Gewalttätern werden. Laut einer gemeinsamen Veröffentlichung des Familienministeriums und des BKA (Bundeskriminalamt) wurden im Jahr 2015 127 457 Menschen in Deutschland Opfer von Gewalt (Mord und Totschlag, Körperverletzungen, Vergewaltigung, sexuelle Nötigung, Bedrohung, Stalking) durch ihre Partner oder Ex-Partner, von den Betroffenen waren 82 % Frauen. Davon wurden 11 400 Opfer schwerer Körperverletzung, 331 von Mord oder Totschlag.[7] Bei Vergewaltigung und sexueller Nötigung in Partnerschaften sind die Opfer zu fast 100 % weiblich, bei Stalking und Bedrohung in der Partnerschaft sind es fast 90 %. Bei vorsätzlicher, einfacher Körperverletzung sowie bei Mord und Totschlag in Paarbeziehungen sind es 80 % (Partnerschaftsgewalt, kriminalstatistische Auswertung, BKA, 2015).[8] Die Zahlen der Partnerschaftsgewalt stieg laut BKA im Jahr 2020 auf 143 016, was u. a. mit der Pandemie im Zusammenhang gesehen wird.[9]

Diesen Zahlen sollte gleichermaßen unsere Aufmerksamkeit gelten, egal, ob die Gewalt im Namen der »Ehre« oder innerhalb eines »Familiendramas« geschieht. Und dennoch sind sogenannte »Ehrenmorde« eine andere Form von Gewalt und Beziehung. Wie kann es sein, dass ein Vater aufgrund geglaubter Norm- oder

Werteverletzung seine zuvor geliebte Tochter töten kann? Wie kann ein Bruder seine eigene Schwester aus diesen gleichen Gründen töten und zu einem Mörder werden? Dies ist mehr als »nur« Gewalt. Eine tiefe archaische Vorstellung von Rationalität und Bosheit, gekoppelt mit Kultur und Religion, verändern den Menschen in seiner Psyche. Und so wird geglaubtes Fehlverhalten oder – in deren Sprache – eine »Ehrverletzung« mit psychischer und physischer Vernichtung bestraft.

Ehre in den verschiedenen Religionen und Gesellschaften

In den großen Religionen der Welt ist die »Ehre« ebenfalls Gegenstand vieler Diskussionen. So zeigt die Verwendung des Wortes Ehre in den Sprachen der Antike eine Gemeinsamkeit auf, die trotz unterschiedlichster Ehrbegriffe konstant ist: Ehre steht immer in Relation, im Verhältnis zu einer Größe, von der sie zuerkannt oder von der sie als Anerkennung empfangen wird. Ohne diese Beziehung ist Ehre nicht zu fassen. Diese Eigenschaft macht sie zugleich anfällig und ambivalent. In dem einen Lebensbereich kann sie zuerkannt, in einem anderen gleichzeitig aberkannt sein (z. B. politische Morde für die nationalen Interessen, Morden für die Befreiung, Religion etc.). Ehre existiert nicht absolut, sondern immer nur relativ, in Beziehung: zu den Menschen, zur Gemeinschaft, zu mir selber, zu Gott.

Die hebräische Bibel spricht vielfältig von Ehre und bezieht diese fast ausschließlich auf Gott. Ihm und nur ihm kommt Ehre zu: »Die Himmel erzählen die Ehre Gottes« (Psalm 16,11). Die biblische Rede von der Ehre ist aufs Engste mit der Rede von der Herrlichkeit Gottes verbunden, die beiden Begriffe werden synonym verwendet. Die Herrlichkeit strahlt in der Schöpfung auf, sie strahlt in Jesus Christus auf (Joh 1,14), deshalb geben alle Geschöpfe Gott Lobpreis und Ehre, Verherrlichung und Anbetung (Ps 19,1; Jes 6,3; Sir 43,1f). Und in diese Herrlichkeit, diese Ehre werden sie endgültig einbezogen sein, sie wird an ihnen offenbar werden (so Paulus in Röm 8,18). Gott gibt in Schöpfung, Erlösung und Vollendung Anteil an seinem Leben, wendet den Geschöpfen die Ehre des Daseins zu. Der Mensch »ehrt«, verherrlicht Gott, gibt Gott die Ehre, indem er ihm allein seine Achtung erweist, sein Staunen, Dank, Lob, Erschrecken und Anbetung. So ist »die Ehre [Gottes] … der lebendige Mensch«.

Solcherart abgeleitet von der Ehre, der Herrlichkeit Gottes, spricht die Bibel dann weiter von der Ehre des Menschen: »Der Herr gibt Gnade und Ehre« (Ps 84,12, Sir 1,11), das heißt, Gott erkennt sie zu. Nur darum aber kann im Land Ehre wohnen (Ps 85,10), ergibt sich eine Gemeinschaft, die auf Ehr-Erbietung beruht, und zwar untereinander, zueinander, zu den anderen Menschen. Die horizontale Ebene, die Beziehung zwischen den Menschen, wird bestimmt, ja eigentlich erst möglich, durch die vertikale Ebene, die Beziehung zwischen Gott und Mensch.

Die Ehre ist z. B. in Deutschland bis heute ein Rechtsgut, das durch das Strafrecht geschützt wird (§185 – §188 StGB). Ehrenrührige Behauptungen, Darstellungen und Meinungsäußerungen können mit Geld oder Freiheitsstrafen geahndet werden. Dabei steht dies, rechtlich gesehen, in einem Spannungsverhältnis zur Meinungsfreiheit (Artikel 5 Grundgesetz), die in der heutigen Gesellschaft für viel wichtiger erachtet wird als die persönliche Ehre. Dabei war die Ehre bis in die Neuzeit hinein ein persönliches Gut, das jeder auch persönlich zu schützen hatte. Versuche innerhalb der feudalen Staatsordnungen, den Schutz der Ehre in das staatliche Gewaltmonopol aufzunehmen, scheiterten trotz der

Androhung allerhärtester Strafen. Bekannt sein dürften noch die zahlreichen Duelle aufgrund der Ehre, die bis in die 1920er-Jahre stattfanden. Zu mächtig war die Vorstellung, dass verletzte Ehre nur mit Blut abgewaschen werden kann. Ehrverlust führte zum Verstoß aus der Gemeinschaft und betraf Männer vor allen in Bezug auf mangelnde Tapferkeit und Frauen in Bezug auf mangelnde sexuelle Zurückhaltung. Aus diesen Tatsachen sind viele Tragödien entstanden, wirkliche persönliche und künstlerisch aufbereitete, die noch heute auf den Theaterbühnen aufgeführt werden.

Der Begriff »Ehre« ist etymologisch sehr alt und ursprünglich im religiösen Rahmen zu Hause. Aber schon im 8. Jahrhundert vor unserer Zeitrechnung beschreibt Homer die Ehre als ein Wort aus der Kampfessphäre. Dem, der gewonnen hat, gebührte die Ehre. Verletzte bzw. beleidigte Ehre konnte schon damals nur im Kampf zwischen Männern wiederhergestellt werden. Ehre stand auch immer im Zusammenhang mit Besitz. Nur wer über Besitz verfügte, konnte Ehre haben. Je größer der Besitz, umso größer die Ehre. Die ritterliche Ehre des frühen und hohen Mittelalters stand der Bedeutung des Wortes in der homerischen Zeit noch sehr nah. Im 13. Jahrhundert bedeutete Ehre Anerkennung und Erfolg. Für Feudalherrn und Lehnsmann waren mit der Ehre auch vielseitige Verpflichtungen verbunden. Es gehörte zwingend zu einem gottgefälligen Leben, ehrbar zu leben und jedem seine standesgemäße Ehre zu erweisen.

Im 18. und 19. Jahrhundert stand dann auch das Bürgertum durch den gesellschaftlichen Aufstieg unter den strengen Regeln der Ehre und deren Verteidigung. Verschiedene Beispiele der Ehrverletzung werden sicherlich den Leser*innen durch den Kopf gehen. Man denke nur an eine öffentliche Beleidigung, Beschimpfung oder gar eine Ohrfeige. Die Öffentlichkeit ist ein wichtiges Element, das für den Drang und gesellschaftlichen Zwang zur

Wiederherstellung der Ehre überaus wichtig ist. Wurde eine Beleidigung und Ehrverletzung in der Öffentlichkeit erfahren, ist es auch notwendig, die Ehre in der Öffentlichkeit wiederherzustellen. Es könnte sonst die Gefahr bestehen, von der Gesellschaft als schwach angesehen und ausgegrenzt zu werden. Zu Ehrverletzungen wurden und werden auch Misshandlung und Unterdrückung gezählt, um die gefährdete Familienehre zu schützen. Die Handelnden nehmen lieber eine lange Haftstrafe auf sich, als geächtet mit der Schmach zu leben. Sie stehen dabei unter einem enormen Zwang und handeln mitunter sogar gegen ihre eigene Überzeugung. Ehrenmorde werden von männlichen Familienmitgliedern ausgeführt, aber bei der Planung und Vorbereitung sind in vielen Fällen auch weibliche Familienangehörige beteiligt.

In diesem Buch werden viele reale Geschichten von Menschen wiedergegeben, damit die Leser*innen neben fundierter Theorie auch eine Vorstellung davon bekommen, was es bedeutet, Grausamkeiten aufgrund geglaubter Werte- und Normverletzung zu erleben, aber auch Täter dieser Grausamkeiten sein. Ich habe Namen und Orte geändert, damit die Menschen anonym bleiben und nicht gefährdet werden. Jegliche Ähnlichkeit mit lebenden oder toten Personen ist rein zufällig.

1.
DIE SCHATTEN DER VERGANGEN-HEIT

Egal, wie sehr und wie schnell wir uns technisch und gesellschaftlich weiterentwickeln, die Erfahrungen und Lebensweisen unserer Vorfahren, ihre Normen und Werte »sitzen uns in den Knochen«. Sie sind tief verwurzelt in unserem kollektiven Gedächtnis, meist ohne dass wir uns dessen bewusst sind. Unsere Vergangenheit spiegelt sich auch in den komplexen gesellschaftlichen Strukturen wider, die unserem Leben heute den Rahmen geben. Diese sind das Ergebnis einer jahrhundertelangen, wenn nicht sogar jahrtausendelangen Entwicklung. Wenn wir uns mit zum Teil brutalster Gewalt bis hin zu Ermordungen im Namen der »Ehre« beschäftigen, dann ist das Betrachten der gesellschaftlichen Macht- und Gewaltstrukturen in ihrer historischen Entstehung hilfreich für eine erste Annäherung.

In diesem Kapitel gehen wir der Frage nach, wie sich »Ehre« als Gewalt legitimierendes bzw. sogar einforderndes Konzept in manchen Gesellschaften entwickeln und verselbstständigen konnte. Wir versuchen zu verstehen, wie es sich so tief in das Bewusstsein von Millionen Menschen einprägen konnte, dass diese ihr Verhalten und Handeln danach ausrichten und sogar bereit sind, nahestehende Familienmitglieder dafür zu töten. Der Fokus der folgenden Kapitel liegt dabei auf dem Nahen Osten[10].

Die Geschichte des Nahen Ostens

Ein Großteil des Nahen Ostens war über viele Jahrhunderte hinweg Teil des *Römischen Reichs*[11]. In dieser Zeit vor mehr als 2000 Jahren nahmen die Lebensweisen der römischen, aber auch der griechischen Gesellschaft Einfluss auf das nahöstliche städtische Leben, vor allem in den an das Mittelmeer angrenzenden Ländern.

Die dortigen Eliten diskutierten die römische und griechische Philosophie, sie setzten sich mit der Literatur auseinander und praktizierten die Sprachen. Im Gegenzug nahmen die Römer verschiedene nahöstliche Rituale und Werte mit ins damalige »Zentrum der Welt« nach Rom. So hatten z. B. zahlreiche römische Soldaten die *Mithrasreligion* angenommen, die vor allem im persischen Raum stark verbreitet war. Sie versuchten, diese mit der römischen Kultur zu verbinden.

Im 4. Jh. n. Chr. veränderten sich die politischen und militärischen Machtkonstellationen, und das Machtzentrum verschob sich von Rom nach Konstantinopel, dem heutigen Istanbul. Unter Kaiser Konstantin wurden griechischsprachige Beamte eingesetzt. Die großen Städte im östlichen Mittelmeerraum, Antiochia in Syrien und Alexandria in Ägypten, wurden Zentren der griechischen Kultur. Etwa zur gleichen Zeit wuchsen die christlichen Enklaven, an manchen Orten war sogar die Mehrheit der Menschen christlich. Neben der jüdischen Religion und anderen Glaubensrichtungen floss auch der christliche Glaube, unterstützt durch den Kaiser, in die Kultur mit ihrer Symbolik und Lebensweise ein. Als Sprachen für die Verbreitung des Christentums dienten Armenisch in Ostanatolien, Syrisch in Syrien und Koptisch in Ägypten. Diese Entwicklung brachte Spannungen und Konflikte mit sich. Der Einfluss und die Macht der Bischöfe weiteten sich aus, und mit der Zeit übernahmen sie die weltliche Macht des Kaisers. An den Randgebieten ihrer Machtzentren entstanden immer wieder Konflikte zwischen Anhänger*innen des Christentums und den bestehenden Naturreligionen. Auch innerhalb des Christentums selbst kam es zu Spaltungen, und es entstanden verschiedene Glaubenskirchen.

Im Osten, das heißt auf der anderen Seite des Euphrats, lag zu dieser Zeit das *Sasanidenreich*. Es reichte vom heutigen Iran und

Irak bis nach Zentralasien. Unter der Herrschaft der *Sasaniden* lebten zahlreiche unterschiedliche Kulturen und ethnische Gruppen, zum Teil durch Wüsten, Steppen und Berge voneinander getrennt. Die *Sasaniden* errichteten einen Familienstaat mit einer hierarchisch gegliederten Beamtenschaft. Sie versuchten, Loyalität und Einheit zu schaffen, indem sie die altiranische Religion wieder zum Leben erweckten, die auf den Religionsstifter *Zarathustra,* auch Zoroaster genannt, zurückgeführt wird. *Zarathustra* gilt als erster Prophet in diesem Gebiet, der das System von Gut und Böse entwickelt und verbreitet hatte. Er ging davon aus, dass es, bezogen auf das ganze Universum, einen Kampf zwischen bösen und guten Kräften gibt. Die guten Kräfte würden schließlich gewinnen, durch die Kraft tugendhafter Menschen. Die Religion des *Zarathustra* geht, unterschiedlichen Angaben zufolge, zurück bis ca. 2400 oder ca. 600 v. Chr. Die *Sasaniden* nutzten diese Religion als ein Instrument, um die verschiedenen Gruppen in ihrem Herrschaftsgebiet zu vereinigen.

Weiter südlich, zu beiden Seiten des Roten Meeres, grenzten andere Gesellschaften an, die von Landwirtschaft und Handel lebten und durch traditionelle Machtstrukturen organisiert waren. Westlich des Roten Meeres lag Äthiopien, ein altes Königreich mit dem koptischen Christentum als Staatsreligion; östlich davon, im Südwesten der Arabischen Halbinsel, lag der Jemen. Der Jemen hatte eine eigene Sprache, die sich vom Arabischen unterschied, das sonst überall in Arabien gesprochen wurde. Er hatte außerdem eine eigene Religion mit Priestern und einer Vielzahl von Göttern. Der größere Teil der Arabischen Halbinsel bestand aus Steppengebieten oder Wüste mit Oasen. Die Menschen dort sprachen verschiedene arabische Dialekte und unterschieden sich auch in ihrer Lebensweise voneinander. Ein Teil lebte als Nomaden mit Tierherden aus Kamelen, Schafen oder Ziegen, die im Umkreis der spärlichen Wasserstellen in der Wüste weideten. Daneben gab es sesshafte Bauern, die in den Oasen Getreide anbauten und Palmen pflanzten, sowie Händler oder Handwerker, die in kleinen Ortschaften lebten. Zwischen den verschiedenen Gruppen gab es immer wieder Konflikte und Kämpfe um die spärlichen Weiden, Wasserstellen oder Oasen. Die politische Situation auf der Arabischen Halbinsel war instabil. Daher war die Loyalität zur Familie oder zum Stamm lebensbestimmend. Insbesondere für die Nomaden war der Zusammenschluss zu Stämmen Voraussetzung für das Überleben. Als ein Ausdruck für Zusammenhalt und Loyalität galt dabei der charakteristische Dialekt der gemeinsamen Herkunft.

Die Stammesführer hatten einen enormen Einfluss auf das gesellschaftliche und familiäre Leben, sie regelten das Handeln und Verhalten der Stammesmitglieder bis in die kleinste Angelegenheit der Familien hinein. Ihre Macht ging meist von den Oasen aus, wo sie enge Verbindungen zu den Kaufleuten unterhielten, die den Handel im Stammesgebiet organisierten. In der vorislamischen Zeit hatten die Religionen in diesem Gebiet offenbar keine klaren Formen und waren sehr mit Naturphänomenen verbunden. Man sah in Steinen, Bäumen, Felsen und anderen Gegebenheiten der Natur die Verkörperungen örtlicher Gottheiten; auch wurden Gestirnkulte praktiziert. Gute und böse Geister, sogenannte Dschinn, durchzogen nach diesen Vorstellungen die Welt in Gestalt von Tieren und anderen Wesen (vgl. Çinar 2007).

Mit dem Beginn des 7. Jh. n. Chr. änderte sich vieles im Nahen Osten. Das *Byzantinische Reich,* das sich aus dem östlichen Teil des *Römischen Reichs* entwickelt hatte, und das *Sasanidenreich* führten lange Kriege gegeneinander, die mit Unterbrechungen von 540 bis 629 n. Chr. andauerten. Die hauptsächlichen Kampfgebiete dieser Kriege lagen im heutigen Syrien und Irak. Das *Sasanidenreich* führte gleichzeitig auch einen Krieg gegen das Jemenitische

Reich und konnte sich letztendlich nicht behaupten. Zudem besiedelten zunehmend Araber weite Gebiete Iraks und Syriens und brachten ihre gesellschaftlichen Organisationsformen mit. Manche der Stammesführer, die ihre Macht von Oasenstädten ausgehend ausübten, hielten im Auftrag der Reichsregierungen andere Nomaden von den besiedelten Gebieten fern und zogen Steuern ein. So konnten diese Reiche nach außen hin stabilere politische Gemeinschaften schaffen. Die »kulturelle Autonomie« blieb erhalten, damit aber auch der Kulturwechsel und -austausch zwischen den vielen Gruppen mit unterschiedlichen Lebensvorstellungen und Werten.

In der Mitte des 7. Jh. n. Chr. begann sich eine neue politische Ordnung im Nahen Osten zu etablieren, die sich rasch über die gesamte Arabische Halbinsel, das ganze *Sasanidische Reich* und einen Großteil des *Byzantinischen Reichs* im Osten, vor allem Syrien und Ägypten, ausbreitete. Diese neue Herrschaft entwickelte und rekrutierte sich nicht in Byzanz, Griechenland, Rom oder Persien, sondern im westlichen Arabien, zu einem großen Teil in Mekka, einer Stadt im heutigen Saudi-Arabien. Diese Herrschaft legitimierte ihre gesellschaftliche Ordnung durch eine göttliche Offenbarung, die *Mohammed* zuteilwurde. Diese bildete die Grundlage für den Islam und wurde in Form eines heiligen Buches, des Korans, verschriftlicht. *Mohammed* versuchte, durch die Verbreitung seiner Lehren eine neue Gemeinschaft mit alten und neuen Regeln zu gestalten. Allerdings war bei der »islamischen Eroberung« immer auch Gewalt dabei. Viele Gemeinschaften konvertierten zum Islam, behielten aber ihre präislamischen Rituale bei oder wurden in diesen durch den Islam bestärkt.

Ausbreitung und Entwicklung des Islams

Auf das Leben *Mohammeds* und auf den Islam an sich wird im Folgenden nur insoweit eingegangen, wie es für ein Verständnis der Vorstellungen von »Ehre« wichtig ist. Es geht dabei nicht darum, den Islam in irgendeiner Weise infrage zu stellen. Vielmehr soll Wissen darüber vermittelt werden, welche »Reise« der Begriff »Ehre« genommen hat und wie er auch im Islam verstanden und umgesetzt wird, da wir vor allem aus vielen islamisch geprägten Ländern von »Ehrverletzungen« und »Ehrenmorden« hören.

Der Islam war fast von Beginn an eine machtpolitische »Erfolgsgeschichte«. Nachdem *Mohammed* und seine muslimischen Gefolgschaften in *Mohammeds* Heimatstadt Mekka unter starken Druck geraten waren, konnten sie nach der Auswanderung nach Medina, ca. 350 km nördlich von Mekka, im Jahr 622 n. Chr. dort die weltliche Herrschaft übernehmen. Von Medina aus verbreitete sich der Islam innerhalb weniger Jahre über die gesamte Arabische Halbinsel. Nur 100 Jahre später reichte der Herrschaftsbereich der islamischen Staatsgewalt von Spanien bis Indien und vom Kaukasus bis zur Sahara. Die Ausbreitung der religiösen Gemeinschaft war immer auch mit der Ausbreitung der weltlichen Herrschaft verbunden. Dieser Umstand hat die Entwicklung des Islams ebenso nachhaltig beeinflusst wie die Vielgestaltigkeit der Lebensverhältnisse in dem riesigen Herrschaftsgebiet.

Für die militärische Ausbreitung des von Muslimen beherrschten Territoriums wird in den klassischen Interpretationen des Korans vielfach der Begriff »Cihad« verwendet, der heute zum Teil mit »Heiliger Krieg« übersetzt wird. Der Begriff ist sowohl in der Vergangenheit als auch in der Gegenwart sehr stark politisch instrumentalisiert worden. Ein Beispiel dafür ist der von Saddam

Hussein erklärte Krieg gegen den Iran und Kuwait, den er zum »Cihad« ausrief. Viele Islamgelehrte verstehen den Cihad eher als einen Kampf gegen die eigenen schlechten Eigenschaften im Menschen. Zum anderen wird auch vom »kleinen Cihad« gesprochen, im Sinne des Kampfes zur Verteidigung gegen Aggressoren, ein Abwehrkampf, der aber selbst zur Aggression ausufern kann, so das Islamische Zentrum in Hamburg 1984.

Entwicklung des islamischen Rechtssystems

Das Wort »Islam« im eigentlichen Sinne heißt »Unterwerfung unter Gott«. Diese Unterwerfung wird umfassend verstanden. Sie betrifft die innere Glaubensüberzeugung ebenso wie die religiöse Praxis und die Lebenspraxis, die sowohl auf das Diesseits wie auch auf das Jenseits ausgerichtet sind. Entsprechend gibt es im Islam einen gemeinsamen Oberbegriff für Religion und Recht, den Begriff »Scharia«. »Scharia« bedeutet so viel wie der »gebahnte Weg« und umfasst mehr, als mit der häufigen Übersetzung »islamisches Recht« ausgedrückt wird.

Das Regel- und Sanktionssystem der Scharia beruht auf Bewertungen (Geboten), Erlaubnissen und Verboten sowie auf Empfehlungen und Missbilligungen. Diese betreffen sowohl die Beziehungen von Menschen und anderen Rechtssubjekten untereinander wie auch deren Verhältnis zu den Trägern der Rechtsordnung, was heute vor allem der Staat und seine Organe sind. Es stellt eine Verbindlichkeit für die gesamte menschliche Lebensführung dar und beansprucht, dass der zugrunde liegende Bestand von Geboten und Verboten nicht nur religiös, sondern auch durch die Rechtsgebung gesellschaftlich verankert ist. Rein religiöse Vorschriften sind im Gegensatz dazu nicht rechtlich erzwingbar, sondern allenfalls durch sozialen Druck. Ihre Missachtung hat neben sozialen nur jenseitige Folgen, sofern nicht der Staat aus

Gründen der öffentlichen Ordnung auch diesseitige Sanktionen vorsieht.

In diesem umfassenden Geltungsanspruch unterscheidet sich der Islam im Grunde nicht vom Christentum oder von anderen Religionen. Das Vorhandensein religiöser und rechtlicher Regelungen bedeutet zudem nicht, dass nicht zwischen beiden getrennt werden könnte (vgl. Rohe 2013). In einigen Ländern des Nahen Ostens wird der Islam bzw. die Scharia jedoch als Instrument eingesetzt, um bestimmte politische Interessen durchzusetzen. In der Türkei versuchte beispielsweise die islamisch geprägte Regierungspartei AKP (»Adalet ve Kalkınma Partisi«, türkisch für »Partei für Gerechtigkeit und Entwicklung«) 2004 die außereheliche Beziehung nach dem Vorbild des Islams unter Strafe zu stellen, ließ dies jedoch aufgrund zahlreicher Proteste im In- und Ausland und wegen der angestrebten EU-Mitgliedschaft wieder fallen.

Insgesamt lässt sich als Exkurs hier festhalten, dass von den heute weltweit 50 muslimischen Ländern etwa 30 Länder eine Verfassung haben, die sich strikt oder zum Teil auf die Scharia als Rechtsquelle berufen. Alle diese Länder sind autoritär geführt, Frauen haben in ihnen deutliche Nachteile, Menschen werden als Strafe ausgepeitscht oder hingerichtet.[12] Im Iran werden insbesondere Frauen schwer bestraft oder gar getötet, wenn sie sich für ihre Freiheit und gegen die Unterdrückung durch das Patriarchat im Namen der Scharia wehren. So wurden nach den Protesten, nachdem die 22-jährige Kurdin Jina Mahsa Amini am 16. September 2022 in Polizeigewahrsam gestorben war und Tausende Frauen im Iran ihr Kopftuch als Zeichen der Unterdrückung ablegten, die Verschleierungsgesetze laut der UNO verstärkt.[13] Frauen in Afghanistan werden vom Bildungssystem ausgeschlossen, und Bilder von Steinigungen lassen einen den Atem stocken und sprachlos werden.

Ein Großteil des klassischen islamischen Rechts der sunnitischen und schiitischen Glaubensrichtungen beruht auf »sekundärer Rechtsempfindung« durch Auslegung und Schlussfolgerung, also auf menschlicher Logik. In der Frühzeit des Islams, nach dem Tod *Mohammeds* im Jahr 632 n. Chr., mussten die rechtlichen Angelegenheiten des neu entstandenen und expandierenden islamischen Reichs zunächst mit viel Improvisation geregelt werden. Unmissverständliche rechtliche Vorgaben gab es nur wenige. Deshalb hatte die verstandesgestützte Rechtsempfindung viel Raum. Gleichzeitig war es das Bestreben der muslimischen Gemeinschaft, auch diesen Bereich stärker zu systematisieren. Bis zum 9. Jh. bildeten sich mehrere Rechtsschulen heraus, die sich in ihrer Autorität gegenseitig anerkannten. Sie widmeten sich zwei für das Verständnis des islamischen Rechts wichtigen Lehrbereichen, den Rechtsquellen sowie den Rechtsfindungsmethoden. Bei der Rechtsfindung im Hinblick auf das islamische Recht (Rohe 2013) geht es nicht um eine rein juristische, sondern vielmehr um eine normative Lehre. Es geht hier um »Normen«, um allgemein ethisch-religiöse Regeln, bei denen eine Vorstellung vom richtigen, im Sinne von gottgefälligem Handeln mitgedacht werden soll (vgl. Rohe 2013). Die islamische Normenlehre ist sowohl mit weltlichen als auch mit religiösen Dimensionen menschlichen Daseins verwoben. Sie bietet so eine Projektionsfläche, die in hohem Maße anfällig für Fehldeutungen und Verkürzungsfehler ist, wenn sie nicht als ganzheitlicher Komplex wahrgenommen und erklärt wird. Diese »Normen« können natürlich sehr subjektiv ausgelegt und zur politischen Instrumentalisierung genutzt werden, wie wir das heute im Iran, in Saudi-Arabien, Afghanistan etc. beobachten.

In seiner Bedeutung als Rechtsquelle unumstritten war und ist nur der Koran. Diese erste Rechtsquelle wird ergänzt durch die Worte und Taten *Mohammeds,* die die zweite Quelle darstellen.

Schon diese war und ist nicht ohne Schwierigkeiten handzuhaben und wird von Sunniten und Schiiten unterschiedlich gesehen. Nach dem Tod *Mohammeds* wurde eine Vielzahl gefälschter angeblicher Überlieferungen über ihn in die Welt gesetzt, mutmaßlich um sich Vorteile zu verschaffen.

Gleichzeitig waren die Nachfolger *Mohammeds* gezwungen, verschiedene archaische und patriarchalische Wertvorstellungen und Strukturen, die in einigen ursprünglichen Kulturen in dem großen Herrschaftsgebiet des Islams Bestand hatten, in die Rechtsauslegung mit einzubeziehen. Nur so konnten die Menschen gewonnen und das Einflussgebiet ausgeweitet werden. Diese beeinflussten auch die Vorstellungen und Haltungen des Islams zu Sexualität und deren Verknüpfung mit einem archaischen und patriarchalischen Verständnis von »Ehre«, was später noch ausführlich beschrieben wird.

WICHTIG

Auch wenn dieses Verständnis von Ehre nicht seinen Ursprung in der islamischen Denkweise hat, so ist es doch zweifelsfrei ein Bestandteil des Islams geworden. Je nach kultureller Entwicklung und konservativer Haltung werden diese Formen von Ehre weiterhin praktiziert, wie die zahlreichen »Ehrenmorde« in Europa und weltweit zeigen. Dies bedeutet allerdings nicht, dass der Islam bzw. die islamische Gemeinschaft diese »Ehrenmorde« begrüßt oder unterstützt. Vielmehr glauben manche Muslime, dass diese zur islamischen Religion gehörten. Gleichzeitig gibt es in den verschiedenen Ländern der Welt aber auch unterschiedliche nicht islamische Gruppen, wie orientalische Christen, Eziden, Ahl-Haqs, Zarathustra etc., die ähnliche Vorstellungen von Ehre haben und bei einer Ehrverletzung auch die Tötung oder Verletzung eines Menschen als eine Wiederherstellung der Ehre betrachten.

Übernahme traditioneller patriarchalischer Ehrvorstellungen

Die islamische Eroberung, also eine politische Machtübernahme im Namen der Religion, wurde in der Anfangszeit des Islams nicht als Widerspruch gesehen. Der Islam verstand sich immer als eine gesellschaftsformende und -entwickelnde Kraft, die keine Teilung von Religion und Staat vorsah. Neben dem Kampf nach außen wurde genauso erbittert ein Kampf innerhalb des Islams zwischen den verschiedenen Glaubensrichtungen geführt. Dieser brachte zahlreiche Kriege mit sich und Tötungen von Kalifen, die die Nachfolge *Mohammeds* antreten wollten. Die bestehenden Stammesführer in den eroberten Gebieten wurden in ihrer Position anerkannt und für die jeweiligen innerislamischen Kämpfe als Verbündete genutzt. Im Gegenzug wurden ihre patriarchalischen Stammesstrukturen und Vorstellungen von »Ehre« toleriert.

Der Einfluss der Kalifen und ihrer Vertreter war selbst auf dem Höhepunkt ihrer Macht begrenzt. Er erstreckte sich hauptsächlich auf die Städte und die sie umgebenden fruchtbaren Gebiete. Entlegene Bergregionen und Steppengebiete waren praktisch nicht zu unterwerfen. Die Beziehungen zwischen den bestehenden Gemeinschaften und Stämmen der Bauern und Nomaden waren, wie schon beschrieben, instabil und geprägt von Konflikten. Unterschiedliche Interessen, wie zum Beispiel bezüglich Weiden, Wasserstellen oder Handelswegen, sowie unterschiedliche Lebensbedingungen und Wertvorstellungen führten immer wieder auch zu kriegerischen Auseinandersetzungen. Bergvölker, die den Kampf nicht gewinnen konnten, zogen sich weiter in die Berge zurück und hielten an ihren traditionellen Riten und Werten fest, die bis heute in den verschiedenen Bergregionen des Nahen Ostens zu beobachten sind. Ohne Eingriffe und Einflüsse von außen führten die ökonomischen und gesellschaftlichen Prozesse in solchen ländlichen Gegenden oft zum Fortbestehen der patriarchalischen Gesellschaftsformen, die stark »tribal«, also durch das Zusammenleben als »Stamm«, geprägt waren.

Die fundamentale Einheit in Nomaden- und Dorfgemeinschaften war die Kernfamilie über drei Generationen: Großeltern, Eltern und Kinder. Sie lebten gemeinsam in einem aus Stein oder Lehm erbauten Haus im Dorf oder in einem gewebten Zelt als Nomaden. Die Männer waren für die Landwirtschaft, die Bearbeitung der Felder und die Viehzucht zuständig, die Frauen für den Haushalt und die Erziehung der Kinder. Aber auch die Kinder halfen bereits auf den Feldern oder betreuten die Herden. Kontakte zur Außenwelt waren den Männern vorbehalten. Es ist davon auszugehen, dass sich die Wertvorstellungen und Normen, die in dem traditionellen patriarchalischen Konzept von »Ehre« zum Ausdruck kommen, bereits vor dieser Zeit entwickelt hatten. Dieser »Ehrenkodex« hatte schon immer eine größere Bedeutung für die Menschen in den ländlichen Gebieten als für diejenigen in den Städten. Er diente zur Sicherung und Stabilisierung der Dorfgemeinschaft, auf die wir später noch eingehen werden (siehe Kapitel 2, Die Macht der Gesellschaft).

Die Frauen waren in den meisten Gebieten verschleiert und den Männern untergeordnet. Nach weit verbreitetem Brauch – allerdings nicht nach islamischem Gesetz – gehörte der Grundbesitz dem Mann und wurde von ihm an die männlichen Nachkommen vererbt. Die Ehre des Mannes verlangte, dass er seinen Besitz verteidigte und die Ansprüche der Mitglieder seines Haushalts, seiner Sippe oder einer größeren Gruppe, der er angehörte, erfüllte; die Zugehörigkeit zu einem größeren Ganzen gereichte dem Einzelnen zur Ehre.

Die Frauen der Familie – Mutter, Ehefrauen, Schwestern, Töchter, Schwiegertöchter – standen unter seinem Schutz. Gleichzeitig war von diesem Schutzauftrag auch seine Ehre abhängig. Sie konnte »befleckt« werden durch (angeblich) mangelnde Keuschheit der Mädchen und Frauen bzw. durch ein Verhalten, das bei Männern, die keine Ansprüche auf sie hatten, Gefühle wecken und so die soziale Ordnung infrage stellten könnte. In die Achtung eines Mannes vor den Frauen seiner Familie mischte sich deshalb unter Umständen ein gewisser Argwohn oder sogar Furcht, da sie eine Gefahrenquelle sein konnten. Wurde eine Frau älter, konnte sie als Mutter von Söhnen oder als Hauptfrau (nach den Regeln des Islams kann ein Mann bis zu vier Frauen heiraten) an Autorität gegenüber den jüngeren Frauen der Familie gewinnen, aber auch gegenüber den jüngeren Männern.

In der Regel war die Kernfamilie weder wirtschaftlich noch gesellschaftlich selbstständig in ihren Entscheidungen. Sie war entweder direkt in die Großfamilie integriert oder mit der Sippe verbunden, beides gleichzeitig war ebenfalls möglich. Die Verbundenheit zu den Verwandten bis zur fünften zurückliegenden Generation führte zu bestimmten Aufgaben und Pflichten. Bei der Bedrohung eines Mitglieds der Sippe waren alle anderen Mitglieder verpflichtet, ihre Hilfe anzubieten und sich notfalls an einem Kampf gegen die bedrohende Gruppe zu beteiligen. In Dorfgemeinschaften ging die patriarchalische Organisation so weit, dass auch die Nutzung der Felder und die Wasserverteilung von möglicherweise in der Nähe liegenden Flüssen genau organisiert wurde. Dem Stamm stand in der Regel ein Viertel aller Einkünfte einer Familie zu, was natürlich zur wirtschaftlichen und politischen Stärkung des Stammesführers führte, der im Gegenzug für den Schutz des Stammes verantwortlich war. Zwischen den beiden Grundformen der sozialen Einheit – die eine basierte auf verwandtschaftlichen Beziehungen, die andere auf gemeinsamen Interessen – bestand eine komplexe Beziehung. In schriftlosen Gesellschaften erinnerten sich nur wenige Menschen an die fünf Generationen ihrer Vorfahren, und es war deshalb eher ein symbolischer Ausdruck gemeinsamer Interessen, Anspruch auf eine gemeinsame Abstammung zu erheben; man wollte der Gruppenzusammengehörigkeit dadurch eine Stärke geben, die sie sonst nicht gehabt hätte (vgl. Hourani 2000). Der Stamm konnte einen Gemeinschaftsgeist erzeugen, der seine Mitglieder dazu brachte, sich in Notzeiten gegenseitig beizustehen. Er hatte potenziell Einfluss auf ihr Handeln, beispielsweise wenn Gefahr »von außen« drohte oder sie gezwungen waren auszuwandern. Die Zugehörigkeit zu einem Stamm wurde in erster Linie durch einen gemeinsamen Dialekt und Namen ausgedrückt. Und alle, die einen gemeinsamen Namen trugen, teilten auch den Glauben an das gleiche hierarchische Ehrsystem.

Die islamischen Eroberer waren natürlich daran interessiert, fruchtbare Böden zu bewirtschaften und regelmäßige Einkünfte für den Staat zu bekommen, was bei den Nomaden schwieriger war als bei den sesshaften Bauern. Frühere Grundbesitzer wurden entweder enteignet oder gingen in der neuen herrschenden Klasse auf, die Bauernschaft aber blieb. Soldaten und Einwanderer siedelten sich auf dem Land oder in den neu gegründeten Städten an. Diese neue gesellschaftliche Form hatte etwa bis zum 11. Jh. Bestand, bis sie durch türkische Nomadenstämme aus dem Gleichgewicht gebracht wurde. Diese drangen zunächst in den Iran ein und erweiterten ihr Gebiet bis nach Anatolien. Später entwickelte sich hier das *Osmanische Reich,* das über 500 Jahre das Leben im Nahen Osten und auch in Europa beeinflussen sollte.

Indigene Kulturen im Nahen Osten

In einem über Jahrhunderte hinweg erbittert geführten Kampf um die kulturelle Vorherrschaft im Nahen Osten wurden die indigenen Kulturen weitgehend zerstört bzw. deformiert. Es blieben nur wenige Spuren von ihnen übrig, die zudem oft von den Eroberern verfälscht wurden; oder sie übernahmen die indigenen Kulturen nach außen hin als ihre eigenen, ohne den Geist und den wahren Hintergrund einer lebendigen Kultur zu erkennen und diese wirklich zu leben.

An dieser Stelle seien beispielhaft für viele indigenen Völker die *Eziden* genannt, deren Religion und Regeln sich aufgrund des großen Machteinflusses des Islams und der Zwangskonvertierungen im 12. Jahrhundert veränderten. So haben sie sufistisch-islamische Regeln in ihre Gesellschaftsstruktur eingeführt und u. a. auch die Vorstellung von »Ehre« der islamischen Mehrheitsgesellschaft übernommen. Trotzdem wurden die *Eziden* Opfer zahlreicher Massaker und Genozide im Namen des Islams. Fatwas wurden erlassen, um den Tod der *Eziden*, Versklavung von Frauen und Beschlagnahmung ihres Besitzes zu legitimieren. Die Welt war 2014 erneut Zeuge einer solchen Grausamkeit durch den »islamischen Staat« (IS), der seine brutalen Taten durch die islamische Religion legitimierte.[14]

Einverleibung und Unterdrückung

Bestehende feudale und archaische Lebensvorstellungen und Lebensweisen der indigenen Kulturen wurden fast unkommentiert in die islamische Gesellschaft und auch in das Rechtssystem des Osmanischen Reichs übernommen, was beispielsweise durch das Prinzip der »Sittenhaftigkeit« deutlich wird. Dieses Modell von Sittenhaftigkeit war auch zu Zeiten Saddam Husseins im Irak noch gültig. Es bedeutet, dass die nächsten Verwandten einer Person, die das Gesetz gebrochen hat, dafür zur Verantwortung gezogen werden können. So war es im Irak häufig zu beobachten, dass anstelle der jungen Menschen, die sich gegen die Saddam-

Regierung stellten, deren Eltern oder Großeltern in Haft genommen wurden.

Kulturelle Zerstörungen und Verfälschungen waren schon deshalb ein leichtes Spiel, weil die indigenen Kulturen im Wesentlichen auf mündlichen Überlieferungen beruhten, während die Eroberer über die zweifelhafte Waffe der Schrift verfügten und damit auch maßgeblich die Geschichtsschreibung in der Hand hatten. Die Geschichtsschreibung ist stets eine Tochter ihrer Zeit, und ihre Themen beruhen auf aktuellen Problemen wie auch auf den Problemen der Vergangenheit. Ihr entsprechend entwickelte sich im Nahen Osten seit dem Osmanischen Reich und mit dem Aufkommen des Islams auf allen Ebenen eine Art paralleler Zentralismus, sowohl staatlich als auch religiös. Ungeachtet der verschiedenen Regierungsformen und der Begeisterung für die islamische Zivilisation wurden die Rechte und Lebensweisen der indigenen Völker und anderer Minderheiten kaum anerkannt, obwohl bis heute in den verschiedenen Minderheits- und auch Mehrheitskulturen danach gelebt wird. Es ist immer wieder zu beobachten, dass viele indigene Völker zwar offiziell den Islam angenommen haben, aber weiterhin nach ihrer eigenen ursprünglichen Kultur leben und den Islam auf der Grundlage ihrer Kultur interpretieren. Der Islam in den kurdischen Bergen ist ein anderer Islam als in Saudi-Arabien oder in einigen afrikanischen Ländern. Diese Geschichtsschreibung ist nach außen weitergeführt worden, beispielsweise wurde bei der Gründung der türkischen Türkei (1923) das Ziel gesetzt, eine neue freie Gesellschaft zu begründen.

Gleichzeitig versuchte die neu gegründete Türkei, nach dem Zusammenbruch des Osmanischen Reichs dieses kleine noch übrig gebliebene Land mit allen Mitteln zu erhalten. Sie reagierte entsprechend sehr restriktiv gegenüber den dort lebenden Minderheiten und auch gegenüber deren Kulturen und Lebensweisen.

Das Verständnis von Freiheit und Demokratie, das sich die neue Türkei auf ihre Fahnen geschrieben hatte, war stark auf das Kollektiv bezogen – im Gegensatz zum europäischen Verständnis, das Freiheit auf das Individuum bezog. Freiheit bedeutete seit Beginn des 19. Jahrhunderts für die damalige türkische Elite und die Intellektuellen die Suche nach einer »Rettungskonzeption« für das zerfallende Osmanische Reich. Vor allem die Intellektuellen, beeinflusst von der Französischen Revolution, suchten nach Wegen, um diesen großen Apparat von Verwaltung, Militär und Wirtschaft zu reformieren. Im Osmanischen Reich, das von Europa bis Nordafrika und Asien reichte, war die Idee der Freiheit nie in Bezug zu den einzelnen Menschen, sondern immer allein in Bezug zur Gesellschaft diskutiert worden. Daher wurden und werden auch ethnische und/oder religiöse Konflikte und daraus folgende Forderungen immer als ein Angriff auf die gesamte Türkei gewertet, und als Versuch, die Türkei zu zerstören. Indigene Kulturen mit ihren zahlreichen verschiedenen Vorstellungen vom Leben und unterschiedlichen Philosophien wurden im Rahmen der islamischen Revolution entweder vernichtet oder einverleibt.

WICHTIG

Sowohl das Osmanische Reich als auch die durch den Islam einverleibten Versionen der indigenen Religionen hatten eine andere Vorstellung von Freiheit, als wir sie heute kennen.

Freiheit im Sinne einer Befreiung von alten Zwängen und alter Herrschaft sowie im Sinne eines modernen Individualisierungsprozesses kam hier allein als Befreiung von äußeren wie inneren Mächten zur Geltung, die der politischen Verwirklichung des Reichs entgegenstanden.

»Osmanischer Zentrismus«

Der Nahe Osten und insbesondere eben das Osmanische Reich, das ja über 500 Jahre dieses Gebiet beherrschte, betrachtete »die Osmanische Zivilisation« nur unter dem Aspekt der Vereinheitlichung und ignorierte bzw. unterdrückte die unermessliche Vielfalt der indigenen Kulturen. Die Historiker und religiösen Gelehrten im Osmanischen Reich vertraten in ihrer Wissenschaft die herrschenden gebildeten Schichten, die sich ihrer zivilisatorischen Überlegenheit rühmten und nach deren Maßstab die anderen Völker kulturell dahinkümmerten. Durch diese herablassende Haltung war ein Einlassen auf die Vielfalt der indigenen Kulturen kaum möglich. Wenn man heute von Eurozentrismus spricht, so muss für die damalige Zeit von einem »Osmanischen Zentrismus« gesprochen werden.

Zwar kam es durch die Zerstörung des Osmanischen Reichs zu einer kulturellen Erschütterung, auch geprägt durch den Ersten Weltkrieg und Unruhen im eigenen Land, jedoch wurde eine ernsthafte Einbeziehung aller kulturellen Gemeinschaften – damit sind auch die vielfältigen asiatischen Minderheiten gemeint – vermieden. Die im Osmanischen Reich und auch in der Türkei entstandene neue Elite versuchte, inspiriert von der Französischen Revolution und der europäischen Lebensweise, den Menschen in der Türkei diese »neue Kultur« zu vermitteln, was von Anfang an zum Scheitern verurteilt war, da eine Kultur von den Menschen nicht einfach in einer »Hauruck-Reaktion« übernommen werden konnte und kann. In den entlegensten Dörfern des asiatischen Teils und Anatoliens waren und sind die Menschen von ihrer indigenen Kultur und ihrer islamischen Religion tief geprägt und von ihr geleitet. Ein dynamischer Prozess von Übergangsphasen und verschiedenen gesellschaftlichen Prozessen fehlte, was sich heute immer noch an den verschiedenen ethnischen und individuellen Konflikten zeigt.

Vor allem die Soziologie und Ethnologie wandten sich der schweigenden Mehrheit unter den sogenannten »primitiven« Völkern zu und versuchten, die Probleme dieser Gruppen in ihrem inneren Zusammenhang zu verstehen. Dies wurde und wird aber durch das kollektive Staatsverständnis immer wieder verhindert. So ist es in der Türkei noch heute relativ schwierig, sich mit den ethnischen und religiösen Gruppen wissenschaftlich und neutral zu beschäftigen, ohne gleich Ziel staatlicher Repressionen zu werden. Die indigenen Kulturen waren lange bekämpft und mit Schweigen zugedeckt worden, während der Zentralismus triumphierte. Sie wurden u. a. dadurch »wiedergeboren«, dass man sie zum Forschungsgegenstand machte.

Aufleben in der Gegenwart

Letzten Endes schreiben die Epochen jeweils die Geschichte, die ihnen gemäß ist. In unserer Zeit, die mit ihren Wirren vielleicht die Endphase aller Zivilisation darstellt, wird wieder lebendig, was lang unterdrückt war. Die Geschichte wiederholt sich nicht, aber dennoch lässt sich in diesem Zusammenhang der Fortbestand der archaischen und feudalen Strukturen in der Türkei nicht völlig verleugnen, und diese Strukturen zeigen sich auf brutalste Weise, wie eben durch das Töten im Namen der Ehre.

Mit den Migrationsbewegungen, vor allem seit den 1960er-Jahren, sind auch kulturelle Vorstellungen und Lebensweisen nach Deutschland mitgebracht worden. Diese Lebensweisen mit ihren kulturellen Vorstellungen und religiösen Praktiken führen im Zielland der Migration, aber auch bei der Rückkehr in das Herkunftsland immer wieder zu rechtlichen, sozialen und medizinisch-psychotherapeutischen Konflikten. Schlagwörter wie »Blutrache«, »Ehrverletzung« oder »Stammeskämpfe« sind häufig als Themen innerhalb der eigenen Gruppen in Deutschland und in Ländern mit starken patriarchalisch-religiösen Gesellschaften zu beobachten. Es liegt mir fern, die Zukunft in den Nebelschleiern der Vergangenheit zu suchen. Wenn wir jedoch die »Ehrenmorde«, mit denen wir heute konfrontiert sind, rein als »Fehler« sehen oder diese regional eingrenzen und bestimmten Herkunftsregionen zuschreiben, dann entstehen neue Vorurteile und Stereotype, die wiederum die Grundlage für weitere Ausgrenzung und Diskriminierung bilden.

Die im nächsten Kapitel folgenden Interpretationen der Ängste und Aggressionen von Menschen sind subjektiv. Sie sind jedoch gleichzeitig der Versuch, anhand eines theoretischen Konstrukts verständlich zu machen, warum Menschen in der Lage sind, für scheinbar alte und überholte Werte zu morden, obwohl sie diese in der Mehrheit selbst ablehnen.

Eine Welt der Angst und Unsicherheit

Seit Beginn der menschlichen Besiedlung im Nahen Osten ist dieses Gebiet von tiefen Erschütterungen geprägt. Es kam über die Jahrhunderte nie wirklich zur Ruhe. Das ganze Leben der dortigen Gesellschaften war geprägt durch Gegensätze: zwischen den Fastenzeiten und den verschiedenen Festen, zwischen Tag und Nacht, zwischen den arbeitsintensiven Jahreszeiten und dem Winter, zwischen Katastrophen und Krieg und den unbeschwerten Zeiten.

Das menschliche Zusammenleben zeichnete sich nicht überwiegend, zumindest nicht langfristig, durch friedfertiges Miteinander aus. Gewalt taucht in der Geschichte dieser Region immer wieder entweder als spontanes oder geplantes Verhalten Einzelner oder ganzer Gruppen auf. Manchmal zeigte sie sich aber auch als ein sich bedrohlich entfaltendes Massenphänomen, das schließlich apokalyptische Ausmaße annahm, wie in der Zeit von Alexander dem Großen und Dschingis Khan oder der Kolonialisierung mit der damit einhergehenden Vernichtung unzähliger indigener Völker.

Bedrohungen durch herrschende Mächte

Die indigenen Völker waren und sind immer wieder zahlreichen Repressalien durch von außen kommende Mächte ausgesetzt. Sowohl die Naturreligionen als auch die später entstandenen Glaubenssysteme, z. B. der *Mithraskult,* die *Zarathustra-Religion,* die pantheistischen Religionen der Sumerer und Hethiter, wurden von den gewaltigen Truppen aus dem Osten wie auch aus dem Westen unterworfen und verfolgt. Ziel von Ausbeutung und Plünderung durch das Osmanische Reich waren vor allem nichtmuslimische Gruppen, die über keine Buchreligion (Christentum, Judentum und der Islam sind Buchreligionen) verfügten. Ihre Kulturen wurden zerstört, viele Menschen kamen ums Leben. Nur wenigen gelang die Flucht in abgelegene Gebiete in den Bergen, und für ihr Überleben mussten sie einen hohen Preis zahlen. Unter diesen Umständen waren die Menschen zur Sicherung ihres physischen und psychischen Wohlergehens auf sich selbst angewiesen. Dies gelang ihnen mehr oder weniger durch das Zusammenspiel der Solidargemeinschaften, in denen sie lebten. Sie versuchten, durch eine Reihe von Beziehungskreisen, wie der Familie, der Großfamilie, des Clans oder Stammes und der Dorfgemeinschaft, zu überleben. Dies forderte natürlich gleichzeitig auch die Einhaltung bestimmter Regeln und die Erfüllung bestimmter Aufgaben, die von dieser Solidargemeinschaft gefordert wurden. Gleichzeitig schienen ein Leben in Abgeschiedenheit und die völlige Abkapselung von der Umwelt für das Überleben unabdingbar, da in unmittelbarer Nähe ja Gefahr drohte. Dies brachte einen Stillstand der gesellschaftlichen Weiterentwicklung mit sich. Tradierte, konservative Vorstellungen blieben über Jahrhunderte bestehen, und es entwickelten sich sektenähnliche Zustände. Die Gesetze der neuen Machthaber, symbolisiert durch das Militär, wurden so weit angenommen, wie es erforderlich war, um das eigene Volk nicht in Gefahr zu bringen. Innerhalb der Gemeinschaft wurde jedoch weiter nach den eigenen Vorstellungen und Regeln gelebt, was nach außen weitgehend verborgen blieb. So entstanden in vielen Gebieten des Nahen Ostens verschiedene Schichten und ethnische bzw. religiöse Gruppen, die nebeneinander, aber nicht miteinander agierten und existierten.

Die ständige Bedrohung, von den herrschenden Kräften unterworfen und ausgebeutet zu werden, führte zu erheblicher Angst um das Überleben der Familie und der Gemeinschaft. Zu den herrschenden Kräften zählten nicht nur die fremden Besatzer, sondern auch Groß- und Stammesheere, die immer wieder gegeneinander um verschiedene Ressourcen und Interessen kämpften. Die Mehrheit der Bevölkerung wurde unterdrückt und ausgebeutet, Männer wurden als Soldaten eingefordert und Frauen für die verschiedenen Harems. Sie waren kaum in der Lage, sich aus eigener Kraft für die eigenen Rechte einzusetzen, und dementsprechend zum Schweigen verurteilt.

Es gab im Osmanischen Reich durchaus auch ethnische Gruppen, denen eine gewisse Autonomie zugestanden wurde, solange sie über Einfluss und Soldaten verfügten und diese für die Ausweitung des Osmanischen Reichs zur Verfügung stellten. Unter dem Aspekt der Erhaltung des Gesamtreichs wurden diese kleinen Gruppen eingeschränkt akzeptiert, um daraus entsprechende Ressourcen und Vorteile zu ziehen. Dies gab ihnen jedoch keine Garantie, nicht doch irgendwann selbst überfallen und ausgebeutet zu werden. Durch diese instabile Abhängigkeitsbeziehung zu den Machthabern entstand auch bei diesen Gruppen ein Klima der ständigen Angst und Unsicherheit.

Bedrohungen aus der Natur

Die indigenen Gemeinschaften waren neben der äußeren Gefahr durch einfallende Krieger und Eroberer immer wieder Ängsten, Flucht, Vertreibung, aber auch Hunger und Kälte ausgesetzt. Und besonders wenn diese Bedrohungen gleichzeitig oder in Kriegszeiten auftraten, wurden sie existenziell. Gemeinschaften, die fast ausschließlich vom Getreideanbau lebten, waren stark vom Klima und vom Bevölkerungszuwachs abhängig. Landwirtschaftliche Geräte, Techniken und Bearbeitungssysteme waren kaum entwickelt. Fehlendes landwirtschaftliches Wissen und zahlreiche Rodungen und Zerstörungen der Umwelt führten manchmal zu einer entgegengesetzten Wirkung der Kultivierung des Landes. Die menschliche Fähigkeit, mit den eigenen Händen etwas dem Boden zu entlocken, war somit gleichzeitig mit der Angst vor dem Hungern und damit dem Nicht-Überleben verbunden. Histologische Quellen weisen darauf hin, dass zwischen 80 und 90 % der Gesamtbevölkerung am Rande der Unterernährung waren. Aufgrund von Abgaben an den Pachtherrn, an den Stammesführer und den Großgrundbesitzer blieb der einfachen Landbevölkerung nur ein Fünftel oder Sechstel der Ernte übrig. Als Folge der Unterernährung und der fehlenden Hygiene traten Krankheiten wie Rheuma, Tuberkulose und verschiedene Erbschäden besonders häufig auf und schwächten die Bevölkerung noch weiter. Sterben und Tod waren im damaligen Leben allgegenwärtig, und noch heute ist in verschiedenen Liedern, Gedichten und mündlichen Überlieferungen vom damals herrschenden Hunger und Elend zu hören.

Neben der Angst vor dem Verhungern waren mit der natürlichen Umwelt zahlreiche weitere Ängste verbunden. Um sich ein Bild vom Ausmaß dieser Ängste zu machen, muss man sich die Lebensbedingungen der damaligen Zeit vorstellen. Die Menschen auf dem Land wie auch in der Stadt lebten im Rhythmus der Jahreszeiten und zogen sich nachts in ihre Häuser oder Zelte zurück. Mit dem Einbruch der Dunkelheit verengte sich die für sie überschaubare Welt auf den eigenen, schwach erleuchteten Raum. Außerhalb dieses Raumes spendete nur der Mond Licht, und nur an bestimmten Festen wurde draußen am offenen Feuer gefeiert. In den Städten wurden am Abend die Tore geschlossen und in der Regel von Soldaten bewacht. In Gemeinschaften, die sich auf vielfältige, fest gefügte zwischenmenschliche Beziehungen gründeten, isolierte die Dunkelheit Einzelne und Familien voneinander. Sie galt deshalb als das Reich der Dämonen und Djinnen. Außergewöhnliche Naturereignisse wie Stürme, Überschwemmungen, Kälteeinbrüche oder Erdbeben wurden ebenfalls als ungeheuerlich empfunden und entweder als Werk böser Mächte interpretiert, da sie die natürliche, das heißt die göttliche Ordnung der Dinge störten, oder als durch Gott gewollte Bestrafung der Menschen.

Schließlich war auch der menschliche Körper immer wieder Gegenstand der Beunruhigung, was sich heute immer noch in verschiedenen Krankheitsverständnissen und Verarbeitungsweisen zeigt. Die Mehrheit der Menschen hatte kaum Kenntnisse von ihrer eigenen Physiologie, und bestimmte körperliche Phänomene erschreckten die Menschen zutiefst. So galt und gilt das Menstruationsblut als unrein und schädlich, und bis heute ist diese periodisch auftretende physische »Minderwertigkeit« ein Argument, um die Frau herabzuwürdigen. Auch wurde zum Teil das Geschlecht der Frau allgemein als unheimlich angesehen, hierzu diskutierten immer wieder auch islamische Gelehrte. Die Frau brachte die Kinder zur Welt und war damit für den Nachwuchs unentbehrlich; gleichzeitig galt sie aber auch als dämonische Verführerin, was zu gesellschaftlichen Restriktionen Frauen gegenüber führte.

WICHTIG

Die mangelnde Fähigkeit, die natürliche Umwelt zu beherrschen, war nicht nur Ursache der geschwächten körperlichen Konstitution der Menschen, sondern vor allem auch ihrer ständigen Angst vor übernatürlichen Kräften und damit zwangsläufig einer psychischen Unausgeglichenheit. Diese führte dazu, dass die Menschen Sicherheit in Ritualen, Zeremonien, Gebeten und u.a. auch in Techniken zur Abwehr von Geistern suchten.

Archaische Gesellschaften brauchten zudem eine überschaubare und sichere Ordnung in der Gesellschaft, in der die Männer die Kontrolle ausübten und diese nicht gefährdet war. Die Frau, die als Besitz verstanden wurde, und die Sexualität dienten der Zeugung, dem Austausch und der Befriedigung sexueller Interessen.

Heute noch berichten uns ältere Menschen aus diesen Gemeinschaften, dass ihr ganzes Leben von Angst beherrscht wurde: *»Ich habe seit meiner Kindheit Angst, etwas falsch zu machen. Überall wird man beobachtet, dass man nichts Falsches macht. Im Dorf war auch die Kleidung wichtig. Alles musste den Wünschen der Älteren entsprechen. Allein die Blicke von einigen Leuten verfolgen mich heute noch. Wenn ältere Personen ins Haus kamen, musste ich aufstehen und ihnen die Hand küssen. Wenn die Soldaten kamen, hatten wir alle Angst, auch die Älteren. Auch heute noch werde ich unsicher, wenn jemand aggressiv und autoritär auftritt. Ich habe so viel Leid, Kummer und Tode gesehen… das sitzt einfach sehr tief…«* (eigenes Interview, 2014).

Insofern kann man schon von Gesellschaften sprechen, die tief geprägt sind von Angst und Unsicherheit. Dies hat verschiedene Gründe: Zum einen gab es, wie bereits berichtet, konkrete Gefahren durch verschiedene Mächte und Aggressoren. Diese wiederum führten dazu, dass die Menschen keine stabile und sichere

Gesellschaft entwickeln und keine ausreichende Versorgung mit Nahrung sicherstellen konnten. Zusätzlich bildeten auch Naturereignisse und die Tierwelt eine Bedrohung für die Menschen. In zahlreichen Anekdoten und Geschichten ist besonders von Wölfen immer wieder die Rede, die zu Winterzeiten Kinder und Erwachsene angriffen. Aus der Furcht vor diesen Tieren entstanden fantastische Geschichten und Fabeln. Zum anderen spielen aber auch religiöse Elemente nicht nur im Islam eine wichtige Rolle. Der Mensch wird beispielsweise im islamischen Menschenbild als schwaches Wesen angesehen, das durch strikte Regeln und Anweisungen, die konsequent einzuhalten sind, kontrolliert werden muss. Die Gefahr, tatsächlich gegen die Regeln zu verstoßen, ist immer wieder vorhanden, was durchaus zu Unsicherheiten bei den Menschen führen kann. Verschiedene religiöse Minderheiten wie die *Zarathustra, Ahl-Haqs,* zum Teil kurdische *Aleviten, Mandäer* etc. zogen sich aus Angst vor einer religiösen Assimilierung über Generationen in die Berge zurück und behielten patriarchalische Regeln bei, die sie bis heute in einem Gemenge von Religion und patriarchalischer »Kultur« verinnerlicht haben; zum Teil leben sie sogar noch in der Migration danach.

WICHTIG

Die konfliktreiche Geschichte des Nahen Ostens, Glaubens- und Familienkrisen, die Infragestellung der vorherrschenden Werte und der Staatsgewalt und viele andere Probleme verbinden uns in der Tat mit jenen Menschen der Vergangenheit. Dies gilt insbesondere für das kulturelle Verständnis, das sich möglicherweise über Generationen hinweg tief in unser Bewusstsein gelegt hat und in unerwarteten Situationen die Kontrolle über unser Denken und Handeln übernimmt.

2.
DIE MACHT DER GESELL-SCHAFT

Aliya – »Wenn mein Vater auf der Arbeit war [...], dann ging es uns allen gut«

»Ich heiße Aliya und bin 16 Jahre alt. Meine Eltern stammen aus dem Irak; sie sind nach Deutschland geflohen und leben in einer Kleinstadt in Süddeutschland. Bis zur Flucht vor meinem Vater bin ich dort zur Schule gegangen und hatte viele Freunde. Ich bin in Deutschland geboren und aufgewachsen.

Mein Vater wollte mich mit einem Verwandten aus dem Irak verheiraten, sobald ich volljährig bin. Er hat mich immer wieder geschlagen. Besonders schlimm war es, wenn er betrunken war. An einem Abend hatte er wieder mit Verwandten im Irak telefoniert und von der Verlobung gesprochen. Ich habe laut geschrien und gesagt, dass ich das nicht will. Ich wollte nach der Schule eine Ausbildung machen und hatte andere Dinge im Kopf, als einen mir völlig Unbekannten zu heiraten. Er schlug mich wieder. Ich ging in mein Zimmer und weinte die ganze Nacht. Meine Mutter war hilflos, sie schaute mich nur an und sagte immer nur, ich solle meinem Vater nicht widersprechen. Am nächsten Tag fasste ich den Entschluss zu flüchten und ging in das nahe gelegene Polizeirevier. Ich erzählte der Polizei, dass mein Vater mich geschlagen hatte, und zeigte ihnen meine blauen Flecken am ganzen Körper.

Das Jugendamt nahm mich in Obhut. Später wurde ich in einer anderen Stadt untergebracht, weil sie Angst hatten, dass mein Vater mich findet und schlägt, vielleicht sogar tötet. Ich konnte mir nicht vorstellen, dass mein Vater mich töten würde, aber ich hatte einfach nur Angst.«

Aliyas Vater hat in Mosul studiert und ist Ingenieur, in Deutschland arbeitet er jedoch als einfacher Arbeiter in einer Fabrik. Aliya berichtet, dass er jeden Tag darüber gesprochen habe, dass er studiert habe und jetzt nur ein »einfacher Arbeiter« sei. Das habe ihn sehr gekränkt.

»Er machte jeden Tag Terror, dass wir von der Schule nur mit besten Noten nach Hause kommen. Er hat mich und meine Geschwister immer geschlagen, wenn wir eine schlechte Note hatten. Ich hatte jeden Tag Angst, nach Hause zu gehen. Wenn mein Vater auf der Arbeit oder am Abend nicht zu Hause war, dann ging es uns allen gut. Ansonsten blieb ich, soweit es ging, in meinem Zimmer und vermied jeglichen Kontakt zu meinem Vater, was natürlich nicht immer möglich war.

Ich muss noch sagen, dass ich seit etwa zwei Jahren eine Beziehung habe. Mein Freund ist 18 Jahre alt und kommt ebenfalls aus dem Irak. Er wohnt in Ulm. Ich habe versucht, die Beziehung vor meinen Eltern zu verheimlichen. Mein Vater hat es aber doch herausgefunden. Ich habe ihm gesagt, dass die Beziehung ernst ist und dass ich, wenn ich heiraten soll, dann meinen Freund heiraten werde. Er war wütend und bestand darauf, dass ich einen meiner Cousins heiraten solle. Er schlug zwei Cousins vor, und ich könne mir aussuchen, welchen ich will. Ich wollte aber keinen von den beiden. Danach nahm die Gewalt durch meinen Vater zu. Meine Mutter hat sich immer rausgehalten, sie hat nur geweint und nichts gesagt.

Nachdem er mir schließlich gedroht hatte, mich in den Irak zu bringen, habe ich Panik bekommen und bin dann, als er mich wieder einmal geschlagen hatte, von zu Hause weggegangen. Ich vermisse meine Mutter und meine Geschwister sehr, ich möchte aber auf keinen Fall zurück. Ich glaube nicht, dass mein Vater sich ändern wird.

Ich kann kaum schlafen, grüble viel und weiß nicht, wie es in meinem Leben weitergehen soll. Ich lebe mit einigen jungen Frauen in einer Einrichtung, fühle mich hier aber nicht wohl. Jede spricht nur über ihre Probleme und über die Gewalt, die sie erlitten hat; ich kann es nicht mehr hören. Ich denke häufig an meine Familie, nicht an meinem Vater, aber an meine Mutter und meine Geschwister. Vor allem meine kleine Schwester vermisse ich sehr. Mit ihr habe ich immer viel unternommen, sie fehlt mir einfach (Aliya weint, senkt den Kopf, blickt zu Boden und ist dann einige Minuten schweigsam). *Ich habe manchmal Albträume und schreckliche Angst, dass mein Vater mich finden könnte.«*

Nach sechs Monaten der Zusammenarbeit mit Sozialpädagog*innen und Psycholog*innen war Aliya einverstanden, ihre Mutter und Geschwister zu treffen. Es wurden regelmäßige Treffen von zwei bis vier Stunden vereinbart, in einem Abstand von vier Wochen. Kontakt zu ihrem Vater lehnte sie ab.

Der Vater war bereit, von der Zwangsverheiratung abzulassen, forderte jedoch immer wieder, dass seine Tochter nach Hause kommen solle. Er versprach auch, Aliya nichts anzutun. »*Sie ist mein Kind, und ich liebe sie. Ich wollte nur, wie es unsere Kultur vorsieht, dass sie heiratet und eine Familie gründet, wie ich und meine Frau es getan haben. Wir sind auch verheiratet worden und haben uns später lieben gelernt. Ich mache alles. Sie soll nur nach Hause kommen.«*

Aliya entschied sich, nicht mehr zu ihrer Familie zu ziehen, sie wollte aber den Kontakt zu ihrer Mutter und ihren Geschwistern aufrechterhalten. Den Vater wollte sie weiterhin nicht sehen.

Ungleichheit, Hierarchie und Gehorsam als gesellschaftlicher »Rahmen«

Gewalt im Namen der Ehre findet innerhalb von bestimmten gesellschaftlichen Strukturen statt. Diese zu verstehen hilft, die Bedeutung dieser für das Verhalten Einzelner besser einordnen zu können.

Kollektive, auf die Gemeinschaft bezogene Gesellschaften basieren auf einer komplexen Struktur an verinnerlichten Prozessen und Regeln, die oft bereits seit Jahrhunderten Bestand haben. Diese sind bei einzelnen Gesellschaftsmitgliedern manchmal so sehr verinnerlicht, dass sie in bestimmten Situationen und Konstellationen wie automatisch danach handeln. Dabei ist ihnen oft gar nicht bewusst, weshalb sie sich in einer Situation gerade so und nicht anders verhalten. Insbesondere bei Konflikten zwischen einer einzelnen Person und einer Gruppe werden diese automatisierten Verhaltens- und Handlungsprogramme aktiviert. Bei kollektiven Gesellschaften mit starken patriarchalischen Strukturen sind die Regeln und das automatisierte Verhalten besonders ausgeprägt. Prozesse der Überprüfung oder Neubewertung von Situationen und Regeln sind weniger vorgesehen oder finden wiederum automatisiert in dem vorgegebenen Rahmen der traditionellen patriarchalischen Strukturen statt. So wird der Erhalt der patriarchalischen Machtstrukturen dauerhaft gesichert.

Zu den Solidargruppen im Nahen Osten, die als kollektive patriarchalische Gesellschaften organisiert sind, zählen u.a. die Türken, Araber, Perser, Kurden, aber auch ethnische und religiöse Gruppen, wie z.B. Muslime, *Eziden, Aleviten, Christen, Ahl-Haqs, Drusen* etc. Diese Solidargruppen haben trotz unterschiedlicher ethnischer Herkunft und Religion sehr ähnliche Strukturen. Inwieweit sie sich unterscheiden, darauf werde ich im Folgenden genauer eingehen. An dieser Stelle möchte ich bereits ausdrücklich darauf hinweisen, dass sich nicht jede*r innerhalb dieser Gesellschaften an die unten beschriebenen tradierten Regeln halten muss oder hält. Auch diese Gesellschaften haben sich durch die Globalisierung und neue Kommunikationsnetzwerke verändert. Die unten beschriebene Gesellschaftsform besteht vor allem noch in den ländlichen Gebieten und wird modellhaft in ihrer praktischen Bedeutung dargestellt.

Ungleichheit und Hierarchie als archaische Ordnungsprinzipien

Der gesellschaftliche Organismus in den genannten kollektiven, patriarchalischen Gesellschaften ist durch verschiedene archaische[15] Prinzipien organisiert. Grundlegendstes Ordnungsprinzip ist eine grundsätzliche Ungleichheit der Menschen. Diese Ungleichheit ist mit einer hierarchischen Ordnung sowie mit unterschiedlichen, festgelegten Verhaltensmustern verbunden, die den Umgang der »Ungleichen« untereinander, also zwischen den verschiedenen hierarchischen Gruppen, klar regeln. Für den einzelnen Menschen liegt darin ein tieferer Sinn. Er ist auf jeder Stufe seines Lebenswegs einem bestimmten, eindeutig beschreibbaren sozialen Status zugehörig und erlebt dadurch eine »geordnete Sicherheit« (Kizilhan & Salman 2015). Der Status eines Menschen wird durch seine funktionale Zuordnung zu anderen Menschen bestimmt, durch naturgegebene Unter- oder Überordnung. Diese Zuordnung zu anderen Individuen kann sich infolge des – auch biologisch bedingten – Funktionswandels, dem das individuelle Menschenleben unterliegt, verschieben. Das Grundprinzip der naturgegebenen Ungleichheit, das als Gesetz einer gleichzeitigen Unter- und

Überordnung das Leben durchzieht, bleibt jedoch grundsätzlich unangetastet. Unterordnung heißt auch: Ertragen und Erdulden von Macht, Überordnung heißt: Ausüben von Macht. Es existiert immer jemand, der Macht über einen hat.

Dieses Ordnungsprinzip zeigt sich auch im gesellschaftlichen Umgang mit Konflikten. Zum einen sind gewisse Konfliktpotenziale durch die starke Reglementierung von vornherein entschärft. Zum anderen wird ein Konflikt zwischen Einzelnen schnell durch bestimmte Verhaltensmuster offenkundig und regelbar. Hält eine Person die festgelegte Ordnung nicht ein, so grenzt sie sich selbst vorübergehend oder dauerhaft aus der geordneten Gesellschaft aus. Sie verliert ihre soziale Sicherheit, ihren gesellschaftlichen Status und den zuvor empfangenen Respekt.

Dem Bestreben, durch die geordneten Hierarchien jeder einzelnen Person soziale Sicherheit in ihrem Status zu garantieren, scheint die Überzeugung zugrunde zu liegen, dass sozial-emotionale Sicherheit wichtiger ist als individuelle Freiheit. Keine archaische Gesellschaft kennt die Idee der Freiheit des Individuums. Sie kennt daher auch nicht die in Westeuropa so geläufige Form der Emanzipation, die immer wieder auch als Selbstverwirklichung verstanden wird. Freiheit als Möglichkeit zur Entscheidung gibt es in archaischen Gesellschaften nur innerhalb der engen Grenzen, die durch die Normen des jeweiligen biologisch-sozial festgelegten Status bestimmt werden.

Wie alle Gesellschaftsstrukturen bedürfen auch diese archaischen Strukturen und Normen der Legitimation. Dies erfolgt überwiegend über die Religion, zum Teil aber auch über jahrhundertealte Traditionen. Dabei ist zu betonen, dass Religion hier in einem fundamentalistischen Sinn zu verstehen ist. Dadurch, dass ihre Inhalte, ihr Wahrheitsanspruch, ihre Rituale und ihre Moral aus der nichtmenschlichen Sphäre abgeleitet werden, besitzen sie ewige Gültigkeit. Sie sind zeitlos, und damit ist auch die Gesellschaft, die sich ihr unterwirft, zeitlos (Kizilhan & Salman 2015). Die Religion wird hier also als ein kulturbildender Faktor betrachtet, dessen Normen- und Wertesystem sich aus der Deutung der göttlichen Wahrheit ableiten und dessen Gesellschaftsform die Übertragung einer höheren moralischen Ordnung darstellt (Nagel 2001). Dies hat u. a. zur Folge, dass die gesellschaftlichen Machtstrukturen nicht angreifbar oder verhandelbar sind.

In den verschiedenen archaischen Gesellschaften, die über die Jahrhunderte den Islam übernommen haben, scheinen zwar die Grundprinzipien des islamischen Religionsgesetzes verinnerlicht worden zu sein, gleichzeitig scheint aber auch das archaische Postulat der Ungleichheit der Menschen weiterhin seine Gültigkeit zu haben, z. B. in Bezug auf Vorstellungen zur Ehre. So kann es in einer sehr streng religiösen muslimischen Familie als besonders verletzend empfunden werden, wenn eine Tochter mit einem nichtmuslimischen Mann eine Bindung eingeht. Die eigene Religion des Islams wird in der Wertigkeit höher eingeschätzt als beispielsweise das Christentum, was zu einer latenten Spannung führen kann. Die psychische und auch körperliche Verletzung eines Menschen kann durchaus letztlich religiös legitimiert werden.

Eine junge Muslima, die in Deutschland geboren ist, studiert hat und als Ärztin arbeitet, berichtet: »*Ich hatte mich in einen Koreaner verliebt und wollte ihn heiraten. Nachdem ich meine Eltern von meiner Absicht unterrichtete, versuchten sie, mich von meinem Vorhaben abzubringen. Sie versuchten, andere moslemische Männer selbst ›aufzutreiben‹ und auf mich einzureden. Drohungen der Ausgliederung aus der Familie blieben natürlich auch nicht aus. Nachdem sie meine Ernsthaftigkeit erkannten, stellten sie die Bedingung, dass mein Freund und späterer Ehemann zum Islam konvertieren muss … Schließlich war mein Freund damit einverstanden, und er konvertierte ganz offiziell in der Moschee, im Beisein vieler Moslems aus der Gemeinde. Dann durften wir auch heiraten.«*

Im Fall von Aliya stand bei der Zwangsverheiratung weniger die Religion ihres Freundes im Vordergrund als vielmehr die Zugehörigkeit zur Großfamilie bzw. grundsätzlich die Autorität des Vaters, darüber zu entscheiden, wen sie zu heiraten hatte.

WICHTIG ....

Die rein traditionell-kollektivistische Gesellschaftsstruktur basiert auf der Vorstellung der Ungleichheit der Menschen. Diese ist mit einer hierarchischen Ordnung, mit unterschiedlichen Wertigkeiten, verbunden. Der Umgang zwischen den verschiedenen hierarchischen Gruppen ist durch gesellschaftliche Verhaltensregeln sehr klar vorgegeben. Die ungleiche Machtverteilung wird oft durch den Bezug auf Religion als göttliche Wahrheit legitimiert und ist dadurch nicht verhandelbar.

Hierarchie und Gehorsam in Gruppen als Basis für Sicherheit

Die hierarchische Organisation einer Gruppe oder Gemeinschaft bietet enorme Vorteile bei der Bewältigung von Gefahren, z. B. bei einer Bedrohung durch konkurrierende Gruppen oder bei einem drohenden inneren Zerfall. Die hierarchische Organisation ermöglicht es, Reibungsverluste, die durch das soziale Zusammenleben entstehen, zu minimieren: Wenn alle Mitglieder den ihnen zugeschriebenen Status akzeptieren und sich an die damit verbundenen Verhaltenserwartungen halten, ist die innere Harmonie der Gruppe gesichert und die Handlungsfähigkeit nach außen gewährleistet. Gleichzeitig ist die hierarchische Organisation nur eine mögliche Form der sozialen Organisation von Gruppen und – jedenfalls für bestimmte Arten von Gruppenleistungen – keineswegs die effizienteste. Bei Gruppenleistungen, die Kreativität und/oder selbstkritische Reflexionsprozesse der Gruppenmitglieder erfordern, wird der Gruppenvorteil einer hierarchischen Organisationsform sogar weitgehend zunichtegemacht. Die hierarchische Organisationsform bietet daher auch denkbar ungünstige Voraussetzungen für eine konstruktive, gewaltfreie Bearbeitung von Konflikten, sowohl zwischen Gruppen als auch innerhalb einer Gruppe oder Gemeinschaft.

Eine hierarchische Gruppenorganisation funktioniert nur, wenn Gehorsam gegenüber höhergestellten Personen entwickelt und akzeptiert wird. Eine grundlegende Vorbedingung dafür ist wiederum eine Sozialisation innerhalb von Autoritätsstrukturen. In der familiären Erziehung wird durch die Eltern eine grundlegende Gehorsamshaltung ihnen gegenüber eingefordert, auch bei der Moralerziehung. Was in der primären, familiären Sozialisation beginnt, setzt sich in der sekundären[16] und tertiären[17] Sozialisation fort. Im gesamten Verlauf seiner Konfrontation mit gesellschaftlichen Institutionen (Schule, Berufsleben, Militär, Religion) trifft der Mensch ständig auf eine autoritäre Belohnungsstruktur, in der Nachgiebigkeit und Folgsamkeit gegenüber Höhergestellten in der Regel belohnt werden, während die Verweigerung der Unterordnung in den meisten Fällen bestraft wird. Auch wenn es viele mögliche Arten der Belohnung der pflichtgemäßen Unterordnung gibt, ist die wirkungsvollste Form durch die hierarchische Organisationsform selbst vorgegeben: Die Person darf in der Hierarchie eine Stufe höher steigen. Dadurch wird zugleich der bzw. die Einzelne motiviert sowie das System in seiner Struktur reproduziert. Das Endresultat dieser Erfahrung ist die Verinnerlichung der hierarchischen Ordnung.

WICHTIG

Das autonome Handeln von Menschen ist in hierarchischen Gruppen, zu denen ich auch die patriarchalischen Gesellschaften zähle, nicht gewährleistet bzw. außer Kraft gesetzt. Durch die Art der Erziehung und Sozialisation innerhalb dieser Gesellschaften ist es möglich, dass sich die Menschen in diesen Gruppen nicht bewusst sind, dass sie als Individuen nicht autonom und frei in ihren Entscheidungen sind.

Viele erleben dies als Sicherheit und sehnen sich nach der »vergangenen Zeit, in der alles noch viel strukturierter und besser« war. Es ist nicht aus einem Gefühl der Angst vor Repression oder negativen Konsequenzen, weswegen sie sich möglicherweise nicht wehren, sondern sie nehmen dieses System als »von Gott gegeben« hin und identifizieren sich vielleicht auch damit.

Solidargruppen in patriarchalischen Gesellschaften

Eine archaische patriarchalische Gesellschaft gliedert sich grundsätzlich in untereinander konkurrierende Stämme, die sich jeweils wiederum aus mehreren, ebenfalls zum Teil konkurrierenden Sippen zusammensetzen. Die Sippen wiederum bestehen aus mehreren Großfamilien, die in mehrere Kleinfamilien aufgefächert sind.

Der Zusammenhang der einzelnen gesellschaftlichen Gruppen untereinander wird durch eine gemeinsame Genealogie konstruiert, das heißt durch die Abstammung des Stammes, der Sippen, der Großfamilien und der Kleinfamilien von je einem gemeinsamen Stammvater in absteigender Linie. Die höchste hierarchische Stellung hat der Stammesführer, dieser ist der politische Vertreter aller ihm untergeordneten Gruppen. Jede Sippe hat in der Regel ebenfalls einen Vertreter, dieser wiederum untersteht dem Stam-

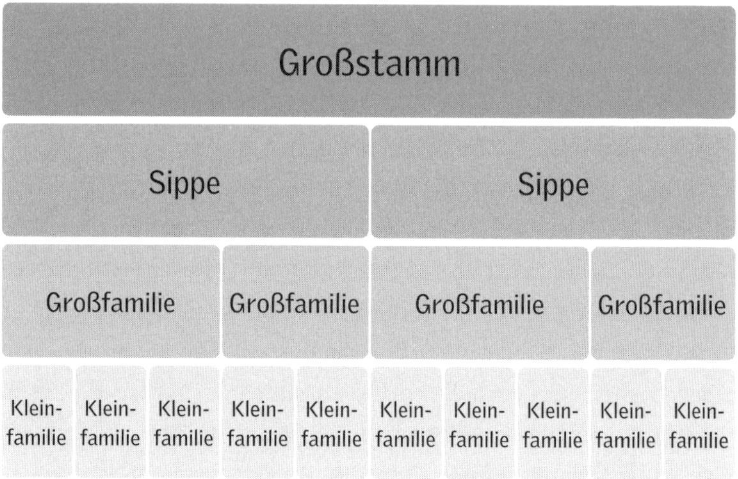

Abbildung 1: Hierarchie der Solidargruppen in archaischen patriarchalischen Gesellschaften

mesführer. Die Großfamilie setzt sich aus mehreren Kleinfamilien zusammen, die in einer engen Blutsverwandtschaft stehen. Vertreter der Kleinfamilie ist in der Regel der Vater. Die sozialen Positionen, z. B. innerhalb der Kleinfamilie, resultieren aus ökonomischen Bedingungen wie auch aus sozialen und politischen Beziehungen und Abhängigkeiten. Handlungsleitend ist dabei die gegenseitige Wahrung der »Ehre« bzw. das Bewahren der »Ehre« der eigenen Gruppe bzw. Familie, da diese für das soziale Ansehen und für politischen Einfluss entscheidend ist. Nach außen und nach innen wird diese »Ehre« generell durch den Haushaltsvorstand repräsentiert.

Von den Familien bis hin zu den Stämmen ist nicht die »Gesellschaft«, sondern der konkrete Andere der Bezugspunkt. Zumal auch historisch gesehen viele diese Gruppen nicht in einem Staatswesen mit einer Verfassung lebten und die Rechte der Imperien, wie das *Byzantinische,* Persische oder *Osmanische* Rechtswesen, weit weg und ihnen unbekannt waren. Daher war die Ehre auch ein Ordnungssystem in diesen Gesellschaften, die sich an Familien, Sippen und Stämmen orientierten. Alle Rechte und Verpflichtungen sind hier bilateral; sie organisieren sich als Verhältnisse zwischen Schuldnern und Gläubigern. Diese Verhältnisse werden durch Gabentausch begründet; Gaben sind dabei sowohl ideelle Güter (Erziehung, ideeller Beistand durch Anwesenheit bei Zeremonien, Heirat oder Verhandlungen zwischen den Gruppen) wie auch materielle Güter unterschiedlicher Art. Die Verpflichtungen zwischen Gebern und Nehmern sind im Idealfall allumfassend und können vom Geber jederzeit eingeklagt werden. Von diesem Rechtsdenken her gesehen, erscheint die Organisation der Familie, aber auch die Organisation einer Dorfgemeinschaft idealer als ein Netz von Gegenseitigkeit und Wechselseitigkeit in sozialen Beziehungen. Es besagt, dass das Verhalten einer Person typischerweise eine entsprechende Reaktion oder Antwort von anderen Personen hervorruft. Dabei wird erwartet, dass die Interaktion fair und ausgewogen ist, sodass sowohl Geben als auch Nehmen in einem angemessenen Verhältnis zueinander stehen.

WICHTIG

In zwischenmenschlichen Beziehungen kann Reziprozität verschiedene Formen annehmen, wie beispielsweise das Zurückgeben eines Gefallens, das Erwidern von Freundlichkeit und Respekt oder das Austauschen von Informationen oder Ressourcen. Das Konzept der Reziprozität bildet oft die Grundlage für das soziale Zusammenleben und stellt sicher, dass Interaktionen auf gegenseitigem Vertrauen und Respekt beruhen, bei gegenseitigem Wahren der Ehre. Dieses Referenzsystem der »Ehre« löst sich auch bei der Aufhebung der Abhängigkeiten nur selten, und wenn, dann nur langsam auf.

Die Organisation einer Dorfgemeinschaft bzw. Solidargruppe als Netz von Reziprozitätsbeziehungen, in dem die einzelnen Familien von den Postulaten beherrscht werden, ihre Ehre zu wahren und zu verteidigen und gleichzeitig durch ein innerfamiliäres und transfamiliäres Tauschsystem die ökonomische und politische Stellung der Familie zu stärken, ist auch in der Art des Sprechens zu erkennen. Vorherrschend ist eine offizielle und repräsentative Redeweise, die auch am Gebrauch der Namen der Gesprächspartner und an der Vermeidung bestimmter Themen (z. B. Frauen) zu erkennen ist. Durch diese Redeweise wird Ehre demonstriert und gleichzeitig die eigene Person als potenzieller Tauschpartner angeboten. Diese Redeweise ist in der Regel affirmativ, nicht analytisch. Von ihr zu unterscheiden ist die inoffizielle Rede, in der beispielsweise zur Bezeichnung von Personen Spitznamen verwendet werden können. Diese vor allem von den Frauen genutzte Gesprächsform ist der »Klatsch« oder das »Gerücht«; sie dient bei sozialen Randgruppen als ein Mechanismus zur sozialen Kontrolle.

Konflikte zwischen den verschiedenen Gruppen innerhalb der traditionellen Gesellschaften sind vorprogrammiert. Infolge von schwierigen wirtschaftlichen, sozialen und politischen Verhältnissen, in denen viele auch heute noch leben, führt die Konstruktion von Reziprozitätsbeziehungen zu einer Instabilität der gesamten Gesellschaft. Der ständige Versuch, die Stellung des eigenen Stammes und die sozialen Abhängigkeitsbeziehungen innerhalb der eigenen Gruppe zu stärken (z. B. durch Heiratsregeln) und zu Mitgliedern anderer Gruppen zu entwickeln mit dem Ziel, konkurrierende Gruppen zu schwächen, führt zu einer permanenten Instabilität der Solidargemeinschaften und damit fast automatisch zu Konflikten.

Konflikte entstehen in der Regel, wenn die Ehre einer Gruppe entweder aus ihr selbst heraus (z. B. durch »ehrloses« Verhalten eines Mädchens oder einer Frau der Familie) oder von außen (z. B. Frauenraub und Diebstahl) beeinträchtigt wird. Die Wiederherstellung der Ehre ist nach der Rechtsauffassung der traditionellen Gesellschaften nur durch einen Ausgleich möglich, in dem der entstandene Schaden getilgt und eine zusätzliche Leistung des Schädigers erbracht wird. Die Herausforderung durch die Handlung des Schädigers wird angenommen und durch eine Gegenforderung beantwortet. Diese Verpflichtung steht jedoch im Widerspruch zur ökonomischen und sozialen Vernunft. Daher sind die betroffenen sozialen Gruppen sehr oft darum bemüht, den faktischen Schaden so zu begrenzen, dass eine Eskalation vermieden und dennoch gleichzeitig die Ehre öffentlich wiederhergestellt wird.

Die Ehre kann aber auch religiös als verletzt empfunden werden, wenn sich Personen nicht an die Regeln der Religion halten, z. B. Heilige beschimpfen oder eine sexuelle Orientierung haben, wie sie in dieser Religion und Kultur nicht vorgesehen ist. Dies kann als »ehrlos« empfunden werden und fordert die Gemeinschaft auf, mit Sanktionen entgegenzutreten.

Historisch erscheint die Dorfgemeinschaft als ein großer »Sozialkörper«, in den sich die familiären und persönlichen »Körper« streng einzufügen haben. Persönliche und familiäre Wünsche bergen die Gefahr in sich, Konflikte zu provozieren, die den Sozialkörper bedrohen, der die Existenz aller sichert. Im Ehrsystem der traditionsgeleiteten (Dorf-)Gemeinschaft lassen sich die Gesetze des archaischen Gabentauschs finden, wie sie Marcel Mauss (1950) beschrieben hat. Das Ansehen (»Sheref«) eines Mannes vergrößert sich beispielsweise, wenn er als großzügiger Gastgeber in Erscheinung tritt. Prachtvolle Hochzeiten, Respekt und Solidarität anderen Gruppen gegenüber sollen das Ansehen der Familie oder des Stammes verdeutlichen und zu einer Stärkung der eigenen Position innerhalb der Gesellschaft führen.

Soziale Kontrolle

Gesellschaften bzw. Kulturen unterscheiden sich u. a. durch ihren Umgang mit Sanktionen. Eine oft untersuchte Dimension ist der Grad der Internalisierung der Eigenverantwortlichkeit (»locus of control«) in Bezug auf die Einhaltung von Richtlinien und Verboten.

Bei den »internalisierenden« Kulturen werden die Verhaltensrichtlinien verinnerlicht, dabei werden an die »Moral« und das »Gewissen« des Einzelnen hohe Anforderungen gestellt. »Externalisierende« Kulturen sorgen hingegen durch strenge Kontrolle der situativen Faktoren dafür, dass gegen allgemeingültige Verhaltensnormen nur unter größten Schwierigkeiten verstoßen werden kann. Die Staaten des Nahen Ostens zählen zu den externalisierenden Kulturen. Da hier der Mensch von Natur aus als »schwach« gilt (»Die menschliche Natur erhält ihren inneren Wert allein durch die unermessliche Güte Gottes, denn der Mensch ist schwach erschaffen.« Koran, 4/29), sorgt beispielsweise eine grundsätzliche Geschlechtertrennung im Alltag dafür, dass »moralische Verfehlungen« schlicht durch »Mangel an Gelegenheit« verhindert werden können. Der Aufbau eines rigiden, überstrengen Gewissens ist nicht erforderlich. Hieraus ergibt sich auch eine grundsätzlich andere Einstellung zu dem, was als »Sünde« gilt: »Für den Moslem ist eine Sünde eine Überschreitung eines rituellen Verbots, mehr noch eine Rebellion gegen Allah durch Unglauben: Es ist keine moralische Verfehlung« (Bousquet 1966).

WICHTIG

Die starke soziale Kontrolle lässt dem Einzelnen – nach westlichem Empfinden – nur geringen persönlichen Freiraum. Von den in diesem System Lebenden kann dies jedoch anders empfunden werden, da viele Menschen diese Kontrolle als Sicherheit erleben und vor allem nach diesem System kein »schlechtes Gewissen« haben müssen, da sie »sowieso schwach sind«. Bei Verstößen gegen die Norm werden meist situative Faktoren verantwortlich gemacht.

So sind ja auch im Fall, wenn eine Frau z. B. durch sexuelle Untreue die »Sitte« verletzt, die Männer der Familie ebenso verantwortlich wie sie selbst. Das ist nur aus der Perspektive logisch, dass es eben nicht in erster Linie eine »Charakterschwäche« der betreffenden Frau ist, sondern dass die Männer der Familie nicht ausreichend für eine Struktur gesorgt haben, in der ein solcher Verstoß nicht möglich gewesen wäre. Wieder wird auch keine »innere Stärke« gefordert, der »Versuchung« zu widerstehen. Um dies zu verstehen, muss außer der Dimension des Grads der Internalisierung auch noch die grundsätzliche Haltung des Islams zur Sexualität mit in Betracht gezogen werden (vertiefend dazu siehe Kapitel 4).

Da die archaische gesellschaftliche Organisationsform im Grunde nur durch tradierte Rituale und Regeln, nicht durch Vernunft bestimmt ist, ist sie gleichzeitig anfällig für Anarchie, Kontrollverlust und Gewalt, was sich z. B. durch die verschiedenen Formen von Blutrache immer wieder zeigt. An der Blutrache wird deutlich, wie niedrig die moralische Hemmschwelle ist, wenn es um das Verhältnis unterschiedlicher Gruppen zueinander geht. Während innerhalb der eigenen Solidargruppe die Hemmschwelle für Gewaltanwendung sehr hoch ist, ist sie gegenüber Angehörigen einer anderen, insbesondere statusniedrigeren Gruppe sehr niedrig.

Suzan – »Für meine ›Fehler‹ fühlt sich die ganze Familie verantwortlich«

»Ich heiße Suzan, meine Eltern kommen aus Libyen. Sie haben einige Jahre in Italien gelebt, sind dann nach Deutschland gekommen

und leben seit Jahren hier. Ich bin in Deutschland geboren und mittlerweile 21 Jahre alt. Mit 16 Jahren begannen meine Eltern, immer wieder über eine Heirat zu sprechen; sie erwähnten, dass bereits einige Familien bei ihnen angefragt hätten. Ich war schockiert, verärgert und stritt mit meinen Eltern. Ich fragte, wie sie dazu kämen, mir einen Mann auszusuchen, ohne mich zu fragen. Außerdem wollte ich nicht heiraten, schon gar nicht mit 16 Jahren. Ich fühlte mich noch als Kind, das zur Schule ging. Ich hatte Träume, wollte studieren, reisen und mit meinen Freunden abhängen.

Mein Vater war eigentlich ein liberaler Mensch. Er liebte uns Kinder, und ich liebte meinen Vater natürlich auch. Er hat uns nie geschlagen oder unter Druck gesetzt. Na ja, ehrlich gesagt, hat er schon manchmal Druck gemacht. Wenn wir beispielsweise Besuch bekamen, dann wollte er, dass wir die Gäste begrüßen, ihnen Tee und Gebäck bringen, uns zurückhalten und nicht den Erwachsenen widersprechen sollen. In der Gegenwart seiner arabischen Landsleute war er sehr auf Tradition und Einhaltung von Regeln bedacht. Sie sprachen von früher Heirat, damit die Jungs und Mädchen nicht vor der Ehe Sex haben sollten. Das war ein Tabu, und es würde die Ehre der Familie verletzen. Das habe ich, seitdem ich denken kann, immer wieder von meiner Mutter gehört.

Nachdem es um das Thema Heirat wieder einmal zum Streit gekommen war, nahm ich meinen ganzen Mut zusammen und fragte meinen Vater, warum er Angst habe, dass ich erwachsen werde.

›Mein Kind‹, fing er an. ›Wir kommen aus einem Land, in dem die Tradition, Werte und Ehre über allem stehen. Wenn du einen Fehler machst, dann sagen die Leute nicht, Suzan hat einen Fehler gemacht, sondern die Familie Al-Hashim war unfähig, ihre Tochter so zu erziehen, dass sie keinen Fehler macht. Dein Fehler ist mein Fehler. Dein Fehler ist auch der Fehler deiner Mutter und Geschwister. Alle werden zu Verantwortung gezogen. Ohne Ausnahme.

Wir verlieren unser Gesicht in unserer Gemeinschaft, auch hier in Deutschland.‹

›Aber du musst dich nicht daran halten. Wir leben hier in Deutschland, und hier ist es anders, hier gelten andere Regeln und Normen‹, erwiderte ich.

Mein Vater reagierte geduldig und holte seine Gebetskette aus der Hosentasche. Er veränderte seine Sitzposition, und mir war klar, dass er mir wieder eine Geschichte aus seinem Dorf erzählen würde.

Er nahm seine Kette, spielte mit den Perlen, holte tief Luft, schaute mich an und begann: ›Ich will dir eine Geschichte erzählen, die ich wiederum von meinem Großvater gehört habe. Jedenfalls hatten sich zwei junge Menschen ineinander verliebt, und sie wurden öfter gemeinsam gesehen. Es gehörte sich nicht, dass junge Männer und Frauen sich in der Öffentlichkeit treffen und miteinander sprechen, wenn sie nicht verwandt, verlobt oder verheiratet sind. Das ganze Dorf sprach über die beiden, und Gerüchte machten die Runde. Schon bald erfuhren die Eltern von den Gerüchten. Kein Mensch weiß, was wirklich passiert war, aber den Eltern des Mädchens wurde erzählt, dass sie mit ihrem Freund geschlafen habe. Die Eltern waren am Boden zerstört. Ihre Ehre war verletzt. Die Brüder des Mädchens schlugen den Freund ihrer Schwester, und es gab keinen Tag, an dem beide Familien nicht Ärger miteinander hatten. Das Mädchen wurde dann auch von ihren Freundinnen gemieden. Keine wollte mit ihr noch etwas zu tun haben, sie hatte gegen die Regeln verstoßen.‹

Ich hielt es nicht mehr aus und redete laut dazwischen: ›Aber keiner weiß, ob sie mit dem Jungen etwas gehabt hat oder nicht. Das geht doch nicht, dass man aufgrund von Gerüchten Menschen so schlimm behandelt. Das ist doch ungerecht!‹

›Ja, aber das war so‹, erwiderte mein Vater und fuhr fort: ›Die Familie des jungen Mannes war wohlhabend, und es war eine große

Familie. Sie schafften es, dem jungen Mädchen die Schuld zu geben, und von da an wurde die gesamte Familie des jungen Mädchens gemieden. Sie wurden zu keinen Feierlichkeiten mehr eingeladen, niemand wollte ihnen mehr Arbeit geben oder helfen. Sogar die Nachbarn grüßten nur kurz die Eltern und besuchten sie nicht mehr. Die Situation wurde so schlimm, dass die Familie nach sechs Monaten das Dorf verließ.‹

›Das glaube ich nicht. Das kann doch nicht wahr sein. Wie dumm sind denn die Leute?‹, protestierte ich laut.

Mein Vater blieb ruhig und erwiderte: ›Es ist eine wahre Geschichte und leider nicht die einzige. Frag deine Mutter oder deine Großeltern.‹

Ich hielt es nicht aus und unterbrach meinen Vater erneut: ›Okay. Dann will ich es glauben. Doch wir leben in Deutschland, und niemand kann uns ausgrenzen und uns schaden. Wir brauchen die Leute nicht, um hier gut zu leben.‹

›Das ist richtig, aber mir sind meine Kultur und meine Landsleute wichtig. Auch wenn ich nicht alle Ansichten teile. Dennoch müssen wir in der Öffentlichkeit auf unseren Ruf und unsere Ehre achten. Das ist mir wichtig, und darüber gibt es keine Diskussion.‹

Unser Gespräch endete irgendwann, ohne dass wir uns wirklich einig wurden. Ich spürte nur, dass mein Vater plötzlich traditionell dachte und auch so redete. Er nahm Begriffe wie ›Ehre‹, ›Ruf‹, ›Gesichtsverlust‹ in den Mund, und auch die Meinung seiner Community war ihm wichtig. Das will ich noch hinzufügen. Ich bin nicht verheiratet worden und konnte durch ein Studium dem Ganzen entfliehen, noch …«

Familiäre Strukturen

Die Kleinfamilie ist das soziologische Zentrum bzw. der Kern der im vorherigen Kapitel beschriebenen traditionellen patriarchalischen Gesellschaftsform. In ihr spiegeln sich die gesellschaftlichen Verhältnisse wider, gleichzeitig trägt sie als erste Sozialisationsinstanz wesentlich dazu bei, diese aufrechtzuerhalten.

Funktion und Strukturen von Familie

Historisch betrachtet begründete sich die Familie als erste Solidargruppe nicht in erster Linie durch emotionale Beziehungen, sondern als Produktions- und Konsumgemeinschaft, die allen Mitgliedern das Überleben erleichterte. Sie bestand – wie heute auch – im Kern für gewöhnlich aus den beiden Eltern und deren Kindern. In der Großfamilie lebten zudem Großeltern, verheiratete Brüder und Schwestern und andere Verwandte zusammen.

Neben der Funktion der (Überlebens-)Sicherheit war die Familie auch eine Ehe- und Funktionsgemeinschaft, die den Kindern verschiedene moralische und religiöse Werte vermittelte. Sie sicherte zugleich die gesellschaftliche Reproduktion, indem die Kinder Wissen und Fertigkeiten von den Eltern erwarben. Selten hatten sie die Möglichkeit, darüber hinausgehende Fähigkeiten zu entwickeln. In vielen indigenen Kulturen war durch die Geburt der soziale Stand des Einzelnen festgelegt, der dem der Eltern entsprach. Einige religiöse Gruppen verfügen über Kastensysteme. In diesen ist ein Wechsel der Kasten nicht vorgesehen (vgl. Kizilhan 2010).

Zur Familie im weiteren Sinne wird auch die Verwandtschaft gezählt. Unter dem Verwandtschaftsbegriff können vielfältige Beziehungsformen zusammengefasst werden. So wurden auch angeheiratete Personen sowie deren Familienangehörige und Bekannte mit zur Verwandtschaft gezählt. Durch das Verbot von Ehen zwischen Blutsverwandten waren die Menschen gezwungen, Beziehungen zu anderen Familien zu knüpfen und auch in diese zu heiraten. Neben der Kernfamilie und der Großfamilie entwickelten sich so über die Jahrhunderte entsprechend auch Clans als ein Verbund »geistiger Verwandtschaft«, innerhalb derer miteinander kooperiert und zusammengearbeitet wurde. Diesem sozialen Netz stand in patriarchalischen Gesellschaften, wie im vorangegangenen Kapitel beschrieben, in der Regel ein Stammesführer vor, der für die äußere Unversehrtheit der Stammesmitglieder verantwortlich war. Im Gegenzug waren die Mitglieder dazu verpflichtet, dem Stammesführer und seiner Familie Ressourcen, wie beispielsweise Ländereien, Soldaten etc., zur Verfügung zu stellen.

Auch heute noch ist die Familienstruktur bei Familien in bzw. aus den entsprechenden Gebieten gekennzeichnet durch eine patriarchalisch-hierarchische Rangordnung, die Achtung und Respekt gegenüber den Höhergestellten einfordert. Jedes Mitglied hat seine zugewiesene Rolle, mit der bestimmte Regeln und Vorschriften, Rechte und Pflichten verbunden sind. Deren Verletzung wird entsprechend gemaßregelt. Alle Familienbeziehungen und Verhaltensweisen der einzelnen Familienmitglieder orientieren sich am Vorrang und an der Autorität des Vaters und an der von allen anerkannten familiären Rangordnung, die sich aus dem Geschlecht, dem Alter und der verwandtschaftlichen Position innerhalb der Großfamilie ergibt. Danach nimmt der Vater den obersten Rang ein; er genießt die höchste Autorität innerhalb der Familie, und diese Position trägt auch zu seinem Ansehen außerhalb der Familie bei. Die zweite Stelle innerhalb der Familienhierarchie nimmt der älteste Sohn ein. In der weiteren Rangfolge schließen sich vor den Töchtern die weiteren Söhne an. Die Mutter nimmt innerhalb der Familie nach dem Vater die wichtigste Rolle ein. Allerdings nach außen, in der Gesellschaft steht der älteste Sohn vor der Mutter. Die als grundlegend angesehenen Bindungen sind die zwischen Vater und Sohn – der Sohn muss dem Vater bedingungslos gehorchen –, zwischen Mann und Frau – die Frau hat keine oder nur eingeschränkte Rechte – sowie zwischen älteren und jüngeren Brüdern – der jüngere hat den älteren Bruder zu achten und ihm widerspruchslos zu gehorchen. Da alle archaischen Gesellschaften in mehreren Großfamilien organisiert sind, gilt diese Ungleichheit in einem höchst komplizierten System auch für das Verhältnis der Kleinfamilien untereinander, die zu einer Großfamilie zusammengeschlossen sind. Die Frau des jüngeren Bruders ist beispielsweise der Frau des ältesten Bruders hinsichtlich ihres sozialen Status ungleich und damit auch »unterlegen«.

Der Respekt vor der Autorität des Vaters zeigt sich nicht nur in der widerspruchslosen Unterwerfung unter die Entscheidungen des Vaters, sondern beispielsweise auch in den Verboten, unaufgefordert in Anwesenheit des Vaters zu sprechen oder im Beisein des Vaters, eines älteren Bruders oder Onkels zu rauchen. Der Vater hat außerdem das Recht, über alle Einnahmen der Familienmitglieder, auch der erwachsenen, nicht verheirateten Kinder, zu verfügen und bei der Wahl der Braut bzw. des Bräutigams mitzuwirken.

Familie als Rechtseinheit

An der Spitze der Familie steht als Haushaltsvorstand der Vater oder, bei dessen Abwesenheit, der älteste Sohn. Nur der Haushaltsvorstand wird als wirtschaftlich und politisch rechtsfähig betrachtet. Der Haushalt mit allen Angehörigen wird als Solidargruppe aufgefasst. Rechtseinheit ist der Haushalt, nicht die einzelne Person, die zu einem Haushalt gehört. Die einzelne Person ist nur insofern Rechtsperson, als sie Mitglied eines Haushalts ist, innerhalb dessen sie bestimmte Rechte besitzt, ebenso wie ihr auch bestimmte Pflichten obliegen. Bei Konflikten wird der Angriff auf ein Familienmitglied als Angriff auf den gesamten Haushalt betrachtet, ebenso wie Verfehlungen eines Familienmitglieds als Verfehlungen des gesamten Haushalts angesehen werden.

Das Konzept der Ehre ist dabei zentral für die Rechtseinheit des Haushalts. Sowohl nach innen wie nach außen organisiert sich das Leben der Kleinfamilie um die Existenz und Bewahrung der Ehre, die nach innen wie nach außen durch den Haushaltsvorstand repräsentiert wird. Das Innenleben der Familie und die Beziehungen der Familienmitglieder untereinander sind geprägt durch die Kontrolle der »Ehrenhaftigkeit«. Beim Außenleben der Familie ist die Repräsentation der Ehre wesentlich. Diese Repräsentation erfordert unterschiedliche Verhaltensmuster, je nach sozialer Stellung der Person, gegenüber der die Ehre demonstriert wird. In der Diaspora findet oft eine Abschottung der Familie gegenüber der Mehrheitsgesellschaft statt, die als potenziell bedrohlich für die Familienehre betrachtet wird. Bei erforderlichen Kontakten, beispielsweise in der Schule oder am Arbeitsplatz, wird Freundlichkeit und Zugewandtheit gewahrt.

Eine Verletzung der Ehre wird als Angriff oder Beleidigung der gesamten Familie angesehen, entsprechend ist ihre Verteidigung Aufgabe aller Familienmitglieder. Diese Vorstellung von Ehre ist dabei immer als körpergebunden zu betrachten. Eine Verletzung der Ehre ist gleichsam identisch mit einem Angriff auf die Körperlichkeit und kann daher grundsätzlich nur mit einem Angriff auf die Körperlichkeit des Ehrverletzers ausgeglichen werden.

WICHTIG

Jedes Familienmitglied ist für die Bewahrung und Verteidigung der Ehre seiner Familie, seiner Sippe bzw. seines Stammes verantwortlich und hat mit seinem Körper dafür einzustehen.

Die Organisationsform der Familie als Mikrogemeinschaft in einem Netz von Reziprozitätsbeziehungen, in dem die einzelnen Familien darauf bedacht sind, ihre Ehre zu wahren bzw. zu verteidigen und gleichzeitig durch ein inner- und transfamiliäres Tauschsystem die ökonomische und politische Stellung der Familie zu stärken, zeigt sich oft auch in Familienkonflikten von zugewanderten Menschen aus traditionellen Gesellschaften, z. B. bei einer bevorstehenden Trennung oder bei Liebesbeziehungen bzw. der Heirat der Kinder in der 2. und 3. Generation.

Das Leben als Minderheit in Deutschland kann, unabhängig von der Religiosität einer Familie, zu einer verstärkten Abgrenzung gegenüber der deutschen Gesellschaft führen. Herkunftsbezogene Traditionen und Werte, wie beispielsweise auch das Ehrkonzept, gewinnen an Bedeutung, wie auch die Zugehörigkeit zu einer Gemeinschaft von Menschen gleicher ethnisch-religiöser Herkunft. Zum Teil wird innerhalb der Familie ausschließlich die Herkunftssprache gesprochen. Die eigentliche Bedeutung von Herkunftstraditionen ist den jüngeren Generationen oft gar nicht bekannt. Familiäre Konflikte mit den Eltern bzw. der Großfamilie entstehen häufig, wenn sich die nachfolgenden Generationen, insbesondere die Mädchen, stärker an der deutschen Gesellschaft und den westlichen Werten orientieren. Dies kann dazu führen, dass die Mädchen nach außen, gegenüber der Familie, angepasst bleiben und diese Konflikte als innerpsychische in sich tragen.

Fatma – Paris, die Stadt der Liebe

Ich hätte gerne Fatma ihre Geschichte selbst erzählen lassen. Aber sie kann es nicht mehr, weil sie in Paris ihre Liebe kennengelernt hatte. Diese Liebe dauerte nur einen kurzen Moment, und ich weiß nicht, ob Fatma heute noch zu dieser Liebe stehen würde, wenn sie die Möglichkeit dazu hätte.

Fatma wuchs in einem kleinen kurdischen Dorf nahe der Stadt Mus auf. Ihre Eltern waren traditionell, aber nicht gewalttätig. Und sie lebte, wie alle anderen im Dorf, sicher, außer wenn türkische Soldaten Operationen gegen die kurdische PKK, die Arbeiterpartei Kurdistans, durchführten und dabei nicht selten die Dorfbewohner schikanierten, schlugen und immer wieder Jugendliche mitnahmen und nach einigen Tagen Folter wieder freiließen. Das war aber fast schon »Alltag«, nach über 40 Jahren des Konflikts hatten sich die Menschen irgendwie daran gewöhnt. Doch viele waren auch dieses Konflikts müde und entschlossen sich, nach Europa zu fliehen. So lebten seit Ende der 1990er-Jahre Verwandte und Bekannte von Fatma in Paris – der Stadt der Liebe, von der sie schwärmte, von der sie träumte und die sie einmal sehen wollte.

So wie es der Zufall wollte – oder doch das Schicksal? –, erschienen eines Tage Verwandte aus Paris in ihrem Dorf, vor dem Haus ihrer Eltern, mit vielen Geschenken. Es waren Frauen und Männer, sie sprachen, aßen und lachten. Fatma hörte neugierig zu, wenn sie über Paris spachen, über die Menschen, die großen und prächtigen Straßen, Gebäude und Kirchen. Sogar von einem Fluss erzählten sie, auf dem Schiffe fahren sollten, und von Menschen, die am Mittag oder Abend zum Essen gingen.

In der Küche teilte die Mutter ihr trocken und entschieden mit, dass sie wegen ihr gekommen seien. Der junge Mann neben dem älteren Mann mit einer Gebetskette möchte sie heiraten. Jetzt schaute Fatma vorsichtig, aber mit Adlerblicken auf den jungen Mann. Er schien nett zu sein, redete kaum und schaute in ihre Richtung. Ihre Blicke begegneten sich nur für eine Sekunde, aber der Blick des jungen Mannes traf sie mitten ins Herz. Sie wäre einverstanden, wenn man sie fragen würde. Es dauerte nicht lange, bis der Vater Fatma ins Wohnzimmer rief und sie fragte, ob sie einverstanden wäre, Hüseyin, den Sohn von Ahmet, zu heiraten. Fatma war 17 Jahre alt, etwas schüchtern, aber fest entschlossen, das Dorf zu verlassen. Der Junge sah nicht schlecht aus und lebte in Paris. Was kann ich mir mehr wünschen, dachte sie, und sagte kurz entschlossen Ja zu der Heirat.

Nur acht Monate später war sie in Paris. Es eine große Hochzeit und viel Gold. Endlich war sie in der Stadt ihrer Träume. Sie war neugierig und bat ihren neuen und unbekannten Mann, ihr Paris zu zeigen. In der ersten Woche, vor allem nach der schmerzhaften ersten Nacht, war Hüseyin sehr bemüht. Er fuhr sie mit seinem Auto durch Paris, sie gingen in den Straßen spazieren. Fatma fand alles wunderbar, war überwältigt von der Atmosphäre und dem besonderen Flair der Stadt, nur das Essen war wirklich nicht ihr Ding. Aber das war für sie unwichtig. Sie wollte gern Französisch und einen Beruf erlernen.

Bereits nach vier Wochen verboten ihr jedoch die Schwiegereltern, allein das Haus zu verlassen. Sie lebte bei den Schwiegereltern und musste den Haushalt führen und für sie kochen. Hüseyin arbeite jeden Tag, manchmal auch am Wochenende. Er war nett, aber auch manchmal gewalttätig. Einmal widersprach sie seinen Eltern, weil sie die Situation in der Wohnung nicht aushielt, und wollte ausziehen und mit Hüseyin allein leben. Der Vater wurde wütend, schrie auf sie ein, die Mutter unterstützte den Vater, und schließlich eskalierte die Situation. Hüseyin stand auf und gab ihr eine solche Ohrfeige, dass sie auf den Boden fiel. Fatma weinte, stand auf und wollte in ihr Zimmer gehen. Sie hörte noch, wie die Mutter zu ihrem Sohn sagte: »Gut gemacht. Nur so kannst du sie zügeln.«

Fatma wurde von da an immer wieder geschlagen. Sie nahm an Gewicht ab, und die vorher so lebhafte junge Frau verschloss sich zunehmend von der Außenwelt; sie wurde depressiv und war nur noch tief traurig. Eine Scheidung kam nicht infrage. Ihre Eltern hatten ihr bereits mitgeteilt, dass sie aus dieser Ehe nicht mehr raus kön-

ne. Sie würden ihr Gesicht und ihre Ehre verlieren. Sie müsse dieses Schicksal akzeptieren, allerdings machten sie ihr auch Hoffnung: Sie wollten mit den Schwiegereltern reden und sie überzeugen, dass Fatma mit Hüseyin in einer eigenen Wohnung leben müsse. Als sie ihr erstes Kind bekam, hatten die Schwiegereltern nichts gegen einen Auszug. Mit dem Kind war die Wohnung auch zu klein. Das Leben gestaltete sich etwas besser, aber die Gewalt hörte nicht auf. Kaum war das erste Kind ein Jahr alt, war sie schon wieder schwanger. Hüseyin arbeitete oder war mit Freunden unterwegs, während sie inzwischen mit zwei Kindern und dem Haushalt beschäftigt war. Sie lernte von den Nachbarn und beim Fernsehen etwas Französisch. Eine Schule durfte sie nicht besuchen. Nach fünf Jahren in Paris lebte sie in einem Vorort mit vielen Migrantinnen und Migranten. Sie hatte seit zwei Jahren das Pariser Zentrum nicht mehr gesehen.

Irgendwann lernte sie per Zufall auf dem Spielplatz einen Mann aus Senegal kennen, der gegenüber von ihrem Hochhaus wohnte. Sie war jeden Tag mit den Kindern auf dem Spielplatz, und immer wieder kam der Mann vorbei, und sie unterhielten sich über banale Dinge. Irgendwann kamen sich die beiden näher und begannen eine heimliche Beziehung. Fatma hatte zunächst starke Schuldgefühle, sie fühlte sich jedoch von dem Mann aus Senegal verstanden; er war zärtlich und behandelte sie wie einen Menschen. Das gefiel Fatma.

Nach sechs Monaten flog das Ganze auf. Hüseyin sah sie auf dem Spielplatz, wie sie sich umarmten und küssten. Fatma erklärte, dass es das erste Mal gewesen sei. Hüseyin schlug sie an diesem Tag grün und blau, was ihr merkwürdigerweise nichts ausmachte. Waren es die Schuldgefühle, die Ehrverletzung oder etwas anderes? Sie wusste es damals nicht. Ihr Freund hatte Angst bekommen und meldete sich nicht mehr bei ihr. Hüseyin tat in den nächsten vier Monaten, als sei alles wieder in Ordnung. Er war nun immer öfter bei seinen Eltern, und sie bekam mit, wie Hüseyin auch mit ihren Eltern telefonierte.

Schließlich teilte Hüseyin mit, dass sie in die Türkei zu ihren Eltern solle. Sie hätten sie gern für ein paar Wochen bei sich, und er habe nichts dagegen. Etwas Urlaub würde ihnen beiden guttun. Er müsse arbeiten und würde dann später mit den Kindern nachkommen.

Fatma war nicht sehr erfreut über die Reise in das Dorf. Aber tatsächlich würde ihr etwas Abwechslung guttun. So flog sie über Istanbul in die Stadt Mus. Bekannte des Vaters holten sie mit einem Auto ab und brachten sie ins Dorf. Die Begegnung mit den Eltern verlief eisig, eine kleine Umarmung, ein bis zwei Sätze des Willkommens. Mehr nicht. Nach etwa zwei Wochen, in denen sie sich die meiste Zeit im Haus der Eltern aufhielt, sollte sie zu den Plateaus hinter dem Dorf, um die Schafe zu melken. Sie nahm einen großen Eimer und verließ das Dorf in Richtung der Schafe. Nach einer Weile sah sie ihren 14-jährigen Bruder, der hinter einem Felsen hervorkam. Er ging auf Fatma zu, die sich über die Begleitung freute. Sie wollte nicht allein sein, nach zwei Wochen Einsamkeit im Haus der Eltern. Sie rief ihn freudig, und er kam näher, bis er zwei Meter vor ihr stand. Sein Gesicht war blass, als hätte er keinen Tropfen Blut im Körper. Ohne ein Wort zu sagen, zog er eine Pistole hervor und schoss mehrmals auf Fatma. Ihr Körper schlug hart auf dem Boden auf. Sie bewegte sich nicht mehr, rief noch den Namen ihres Bruders und verstummte für immer.

Erziehung zum Gehorsam

Das oberste Erziehungsziel in diesen Familien ist die An- und Einpassung des Kindes in das in der Familie vorherrschende Autoritätsgefüge. Dementsprechend ist das praktische Erziehungsverhalten der Eltern von der Notwendigkeit geprägt, Kinder zum Gehorsam zu erziehen. Im Mittelpunkt stehen zum einen die angemessene Reaktion auf Befehl und Anweisung, zum anderen – und dies macht diese Reaktion erst möglich – Respekt und Achtung vor dem Ranghöheren. Achtung ist in seinen Äußerungsformen an die Einhaltung bestimmter formalisierter Verhaltensweisen – insbesondere gegenüber dem Vater – gebunden, wie beispielsweise vor den Älteren nicht zu rauchen und vor allem ihnen nicht zu widersprechen.

Die Nichteinhaltung dieser vorgegebenen Verhaltensweisen wird als Achtungs- und Respektlosigkeit seitens des Kindes und als fehlende Autorität seitens des Vaters interpretiert, der ein solches Verhalten zulässt. In seiner Position als Haushaltsvorstand hat der Vater unter anderem die Aufgabe, das Verhalten der übrigen Familienmitglieder zu kontrollieren und seine Kinder bei ungebührlichem Verhalten zu bestrafen. Die Androhung von Gewalt, aber auch Gewalt selbst werden hierfür als legitimes Mittel betrachtet, um die Autorität gegebenenfalls durchzusetzen. Die Aufgabe der gegenseitigen Kontrolle wird auch an die Kinder weitergegeben, was nicht selten zu Aggressionen der Geschwister untereinander, zu Misstrauen, gegenseitigem Ausspionieren, Beschuldigen und Denunzieren führt. Kontrolle und Gewalt durchziehen somit alle familiären Beziehungen, auch die der Kinder untereinander.

WICHTIG

Gehorsam gegenüber dem ältesten männlichen Mitglied der Familie spielt bei der Erziehung eine zentrale Rolle – in der Regel ist dies der Vater, nach seinem Tod oder in seiner Abwesenheit kann diese Autorität auch auf den ältesten Sohn übergehen. Es gibt auch Frauen oder Söhne und Töchter, die nicht die ältesten waren, die aufgrund von Talent und Persönlichkeit den Haushaltsvorstand übernommen haben; dies sind jedoch Ausnahmefälle.

Das Prinzip der Verantwortlichkeit, wie es weiter oben beschrieben ist, wird auch in der Kindererziehung sehr deutlich: So gelten kindliche Verstöße gegen die Normen, z.B. Lügen oder Stehlen, nicht als Charakterschwäche des betreffenden Kindes, sondern als Versäumnis der Älteren, die Situation angebracht zu strukturieren. Dementsprechend sieht die Kindererziehung auch kein Konzept einer »Charakterbildung« vor, sondern erwartet ein »automatisches« Hineinwachsen in die alters- bzw. rollengemäßen Verhaltensnormen, vergleichbar mit dem natürlichen Wachstumsprozess einer Pflanze. Eine logische Folge ist ein autoritäres Erziehungskonzept, da es ja nicht darum geht, im Laufe der zunehmenden Charakterbildung »Einsicht« zu gewinnen, sondern darum, in die gesellschaftlich gesetzten Grenzen »hineinzuwachsen«. Diese Grenzen werden – nach diesen Vorstellungen im Interesse des Kindes – klar und unzweideutig, also autoritär, vertreten

In diesen Familien- und Erziehungssystemen spielen die Gefühle und Bedürfnisse der Einzelnen eine untergeordnete bzw. gar keine Rolle. Kinder, die so aufwachsen, lernen folglich nicht, sich selbst, ihre eigenen Gefühle und Bedürfnisse wahrzunehmen bzw. diese auszudrücken. Sie lernen vielmehr, diese zu unterdrücken und zurückzustellen und sich zu verstellen, da ansonsten Familienkonflikte oder eine Bestrafung die Folge wären. Auch lernen sie, dass sie sich keine eigene Meinung bilden bzw. diese nicht vertreten sollten, da auch dies zu Konflikten und Strafen führen würde. Konflikte innerhalb der Familie werden als Missachtung der Autorität der höhergestellten Person verstanden, als »Lösung« dient in der Regel Gewalt, um die »Autorität« wiederherzustellen. Dass Konflikte auch konstruktiv sein und ohne Gewalt gelöst werden können, wird nicht vermittelt.

In westlich-individualistisch geprägten Schulsystemen können die autoritären Vorstellungen von Erziehung zu Konflikten führen. Verhalten sich Lehrkräfte »demokratisch«, im Gegensatz zum autoritären und strikten Verhalten von Lehrkräften im Herkunftsland, dann kann das von zugewanderten Kindern als Gelegenheit verstanden werden, nicht lernen zu müssen. Das heißt natürlich nicht, gegenüber zugewanderten Kindern autoritär sein zu müssen, aber dieses Wissen ermöglicht zumindest eine bessere Annäherung und damit eine bessere Erziehung. Die »autoritäre« Klarheit des Systems mit dem hieraus resultierenden »genormten Verhalten« führt zu dem islamischen Ideal der »Mäßigung«, dass man in Anlehnung an östliches Denken als den »Weg der Mitte« bezeichnen kann: Während das Ideal des westlichen Individualismus, wie schon der Begriff ausdrückt, das »Individuelle« ist, gilt in islamisch geprägten Ländern das Ideal, so wenig wie möglich von der gültigen Norm abzuweichen.

Veränderung der sozialen Struktur und Erziehung im Krieg

Neben der Gesellschaftsform wirken sich oft auch die politischen und ökonomischen Verhältnisse auf das Familienleben und die Erziehung aus, insbesondere Krieg und Bedrohungen durch militärische bzw. politische Gewalt. Diese sowie die daraus resultierenden, oft desolaten ökonomischen Umstände können dazu führen, dass sich Eltern in ihrer Verantwortung überfordert fühlen, selbst wenn die Familie einigermaßen intakt bleibt.

Eine übliche »Lösung« scheint in der stärkeren Anwendung von autoritären Erziehungsmethoden zu liegen. Dies wird beispielsweise von der Arbeit mit Folteropfern aus Chile berichtet. Die Frage von Ursache und Wirkung ist jedoch nicht in allen Fällen klar. Es ist nicht klar, ob dieser Erziehungsstil als Antwort auf die Belastung durch politische Gewalt angenommen wird oder ob er bereits vor dem Ausbruch der politischen Gewalt vorhanden war, zumal in manchen Regionen politische Gewalt über mehrere Jahrzehnte offen oder latent herrscht. Falls das Letztere zutrifft, so könnte man behaupten, dass autoritäre Erziehung mehr als Ursache denn als Folge von politischer Gewalt gesehen werden sollte. In vielen autoritären oder diktatorischen Staaten ist die Anwendung von Gewalt bereits in der Grundschule ein Teil des Schulsystems. Die Kinder werden von den Lehrkräften geschlagen und verprügelt. Die meisten Eltern trauen sich nicht, sich zu wehren, oder halten diese Praktiken für notwendig, damit das Kind Disziplin lernt. Viele der Eltern haben dieselben Erfahrungen gemacht und empfinden dies als »normal«. Die jungen Männer werden spätestens beim Militärdienst geschlagen und misshandelt. Gewaltanwendung hat somit in der gesamten Gesellschaft einen festen Platz (Kizilhan 2015). Bei kriegerischen Auseinandersetzungen nimmt sie bedrohliche Formen an und beeinflusst damit die ganze Familie. Es gibt aber auch Berichte aus dem Libanon (Bryce & Walker 1986), die die Annahme stützen, dass politische Gewalt zu einem autoritären Erziehungsstil der Eltern und zur Anwendung physischer Gewalt in der Erziehung führt und nicht umgekehrt.

Selbst wenn sich Eltern nicht gezwungen sehen, zu physischer Gewalt zu greifen, mögen sie sich genötigt fühlen, einen restriktiven und bestrafenden Erziehungsstil anzuwenden, um die Familie vor den Gefahren ihrer Umgebung zu beschützen. Klare Belege für diese Hypothese stammen von einer Studie, die in Nordirland von Whyte bereits 1983 durchgeführt wurde. Hierbei zeigte sich, dass die größte Kontrolle von Eltern über ihre Kinder in den Gebieten mit der höchsten politischen Gewalt ausgeübt wurde. Außerdem waren die Jungen in diesem Gebiet unter einer besonders großen elterlichen Kontrolle. Dies erklärt sich dadurch, dass die Eltern in Westbelfast, wo sowohl die Sicherheitskräfte als auch paramilitärische Organisationen operierten, besonders ihre Söhne gut im Auge behalten wollten, um zumindest ihr physisches, wenn nicht ihr psychisches Wohl zu sichern.

Machtverhältnisse der Geschlechter

Für die Hierarchie in archaisch-patriarchalischen Gesellschaften ist, neben dem Alter, die Konstruktion der Ungleichheit zwischen Mann und Frau die zentralste. Das Prinzip der Ungleichheit der Geschlechter bestimmt alle sozialen Beziehungen innerhalb und außerhalb der Familie.

Die Beziehung zwischen Mann und Frau

Die Befehlsgewalt über die gesamte Familie liegt in archaisch-patriarchalischen Gesellschaften, wie oben schon beschrieben, beim ältesten männlichen Erwachsenen, in der Regel dem Ehemann bzw. Familienvater. Ihm sind Respekt und Gehorsam entgegenzubringen, auch vonseiten der Ehefrau. Gewalt gegenüber der Frau kann als legitimes Mittel betrachtet werden, um Gehorsam durchzusetzen oder einfach um seine Autorität gegenüber ihr innerhalb der Familie und nach außen zu demonstrieren.

Generell wird in diesen Gesellschaften Männlichkeit mit Stärke, Überlegenheit und Durchsetzungskraft verbunden, was auch innerhalb der Großfamilie und Gemeinschaft zu demonstrieren ist, um als »vollwertiger«, respektabler Mann zu gelten. Männer, die diesem »Ideal« nicht folgen, werden nicht selten durch die Großfamilie und Gemeinschaft unter Druck gesetzt. Die Frau wird als »Besitz« des Mannes betrachtet, der zu schützen ist; gleichzeitig hat sie bestimmte Pflichten, u. a. sexuelle Verfügbarkeit, gehorsam zu erfüllen. In verschiedenen Regionen weiterhin bestehende traditionelle Praktiken, beispielsweise Mitgift oder Brautgeld, Zwangsverheiratung sowie die frühe Verheiratung von Mädchen an deutlich ältere Männer, fördern die Unterdrückung, Gewalt und Rechtlosigkeit der Frau in der Ehe.

Den weiblichen Familienmitgliedern wird die Verkörperung der »Ehre« im engeren Sinne auferlegt, die als »Ehre« der gesamten Familie verstanden wird. Ausweis dafür ist die sexuelle Reinheit der Frauen und Mädchen, das heißt die Keuschheit vor der Ehe und die Treue in der Ehe. Die gesamte Familie, vertreten durch das Oberhaupt der Familie, ist im ersten Grad verantwortlich für die Bewahrung dieser »Ehre«. Die Töchter werden oft stark reglementiert und kontrolliert, insbesondere was den Kontakt zu Gleichaltrigen, vor allem Jungen und Männern, betrifft, aber auch das Ausgehen oder das Ausüben von Hobbys. Die Angst vor einer möglichen Beschädigung der »Familienehre«, insbesondere in einem anders orientierten religiös-kulturellen Umfeld, kann zu einer regelrechten Überwachung der Mädchen und jungen Frauen durch die Brüder führen. Die Möglichkeit einer Ehrverletzung soll so von vornherein verhindert werden. Dies kann einen erheblichen Einfluss auf die Beziehungen zwischen den Geschwistern und in der gesamten Familie haben.

Den männlichen Familienmitgliedern, insbesondere den Söhnen der Familie fällt die Aufgabe zu, die Stärke und Wehrhaftigkeit der Familie zu demonstrieren, also dass sie in der Lage ist, für die Bewahrung der Ehre zu sorgen und diese gegebenenfalls zu verteidigen.

Der Wunsch, viele Söhne zu gebären, hat auch mit dieser Stärke und Macht zu tun. Je mehr männliche Personen es in einer Familie und in einer Gemeinschaft gibt, desto eher ist eine Verteidigung der Ehre möglich und desto geringer ist die Gefahr einer möglichen Ehrverletzung. Das Auftreten der Söhne innerhalb der Familie und in der transfamiliären Öffentlichkeit hat ihrer Rolle zu entsprechen. Sie haben Selbstbewusstsein und Mut zu zeigen, gleichzeitig aber auch eine überaus hohe Empfindlichkeit als Ausdruck ihrer Wachsamkeit. Nicht selten ist das Verhältnis zwischen

Brüdern und Schwestern durch Kontrolle, Aggression bis hin zu Gewalt geprägt.

Obwohl dieses Ehrkonzept die Kontrolle über und die Gewalt gegen die weiblichen Familienmitglieder legitimiert und obwohl sie selbst darunter leiden, tragen oft auch Mütter und Schwestern dieses mit und kontrollieren und denunzieren sich gegenseitig. In diesem patriarchalischen System, in dem sich die Frauen und Mädchen stillschweigend unterordnen müssen, ist die »Macht« über die Tochter oder eine (jüngere) Schwester die einzige, die sie haben. Die eigene Ohnmacht und Wut kann auch dazu führen, dass der Tochter oder Schwester keine bessere Lebenssituation gegönnt wird, als man selbst erlebt.

WICHTIG

Die traditionelle soziale Gemeinschaft ist auf die bedingungslose Unterwerfung aller Mitglieder unter ihre Regeln angewiesen, um ihren Fortbestand zu sichern. Solange die Gemeinschaft intakt ist, müssen die Geschlechtertrennung und das Ehrkonzept nicht unbedingt zur Unterdrückung und Ausbeutung der Frau führen. Bei Auflösungserscheinungen dieser Gesellschaften, z.B. in der Diaspora, in der auch die ältere Generation versucht, durch diese Rituale ihre schwindende Macht abzusichern, führt dieses Denksystem allerdings zu katastrophalen Folgen.

Gewalt gegen Frauen ist in allen patriarchalischen Gesellschaften – und auch in der westlichen Welt, wenn wir die häusliche Gewalt anschauen – sehr verbreitet. Im Koran wurde die Gewalt gegen Frauen sogar schriftlich festgehalten, auch wenn es verschiedene Interpretationen dazu gibt. So steht doch in Sure 4 Vers 34. »Und jene Frauen, von denen ihr Widerspenstigkeit befürchtet, tadelt sie, verbannt sie in ihre Betten und schlagt sie.«

Die Stellung der Frau im Islam

Eines der viel diskutierten Themen ist die Rechtsstellung der Frau im Islam. Hier vermischen sich, wie im ersten Kapitel aufgezeigt wurde, religiöse und traditionell-patriarchalische Vorstellungen. Im Islam ist Religion ein kulturbildender Faktor, mit einem aus der Deutung der göttlichen Wahrheit abgeleiteten Normen- und Wertesystem und einer Gesellschaftsform, die folglich als selbstverständliche Übertragung einer höheren moralischen Ordnung erachtet wird: »*Wir Muslime lernen, unser Leben auf Erden als eine Investition ins Jenseits zu sehen, indem wir dem Willen und den Gesetzen Gottes gehorchen. Die Werte der Gemeinschaft – Ehre und Unterordnung – zählen weit mehr als die Selbstbestimmung des Individuums. Religion ist für das Individuum kein Instrument der Sinngebung, sondern es hat sich der Religion anzupassen und sich Gott aufzuopfern. Dies stimmt mit der buchstäblichen Bedeutung des Wortes Islam überein: Ergebung in den Willen Gottes*« (Ayaan Hirsi Ali 2005).

Im Koran wird erwähnt, dass dem Ehemann das einseitige Recht zukommt, bis zu vier Ehefrauen gleichzeitig zu haben, sowie das einseitige Recht, die Ehe durch Verstoßung aufzulösen (Talaq). Weiter wird er beim Sorgerecht für die Kinder weitgehend bevorzugt, die Zumessung doppelter Erbanteile an die Söhne im Verhältnis zu den Töchtern wird erwähnt und vieles mehr. Auf der anderen Seite erfolgte die traditionelle Auslegung innerhalb eines Gesellschaftsmodells, in dem die Lebenssphären von Männern und Frauen weitgehend getrennt waren und der Frau, vor allem innerhalb der Großfamilie, eine hoch respektierte Rolle als Ehefrau und Mutter zukam. Es ist zu bedenken, dass das islamische Recht in Lebensverhältnissen entstand, in denen der wirtschaftliche und soziale Zusammenhalt in Großverbänden mehr oder weniger lebensnotwendig war. Es ließ dem Individuum vergleichsweise geringe eigene Entscheidungsmöglichkeiten für seine Lebensgestaltung, die soziale Rolle in der Gemeinschaft und die ökonomische Absicherung der Großfamilien gingen vor.

Die rechtliche Ungleichbehandlung der Geschlechter gründet sich auf mehrere Stellen im Koran, die beispielsweise die familiäre und erbliche Stellung der Frau oder ihre Eignung zur Zeugung betreffen. So heißt es in der Sure 4, ¾, »*die Männer stehen über den Frauen, weil Gott sie (von Natur vor diesen) ausgezeichnet hat und wegen der Ausgaben, die sie von ihrem Vermögen gemacht haben [...]*« Der Vorzug der Männer wird zum einen mit zu erbringenden Unterhaltsleistungen im weitesten Sinne begründet. Hiermit verbindet sich eine funktionale, nicht aber wesensmäßige Überlegenheit. Zum anderen wird auch die sogenannte »Beschützerrolle« immer wieder als Argument dafür geliefert, warum Männer eine höhere Stellung haben sollen. Den Koranversen, die die Gleichheit der Geschlechter vor Gott belegen, stehen patriarchalische Ordnungsvorstellungen gegenüber, die bereits skizziert wurden. Diese bilden die Basis für die Zuweisung geschlechterspezifischer Rollen und Funktionen.

In Bezug auf die Ehe enthält der Koran verschiedene Regelungen, die Frauen und Männern unterschiedliche Rechte zugestehen. Neben der einseitigen Erlaubnis der Polygamie für den Mann darf außerdem die Frau bei der Eheschließung nicht für sich selbst sprechen, sondern braucht einen Vormund. Dies führt dazu, dass Frauen gegen ihren Willen verheiratet werden können. Auch sieht der Islam kein Mindestalter für die Ehe vor, was dazu führt, dass in verschiedenen Ländern, die dies erlauben, insbesondere Mädchen sehr jung verheiratet werden. Bei der Eheschließung erwerben sowohl der Mann als auch die Frau eheliche Rechte. Die Rechte des Mannes lassen sich zusammenfassen als das Recht auf Gehorsam der Frau. Seine Pflicht ist es, seine Frau mit Kleidung, Nahrung und Unterkunft zu versorgen. Die Frau erwirbt das Recht auf Versorgung, »gerechte Behandlung«, das Recht auf Kinder und auf sexuellen Verkehr mit dem Ehegatten. Die Scheidung wird vom Islam als unerwünscht angesehen, dennoch wird sie praktiziert. Die Verstoßung der Frau durch den Mann kann durch dreimaliges Aussprechen von »Entlassung« *(Talaq)* erfolgen. Der Mann darf die Frau zweimal zurücknehmen, eine dritte Verstoßung bedeutet die endgültige Scheidung. Anerkannte religiöse Scheidungsgründe für die Frau können die Impotenz des Mannes, seine Kastrierung, die Verstümmelung seines Gliedes oder ekelerregende Krankheiten sein. In der Realität führen meist lediglich Unterhaltsverstöße zu einer wirklich rechtsgültigen Scheidung. Das Sorgerecht für die Kinder erhält für einen bestimmten Zeitraum die Mutter, danach erhält es der Vater oder ein männlicher Verwandter. Die Schädigung der Frau durch Worte und Taten des Ehegatten ist zwar theoretisch ein Scheidungsgrund, Beleidigungen allein werden meist jedoch nicht als Scheidungsgrund anerkannt.

Ich werde später noch detaillierter darauf eingehen, möchte aber schon an dieser Stelle die Bedeutung der Begriffe »Liebe und Sexualität« im Islam skizzieren. Wenn wir ein arabisches Epos, wie »Leyla und Mechnun«, oder Liebesgedichte lesen, dann zeigt sich, wie wichtig dieses Thema ist, das zugleich so sehr tabuisiert wird. Liebe und Sexualität, nach klaren Regeln, sind erlaubt und werden als die angenehme Seite des Lebens gesehen. Im Koran wird Sexualität als eine der Wonnen benannt, die den Gläubigen nach dem Tod im Paradies erwarten. Eine lebenslange Keuschheit wird in den islamischen Ländern kaum praktiziert. Trotzdem wird die weibliche Sexualität nach islamischer Auffassung als destruktiv angesehen, da sie Chaos und Unordnung schaffen kann. Es wird davon ausgegangen, dass eine starke weibliche Sexualität dem sozialen Gefüge schaden könnte, sobald Männer von dieser dominiert werden. Die »Schwäche des Mannes« wird geschützt, da er für gesellschaftliche

Ordnung verantwortlich ist, u.a. durch eine strikte Geschlechtertrennung. In islamischen Gesellschaften sind zudem bestimmte weibliche Tugenden, wie Keuschheit und Unberührtheit, so verinnerlicht, dass kaum ein Mädchen sich trauen würde, sich über diese Tabus hinwegzusetzen. Einem Mädchen, das nicht jungfräulich geblieben ist, droht Bestrafung: Wenn dies bei der Heirat herauskommt, fällt die Braut unter moralische Ächtung, oder es kann sogar ein Todesurteil ausgesprochen werden – auf jeden Fall muss sie mit der Scheidung rechnen. Da diese Verbote und moralischen Normen so tief im Bewusstsein eingeprägt sind und Tabubrüche nur sehr selten vorkommen, stellt sich die Frage, weshalb die Ausgrenzung der Frauen durch Segregation und Pflicht zur Kopfbedeckung bzw. Verschleierung immer noch bzw. wieder erfolgt.

Hier spielen auch patriarchalische Vorstellungen von Ehre eine zentrale Rolle. Das Ansprechen einer Frau durch einen Mann auf der Straße oder körperliche Annährungen können als eine Verletzung der Ehre interpretiert werden und somit zu erheblichen Konflikten führen. Diese Konflikte können sozialen Unfrieden und gesellschaftlichen Schaden nach sich ziehen. Die Zerstörung, die durch die »weibliche Verführungskunst« drohen könnte, kann diesen Vorstellungen entsprechend nur verhindert werden, wenn der Kontakt zwischen beiden Geschlechtern auf das Nötigste minimiert wird. Durch diese Argumentationsweise wird der weitgehende Ausschluss der Frauen vom öffentlichen Leben als für den sozialen Frieden notwendig gerechtfertigt. Gesellschaften, die Frauen durch Geschlechtertrennung und Verhüllung ausgrenzen, weil sie durch eine verschleierte Angst des Mannes vor der sexuellen Aktivität der Frau bestimmt sind, sind gleichzeitig von einer tief sitzenden sexuellen Unsicherheit geprägt. In einfachen Worten ausgedrückt: Die Frau wird dafür bestraft, dass der Mann nicht in der Lage ist, seine Sexualtriebe zu kontrollieren.

WICHTIG

Durch eine Mischung von patriarchalischen Sitten und Traditionen sowie islamischen Verhaltensregeln wird eine erhebliche Unsicherheit in Bezug auf Sexualität geschaffen, und sie wird tabuisiert. Hohe moralische Vorstellungen und Einschränkungen führen gerade bei Frauen zu erheblicher Sorge und Angst, da sie in jedem Augenblick eine Verletzung der Ehre riskieren.

Verschleierung in islamischen Ländern

Gefürchtet wird vom muslimischen Mann die *»fitna«* der Frau. Gemeint ist damit ihre »Verführungskunst«. Diese Verführung durch ihren weiblichen und damit erotischen Körper würde viele Gefahren für die gesamte Gesellschaft bringen. Da der Mann »von Gott als schwach« gesehen wird, wird davon ausgegangen, dass er nicht in der Lage ist, diesen weiblichen Reizen zu widerstehen. Allein der Gedanke an bzw. der Blick auf eine Frau könnte deren männliche Familienmitglieder zu einer Gegenreaktion veranlassen, da sie ihren »Besitz« und ihre »Ehre« gefährdet sehen. Dadurch könnte es zwischen zwei Familien bzw. Gruppen zu einer Eskalation und zu Unfrieden in der Gemeinde kommen. Dagegen schützen sollen die Verhüllung sowie die gesellschaftliche Absonderung der Frauen und die Ehe. Aus dem koranischen Gebot, sich zu verhüllen, wurde ein Beleg für das Gebot der Verschleierung, wie sie schon zur vorislamischen Zeit, angeblich freiwillig, von den Frauen der vornehmen Gesellschaft Mekkas und anderer orientalischer Länder, die später von den Muslimen erobert wurden, praktiziert wurde. Auch die Absonderung der Frau aus den Bereichen des öffentlichen Lebens war eine Sitte, die von der gehobenen islamischen Gesellschaft praktiziert wurde und zunächst ein »Symbol für Ehre und Ansehen« war. Im Umkehrschluss bedeutete dies, dass Frauen, die sich nicht daran hielten, auch nicht ehrbar waren.

3.
DIE MACHT DER FAMILIE

Ali Ibrahim – die Anatomie der Gewalt eines »Ehren-«Täters

»Ich sitze seit acht Jahren im Gefängnis, weil ich meine Frau mit mehreren Messerstichen verletzt, fast getötet habe. Mir wurde versuchter Mord in Tateinheit mit gefährlicher Körperverletzung und Nötigung vorgeworfen. Es stimmt, und deswegen bin ich seit acht Jahren im Gefängnis. Es gibt keinen Tag, an dem ich mich nicht an die Tat erinnere. Ich erinnere mich nicht, wie ich auf meine Frau mit einem Messer einstach. Erst als die Polizei eintraf und Leute auf der Straße herumschrien, sah ich das Messer voll Blut in meiner Hand und meine Frau auf dem Boden, regungslos, ihr ganzer Körper mit Blut überströmt. Ich weiß nicht, was genau passiert ist. Ich weiß aber, warum ich zu meiner Frau gegangen war, warum ich wütend und verärgert war. An Weiteres kann ich mich bis heute nicht erinnern. Dennoch kann ich mir bis heute nicht erklären, wie ich so etwas tun konnte. Ich habe sie geliebt. Ehrlich, ich liebe sie heute noch.

Meinen Sohn, der damals gerade mal einige Monate alt war, habe ich seitdem nicht mehr gesehen. Ich habe viele Bilder im Kopf, wie er wohl aussieht und was er gerade macht (Ali Ibrahim wird traurig, senkt den Kopf, blickt zu Boden und weint). *Ich würde ihn gerne sehen und träume davon, eines Tages, nach der Entlassung, mit ihm zusammenzusitzen, spazieren zu gehen und ihn zu umarmen. Wie konnte ich nur so etwas tun?«*

Ali Ibrahim erzählt über seinen Alltag:

»Ich bin seit acht Jahren in der geschlossenen Psychiatrie. In Wirklichkeit ist es ein Gefängnis. Ich stehe morgens relativ früh auf, treibe Sport und gehe anschließend in die morgendliche Gesprächsrunde, wo wir über verschiedene Themen sprechen. Danach habe ich Ergotherapie, und um 13.00 Uhr gibt es schon Mittagessen. Danach gehe ich wieder bis 15.00 Uhr zur Ergotherapie. So bin ich etwas

beschäftigt und kann mich ablenken von den Gedanken, dass ich meine Frau fast getötet hätte und nun alles verloren habe. Wofür? Für die Ehre? Welche Ehre? Das ist alles so verlogen.

Am Nachmittag treffe ich einige Leute, die auch schon seit Jahren hier sind. Tagsüber versuche ich, nicht zu schlafen, und schaue selten Fernsehen. Bevor ich schlafen gehe, bete ich noch. Auch wenn es schwer ist, versuche ich, mich in der geschlossenen Psychiatrie an die Gebetsregeln des Islams zu halten. Ich lese viel. Das ist seit Jahren mein Alltag hier im Gefängnis. Ja, geschlossene Psychiatrie.«

Zu seinen Diagnosen äußert sich Ali Ibrahim folgendermaßen:

»Sie sagen, dass ich eine emotional instabile Persönlichkeitsstörung vom Borderline-Typus habe; ich kann meine Emotionen, meine Wut und meinen Ärger nicht kontrollieren und habe deswegen Gewalt gegen meine Frau angewendet, habe versucht, sie zu töten. Der Arzt hat auch von einer kombinierten Persönlichkeitsstörung mit ebenfalls emotional instabilen und zusätzlich narzisstischen Anteilen gesprochen. Ich kenne die Diagnosen auswendig, da ich mich seit acht Jahren damit beschäftige, in Gruppen hier darüber spreche und auch einige psychotherapeutische Sitzungen bekommen habe. Mir wird vorgeworfen, dass ich unter einer erheblichen Impulsivität leide, die sich in Beziehung entfalte; deshalb weiß ich dann nicht mehr, was ich mache. Ich könnte, so sagt der Arzt, nicht deeskalieren, habe eine innere Wut, die ich dann durch Gewalt gegen andere zeige. Ach ja, ich habe auch noch eine weitere Diagnose bekommen: Ich leide unter einer histrionischen Persönlichkeitsstörung. Das heißt nichts anderes, als dass ich arrogant bin, glaube, alles zu wissen, alles dramatisiere und immer im Mittelpunkt stehen möchte. Ich will dazu nichts sagen. Die Ärzte müssen ja wissen, was ich habe.«

Um die Gründe für seine Tat zu nennen, holt er weit aus und erzählt, wie er aufgewachsen und wie er schließlich nach Deutschland gekommen ist:

»Sie wollen wissen, warum ich versucht habe, meine Frau zu töten? Wegen der Ehre, die ich nicht mehr habe. Ich habe meine Frau und mein Kind verloren. Was ist das für eine Ehre, wenn ein Mann nicht seine Familie schützen kann, sondern versucht, sie zu töten?

Aber ich will Ihnen meine Geschichte erzählen, damit andere daraus lernen, und ich hoffe aus tiefstem Herzen, dass wegen solcher veralteter Normen von Ehre nicht mehr getötet oder Leben zerstört wird. Ich sage Ihnen, was ich erlebt habe, damit ich verstanden werde. Ich will mich nicht entschuldigen. Die Tat ist unentschuldbar, aber die Gemeinschaft, aus der ich komme, ist auch nicht viel besser.

Ich bin vor ca. 40 Jahren in einem Dorf in der Türkei auf die Welt gekommen. Ich bin das älteste Kind und habe noch fünf weitere Geschwister. Mein Vater hat als Bauer und Bauarbeiter jeden Tag hart gearbeitet. Ich habe ihn kaum gesehen, und wenn, dann war er traurig, verbittert und hat nie ein gutes Wort zu mir gesagt. Ich bin zur Schule gegangen, habe Freunde gefunden, und wie alle anderen haben wir unseren Familien auf den Felder geholfen. Es war ein hartes Leben, aber niemand hat geklagt. Wir kannten es nicht anders.

Eines Tages – ich werde diesen Tag niemals vergessen –, ich war 13 oder 14 Jahre alt, da kam mein Vater aus der Stadt zurück mit einer Frau an seiner Seite. Er hatte einige Wochen in der Stadt als Bauarbeiter gearbeitet.

Mein Vater hat meiner Mutter und uns Kindern erzählt, dass die fremde Frau im Dorf arbeiten würde und vorübergehend bei uns im Haus leben sollte. Schon nach kurzer Zeit erfuhr ich von meinem Onkel, dass diese fremde Frau meine Stiefmutter sei, und ich solle keine Probleme machen. Meine Mutter weinte jeden Tag, wurde immer wieder von meinem Vater geschlagen. Ich begann, ihn zu hassen, und habe kein Wort mehr mit ihm gesprochen. Wir lebten alle unter einem Dach, meine Mutter, meine Geschwister und diese Frau. Es gab jeden Tag Probleme. Mein Vater schützte seine zweite Frau wie eine Heilige, er terrorisierte uns alle wegen ihr. Schnell waren auch zwei Kinder aus dieser Ehe geboren. Erst danach entschloss sich mein Vater, uns zu verlassen; er zog in ein anderes Haus im gleichen Dorf. Ich habe ihn jeden Tag gesehen, aber nicht mit ihm gesprochen.

Eigentlich kann ich sagen, dass bis zur zweiten Heirat meines Vaters meine Kindheit gut war. Nach dem Auszug ging es uns nicht gut, und ich musste die Schule abrechen und arbeiten. Mein Vater unterstützte uns nicht mehr. Ich war der Älteste und hatte nun die Verantwortung, die Familie zu versorgen.

Die wirtschaftliche Situation im Dorf war so schlecht, dass ich begann, in verschiedenen Städten Arbeit zu suchen. Über viele Umwege habe ich dann einige Jahre in Istanbul gearbeitet und meiner Mutter Geld geschickt. Nach der Militärzeit entschied ich mich, zusammen mit einigen Freunden nach Deutschland zu gehen, da die Situation in der Türkei immer schlechter wurde. Ich stellte in Deutschland einen Asylantrag.«

Als Nächstes geht Ali Ibrahim auf seine Zeit in Deutschland und die Beziehung zu seiner Frau ein:

»In Deutschland habe ich Kadriye, eine junge türkische Frau aus dem Schwarzmeergebiet, kennengelernt, und wir wollten heiraten. So organisierte ich einige Freunde aus dem türkischen Café und wollte um die Hand von Kadriye anhalten. Doch ihr Vater lehnte die Heirat ab, da er seine Tochter nicht einem ungebildeten Mann geben wollte. Seine Tochter sollte einen Mann aus dem Schwarzmeergebiet heiraten.

Das war uns beiden gleich, und wir entschieden uns, dennoch zu heiraten. Ich meldete uns beim Standesamt an. Nachdem alle Unterlagen geprüft waren, bekamen wir einen Termin im Rathaus für die Trauung. Dann passierte es. Zwei Tage vor der Trauung ging Kadriye nicht mehr ans Telefon. Ich stand zwei Tage vor ihrer Haustür, klingelte, aber niemand reagierte; sie war einfach verschwunden. Einige Tage später erreichte ich über Facebook eine Cousine von Ka-

driye. Sie berichtete mir, dass Kadriye mit ihren Eltern in der Türkei Urlaub mache.

Ich rief sie jeden Tag an, aber jedes Mal schaltete sich der Anrufbeantworter ein. Irgendwann ging ich nicht mehr in mein Stammcafé und blieb allein in meinem Zimmer. Ich wusste nicht, was ich machen sollte. Ich konnte nicht schlafen, war traurig und hatte Angst, Kadriye nicht mehr zu sehen.

Nach drei Wochen erfuhr ich, dass Kadriye aus der Türkei zurückgekehrt sei. Ich rief wieder an, aber sie antwortete nicht. Ich erfuhr, dass sie eine Ausbildung zur Friseurin machte. Ich ging dann zu ihrer Berufsschule und wartete, bis sie herauskam. Sie sah mich an und kam ruhig auf mich zu. Sie fragte nicht, wie üblich, wie es mir geht, sondern sagte nur: ›Ich bin jetzt verheiratet, also lass mich in Ruhe. Ich will dich nicht mehr sehen.‹ Sie drehte sich um und ging davon. Ich brauchte mehrere Wochen, um zu verstehen, was passiert war. Durch die Cousine erfuhr ich später, dass Kadriye vom Vater zu der Ehe gezwungen wurde. Kadriye war meine erste Liebe, und diese Liebe ist bis heute nicht verschwunden.

Ich habe mich von da an nur noch auf meine Arbeit konzentriert und meine Mutter und meine Geschwister unterstützt. Dann machten mich Freunde im Café auf eine junge Frau aufmerksam und meinten, dass der Vater nichts gegen eine Heirat hätte. So habe ich sie nach zwei Treffen gefragt, ob sie einverstanden sei, dass ich um ihre Hand anhalte. Sie sagte Ja, und nachdem ihr Vater sein Einverständnis gegeben hatte, heirateten wir. Meine Ehe mit ihr war okay. Ich ging zur Arbeit, und wir wünschten uns Kinder, was leider nicht klappte. Durch einen Zufall entdeckte ich nach etwa drei Jahren Kadriye auf Facebook und kontaktierte sie. Wir haben unsere Telefonnummern ausgetauscht und sprachen heimlich miteinander. Sie hatte bereits ein Kind bekommen und war unglücklich in ihrer Ehe. Sie liebte ihren Mann nicht und war ja vom Vater dazu ge-

zwungen worden. Nach sechs Monaten verließ Kadriye ihren Mann, und wir zogen trotz des Widerstandes der Eltern und Drohungen des Ehemannes zusammen. Nachdem wir beide offiziell geschieden waren, heirateten wir sofort. Nach einem Jahr bekamen wir unseren ersten Sohn, es war der glücklichste Tag meines Lebens.

Nach der Geburt unseres Sohns veränderte sich Kadriye. Sie sprach von Emanzipation und besuchte einige deutsche Vereine. Sie hatte eine Freundin, die ihr kein gutes Beispiel war. Ich gebe zu, dass ich das nicht wollte. Ich wollte, dass sich meine Frau zu Hause um unseren Sohn kümmert. Ich habe schließlich genug Geld für unsere Familie verdient. Bei uns ist das so, auch wenn ich weiß, dass es eigentlich unrecht gegenüber den Frauen ist. Wir hatten jeden Tag Streit, und ich habe Kadriye einige Male geschlagen. Sie zog dann zu ihrer Freundin. Ich habe in der hiesigen Moschee um Hilfe gebeten, dass sie mit der Familie von Kadriye sprechen. Aber die Vermittlung durch die Moschee und den Imam half nicht. Kadriye sagte immer, sie brauche Zeit, um eine Entscheidung zu treffen.«

Zur Tat selbst berichtet Ali Ibrahim Folgendes:

»Ich habe meinen Sohn dann nicht mehr gesehen. Nach etwa drei Monaten erzählte mir jemand am Abend an einem Kiosk, dass meine Frau einen anderen Mann hat. Ich war so schockiert und fühlte mich in meiner Ehre gekränkt, gedemütigt und wollte so etwas nicht akzeptieren. Ich hatte noch Hoffnung gehabt, dass wir wieder zusammenkommen und ich meinen Sohn großziehen könnte. Was würden die Leute im Café, meine Freunde und Familie sagen? Ich wurde betrogen und wollte diesen Ehrverlust nicht auf mir sitzen lassen. Ich hatte keinen Plan, aber ich wollte sie zur Rede stellen. So fuhr ich zur Wohnung ihrer Freundin und wartete, bis Kadriye auftauchte. Dann passierte es. Ich wollte sie nicht töten, das war niemals meine Absicht, aber sie sollte leiden und Schmerzen haben, da sie unsere Ehre verletzt hatte.

Seitdem bin ich hier und weiß nicht, wann ich wieder herauskomme. Ich habe nicht nur Kadriye geschadet, sondern auch meinem Sohn. Und das alles für die sogenannte Ehre. Was wird wohl mein Sohn über mich denken?«

Vor der Tat war Ali Ibrahim unauffällig und hatte keine Gewalt gegen andere angewandt. Er war aber in einer patriarchalischen Gesellschaft aufgewachsen, er verhielt sich auch in der Ehe dominant und sah sich als die Person, die die Entscheidungen für die Familie trifft. Gewalt gegen die Ehefrau nach der Geburt des Kindes hat immer wieder stattgefunden.

Ein Bruch in seiner Kindheit entstand durch die Heirat des Vaters mit einer zweiten Frau. Der Vater ließ sich nicht von seiner ersten Ehefrau scheiden, sondern führte eine »Ehe« mit zwei Frauen, was in dieser Dorfgemeinschaft anerkannt war. Die dabei unterdrückte Wut und Aggression konnte Ali Ibrahim noch kontrollieren, da er die patriarchalische Rolle des Vaters übernahm und versuchte, für die Mutter und die Geschwister zu sorgen, was nicht wirklich gelang. Die Migration nach Deutschland und die erste Trennung von Kadriye sowie ihre Zwangsverheiratung mit einem Cousin führten zu weiteren Brüchen in Ali Ibrahims Leben, und er zog sich lange zurück, vermutlich war er in dieser Zeit auch depressiv. Die Trennung von Kadriye und die vermutete Beziehung zu einem anderen Mann führten zu einer »Aktivierung« der patriarchalischen Wertvorstellungen von Ehre und Ehrverletzung und daraus folgend zu einer entsprechenden Handlung in solchen Situationen, nämlich der Bestrafung der »Ehrverletzerin«.

Die Aggressivität und massive Gewalt, die er Kadriye in dieser Tatnacht angetan hat, begründet er für sich vor allem auch damit, dass er plötzlich das Gefühl gehabt hatte, dass seine Frau dadurch, dass sie ihn mit einem anderen Mann betrog, seine Ehre verletzte und er nicht in der Lage gewesen war, gegenüber der Gemeinschaft seine Ehre, das heißt seine Frau, zu schützen. In der Gesellschaft und Kultur, in der er aufgewachsen war, sei der »Schutz« der Frau und vor allem das Sicherstellen, dass sie keine sexuelle Beziehung zu anderen Männern außerhalb der Ehe habe, sehr wichtig. Er habe in dieser Situation das Gefühl gehabt, dass er kein Mann mehr sei und seine Ehre verloren habe, deswegen habe er auch keine Kontrolle mehr über sich gehabt und sie dann deswegen vielleicht verletzt.

Ali Ibrahim verschweigt aber, dass er zu Kadriye eine sexuelle Beziehung hatte, während sie noch mit dem Cousin verheiratet war, was eigentlich auch eine Ehrverletzung darstellt. Darüber wollte er aber nicht reden.

Die patriarchalische Kultur, die Frauen mit der Geburt bzw. bereits mit der Zeugung mitgegeben wird, traumatisiert sie. Ihre eigene Kultur widerspricht dem Konzept der universellen Menschenrechte (Raday 2003) und wird aufgrund von geschlechtsspezifischen gesellschaftlichen Machtverhältnissen sowie konditionierten Traditionen und Erziehung weitergegeben an die nachfolgenden Frauengenerationen.

Psychologische Erklärungen für Aggression und Gewaltbereitschaft

Was Menschen dazu bringt bzw. sie in die Lage versetzt, andere Menschen, selbst nahestehende Familienmitglieder, zu töten, dazu gibt es verschiedene psychologische Erklärungen. In diesem Kapitel möchte ich auf die wichtigsten davon für den Kontext »Ehrenmord« eingehen.

Unterdrückte, unkontrollierte Aggression

Für das Ausüben von Gewalt ist das Vorhandensein von Aggression notwendig. Hinter aggressivem Verhalten verbergen sich Gefühle von Wut und Angst. Das sind »normale« Gefühle, die jeder Mensch hat und derer sich niemand zu schämen braucht. Werden Gefühle unterdrückt, wirken sie im Unbewussten weiter und tauchen versteckt wieder auf – unterdrückte Energie sucht sich Ersatzziele. Fehlgeleitete Aggressionen wie Herrschsucht, Vorurteile und Grausamkeiten gegen Schwächere können in kollektiven Gesellschaften als innerhalb der Familie, aber auch innerhalb der Gemeinschaft unterdrückte aggressive Gefühle verstanden werden. Die Restriktionen und Verbote in kollektiven Kulturen und vor allem im Islam und in patriarchalischen Kulturen können durchaus zu einer kollektiven Unterdrückung von Aggression und damit verbundenen Gefühlen führen. Die Gewalt steigert sich oft nach und nach, sie beginnt beispielsweise mit Kontrolle, Einsperren und Bedrohen, dann folgen Schläge und körperliche Gewalt bis hin zur Ermordung.

Aggressionen in Form von unsozialem, destruktivem Verhalten sind Ausdruck geringer Selbstachtung und tiefer Verunsicherung, von Angst und Frustration. Sie können als Hilferuf verstanden werden. Auch das Gefühl, in der Ehre verletzt zu werden und diese eventuell nicht wiederherstellen zu können, kann zu einem negativen Selbstbild und zu Aggression führen. Aggressionen können sich nach außen, aber auch nach innen richten und zu psychischen Erkrankungen führen bis hin zum Suizid. Aggressionen können von Gesellschaften, aber auch als Zeichen von Kraft und Mut unterstützt oder eingefordert werden, wie es bei archaischen Gesellschaften oft der Fall ist. Beim Auftreten von Ehrverletzungen wird Aggressivität durch Gewaltanwendung, wenn auch nicht öffentlich, begrüßt. Die Verteidigung des Besitzes erfordert aktives Handeln und damit auch die Anwendung von Gewalt.

Ali – ohne Gewalt wird man als »ehrlos« abgestempelt

»Mein Name ist Ali, ich komme aus der Türkei und bin 55 Jahre alt. Ich bin ein ruhiger Mensch und vermeide Konflikte, wo es geht, weil ich damit nicht umgehen kann.

Vor 15 Jahren betrog mich meine damalige Frau mit einem türkischen Mann. Er sagte mir ins Gesicht, dass er Sex mit meiner Frau hat. Ich war natürlich wütend und voller Hass. Ich hätte ihn gern geschlagen, konnte es aber nicht, weil ich einfach Angst hatte. Alle haben mich daraufhin als Feigling beschimpft. Ich höre immer noch diese Rufe und wie sie über mich lachten. Ich ging nach Hause und verließ zwei Wochen lang meine Wohnung nicht . Ich habe nur geweint, war hilflos und wollte nie wieder jemanden sehen. Meine Frau hat mich dann verlassen, was mich, ehrlich gesagt, beruhigt hatte, weil ich dachte, damit sei nun alles abgeschlossen. Dann begannen jedoch meine Brüder, Onkel und andere Verwandte und Bekannte auf mich einzureden, ich solle den »Ehrverletzer« töten. Ich wollte es nicht, weil ich so etwas nicht machen kann. Seither habe ich keinen Kontakt mehr zu meiner Familie, und auch die alten »Freunde« haben sich auf und davon gemacht. Wenn ich sie zufällig auf der Straße sehe, dann ignorieren sie mich einfach. Ich bin seither in psychischer Behandlung. Ich leide unter Depressionen, innerer Unruhe, Schlafstörungen und denke ständig daran, dass ich so gekränkt und gedemütigt werde. Ich habe nach ein paar Jahren wieder geheiratet, eine Frau aus der Türkei. Sie ist eine gute Frau, und wir haben zwei gemeinsame kleine Kinder. Dennoch kann ich in dieser Ehe keine Freude empfinden. Jetzt habe ich Angst, dass auch meine zweite Frau mich betrügt und verlässt und ich wieder nichts machen kann.

Ich spüre diese Aggression und könnte den ganzen Tag schreien, aber stattdessen ziehe ich mich zurück, bin still, und wenn ich allein bin, dann weine ich.«

Wenn Menschen wie Ali mit schwierigen, unangenehmen und bedrohlichen inneren Gefühlen und Impulsen zu kämpfen haben, gibt es grundsätzlich zwei Möglichkeiten, mit diesen umzugehen. Entweder sie richten sie nach außen gegen andere Menschen und Sachen, oder sie richten sie gegen sich selbst, vor allem gegen den eigenen Körper und die eigene Psyche. Ali kommt seither nicht aus der Depression heraus, weil er zum Teil auch die Werte und Normen von »Ehre« teilt. Er ist so sozialisiert und erlebt täglich einen innerpsychischen Konflikt. Solange er seine Vorstellung von »Ehre« und Wiederherstellung der »Ehre« nach der Logik seiner Gesellschaft nicht ändert, wird er nicht frei werden und psychisch krank bleiben.

Lust an Gewalt und Aggression

Psychologisch betrachtet, können auch die verschiedenen Kriege im *Osmanischen Reich* als Ausdruck der Unterdrückung von Aggression verstanden werden, die den Menschen dort durch ihre Rituale und die Religion auferlegt worden war. Die Kriege der Stämme gegeneinander wie auch die Kriege des *Osmanischen Reichs* gegen seine Feinde wurden durchaus mit einer gewissen Leidenschaft geführt. Intoleranz war in allen Lebensbereichen das Maß jener Zeit, und das Blut geriet schnell in Wallung, wenn jemand sich in seiner Ehre angegriffen fühlte. In einem plötzlichen Lebenshunger stürzten sich die Menschen blind in die nächstbeste Aktivität. Da das Leben sowieso kurz und ständig von Gefahren überschattet war, lebte man im Augenblick.

Dies wurde insbesondere von den Machthabern, den Stammesführern, sehr bewusst und intelligent genutzt. Unterschwellig wurde diese Zivilisation von tiefer Existenzangst beherrscht, der sich auch die gläubigsten Muslime nicht entziehen konnten. Die Angst äußerte sich paradoxerweise in einer merkwürdigen Todessehnsucht. Die Feiern nach der gewonnenen Schlacht, in der Hunderte von Menschen getötet worden sind, die Köpfung der Feinde und das Mitschleppen zahlreicher Köpfe oder Ohren und Nasen sind nur einige Beispiele dieser krankhaften Morbidität. Der Tod war ebenso wenig ausgegrenzt wie der Friedhof, der in unmittelbarer Nähe des Dorfes lag. Der Friedhof wurde und wird wie ein Heiligtum von den Dorfbewohnern betreut und gepflegt.

Mit zunehmender Gewalt in Gesellschaften und ideologischer Instrumentalisierung – dazu zählt auch die Sozialisation mit patriarchalischen Ehrvorstellungen – wandelt sich diese anfangs möglicherweise noch kontrollierte Aggression in eine pathologische Form der Gewalt mit dem zwanghaften Ziel, die »Ehre« wiederherzustellen, und zwar durch Gewalt. Unter Psycholog*innen wird sie auch als eine »appetitive Aggression« bezeichnet. Diese Form der Aggression muss sich nicht immer durch Angst und Bedrohung rechtfertigen, sondern entsteht unter anderem auch durch Lustempfinden. Dazu muss man auch nicht unmittelbar der Täter sein, sondern in patriarchalischen Gesellschaften sind es auch die Beobachter und unmittelbare Personen, die direkt oder indirekt Druck machen, damit jemand verletzt oder getötet wird. Auch sie empfinden Lust, und die Tötung eines »Ehrverletzers« ist Tagesgespräch in jeder Familie, in Cafés oder Vereinen.

Ein Täter verkörpert in dieser Rolle, ideologisch betrachtet, seine gesamte Familie, vielleicht die gesamte Gemeinschaft oder sogar Gott, der einen Sünder bestraft. Er tötet für Gott.

Wissenschaftlich betrachtet, muss leider festgestellt werden, dass letztendlich (fast) jeder Mensch zu einem Mord fähig ist. Je deutlicher Menschen in einer an Glücksmomenten armen Umwelt merken, dass Gewalt ihnen zu einem Überlegenheitsgefühl und einem Lustgewinn verhilft, desto häufiger werden sie diese Aggression ausüben und desto eher suchen sie diesen erregenden Zustand, wie wir das auch bei den islamistischen Terroristen beobachten.

In kriegerischen Extremsituationen kommt es oft zu solchen »appetitiven Aggressionen«. Manchmal verlieren Täter dabei die Kontrolle und haben das Verlangen, noch mehr zu töten und noch mehr Blut zu sehen; man spricht auch von einem »Blutrausch«. Gelegentlich treten die Terroristen, weniger die »Ehrenmörder«, dabei in einen regelrechten Wettstreit. Wer bringt noch mehr Menschen um? Wer behandelt seine Opfer noch grausamer?

Hintergrund eines solchen Verhaltens scheint ein angeborener Jagdinstinkt zu sein, den die Menschen im Laufe der Evolution entwickelt haben und den wir bis heute in uns tragen. Im Krieg und in anderen Ausnahmesituationen kann sich ein scheinbar pathologisches Verhalten entfalten, das die menschliche Empathie dem »Ehrverletzenden« gegenüber blockiert und letztlich dem Täter ermöglicht, zu töten und zu verletzen.

Sollten die Täter in der Kindheit oder in späteren Jahren durch schwerwiegende Erfahrungen traumatisiert worden sein, kann sich ihre Gewaltbereitschaft nachhaltig verstärken. Nicht selten entwickeln einige dieser Personen impulsiv-aggressive Züge. Sie regen sich schnell auf, sind emotional unkontrolliert und wenden umgehend Gewalt an. Dieses Phänomen beobachten wir häufig in zerrütteten Gebieten wie in Syrien, Afghanistan oder im Irak, wo seit Jahrhunderten beständig religiöse, ethnische oder nationalistische Konflikte herrschen.

Es scheint also so zu sein, dass Aggression zum menschlichen Leben dazugehört, dass der Mensch in bestimmten Zeiten die

Kontrolle verlieren und zu einem Unglück für ganze Völker werden kann. Man darf auch nicht vergessen, dass sich Massen an der Tötung von Menschen, durch Aufhängen und andere Methoden, erfreuten. So waren abgeschnittene Ohren und Augenlider, abgehackte Hände, durchbohrte Zungen oder ausgestochene Augen nicht die schlimmsten Verstümmelungen. Folter, Verbrennungen, Köpfungen, Erhängen und andere Formen des Tötens waren gang und gäbe des alltäglichen Lebens. Diese Praktiken verstärkten m. E. die Lebensverachtung noch zusätzlich. Sie verstärkten aber auch die Aggressivität, zumal jeder einen Gegenstand, der als Waffe eingesetzt werden konnte, zu seiner Verteidigung bei sich trug. Der Wunsch nach Sicherheit führte letztendlich dazu, dass diese in nahen zwischenmenschlichen Beziehungen gesucht wurde, das heißt, die Menschen versuchten, sich durch ihre Familie und andere Solidargemeinschaften gegen die physische und psychische Unsicherheit zu schützen.

Soziale Einflüsse – Ehr- und Schamverhalten

Ist die Ehre einer Person verletzt, die die archaischen Normen für sich verinnerlicht hat, dann wird sie aus zwei Gründen versuchen, diese wiederherzustellen: zum einen für sich selbst, um das eigene psychische Gleichgewicht wiederherzustellen, und zum anderen für die Gesellschaft bzw. Gemeinschaft, um hier wieder akzeptiert zu sein. Entsprechend lassen sich innerpsychische und externe Prozesse betrachten, die zur Entwicklung von Ehr- und Schamverhalten führen, wobei beide Ebenen miteinander verknüpft sind.

Viele Täter von »Ehrenmorden« sprechen von einer inneren Zerrissenheit, von Demütigung, Scham und Schuldgefühlen. Schuldgefühle empfinden sie, da sie nicht in der Lage waren, ihre Ehre bzw. die Ehre der Familie zu schützen und zu bewahren.

Diese Überzeugungen, Denkweisen und Emotionen werden schon von Kindheit an durch die Familie und Großfamilie geprägt, u.a. auch durch Erzählungen, Geschichten und die Thematisierung im Alltag; sie gehören oft zum Narrativ dieser traditionellen Gesellschaften. Wie im zweiten Kapitel beschrieben, ist es innerhalb der archaischen Gesellschaft die Pflicht des Vaters bzw. des Haushaltsvorstands, seine Kinder so zu erziehen, dass sie sich bereits als Kinder für den Schutz und die Bewahrung der Familienehre einsetzen. Für die Wiederherstellung des psychischen Gleichgewichts, das Gefühl, mit sich selbst und insbesondere mit der Familie im kollektiven Sinn »im Reinen« zu sein, werden jegliche Konsequenzen des »Ehrenmords« in Kauf genommen, beispielsweise verhaftet zu werden oder selbst verletzt zu werden oder zu sterben. Gleichzeitig dient es als Legitimation für die Tat. Dieses Gefühl wird folgendermaßen beschrieben: *»Ich habe die Familie nicht im Stich gelassen … gleich gleich, ob es richtig oder falsch ist und ich jetzt lebenslang im Gefängnis bleibe … es musste sein, und meine Familie kann jetzt in Frieden und Ruhe leben«* (Interview mit einem Täter im Gefängnis, 1999). So paradox es uns auch erscheinen mag, viele Täter begründen ihre Tat sogar damit, dass sie sie z.B. für ihre Kinder begangen hätten: *»Meine Kinder werden von den Verwandten und Bekannten nicht als ehrlos beschimpft und abgelehnt. Sie müssen sich nicht schämen«* (gleiches Interview).

	Innere psychische Prozesse	**Externe Prozesse**
Ausgangspunkt: Herkunft und Erziehung	Prägung durch die Kleinfamilie (Eltern, Geschwister, Blutsverwandte 1. und 2. Grades)	Prägung durch Großfamilie, Dorfgemeinschaft, Stamm, Geistliche, andere wichtige Autoritäten und das kollektive Gedächtnis
Struktur	Verhaltensmaßstäbe der prägenden Personen werden emotional und kognitiv internalisiert und bestimmen das Verhalten *(Entwicklung eines Verhaltens- und Handlungsprogramms)*	Verhaltensmaßstäbe der prägenden Personen werden emotional und kognitiv internalisiert und bestimmen das Verhalten *(Entwicklung eines Verhaltens- und Handlungsprogramms)*
Manifestierung	Das Selbst ist die Normüberwachung	Andere Personen und/oder das kollektive Gedächtnis sind Autoritäten zur Überwachung der Normen
Reaktion bei geplanter Normverletzung	Signal durch das Selbst, dass die Kognitionen in der Vorstellung Normverletzungen bedeuten; Widerstand/Abwehrmechanismen werden aktiviert *(Aktivierung eines bereits vorhandenen Verhaltens- und Handlungsprogramms)*	Signal durch die Gemeinschaft: Die Gemeinschaft macht durch direkte oder indirekte Verhaltensweisen auf eine Normverletzung aufmerksam; Abwehrmechanismen werden aktiviert (sozialer Druck, Ausgrenzung) *(Aktivierung eines bereits vorhandenen Verhaltens- und Handlungsprogramms)*

	Innere psychische Prozesse	Externe Prozesse
Reaktion bei tatsächlicher Normverletzung	Innerpsychische Konflikte werden durch das Selbst ausgelöst, Entstehung von Schuldgefühlen, die als Bestrafung angesehen werden; Selbstregulierungssystem wird auf psychischer Ebene aktiviert, um diesen Schuldgefühlen entgegenzuwirken	Innerpsychische Konflikte werden von außen ausgelöst, aber nur dann, wenn die Tat anderen bekannt ist; Abwehrmechanismen werden aktiviert; Selbstregulierungssystem wird auf psychischer und praktischer Ebene aktiviert, um sich auch in der Öffentlichkeit zu entlasten
Ergebnis	Wiederherstellung des psychischen Gleichgewichts	Wiederherstellung des psychischen Gleichgewichts durch Akzeptanz von außen

Tabelle 1: Prozesse der Entwicklung von Ehr- und Schamverhalten

Parallel dazu wird vonseiten der Gemeinde Druck ausgeübt, verbunden mit der Forderung, die Ehre wiederherzustellen. Der Druck kann in Form von sozialer Ablehnung, z. B. durch Vermeiden von Kontakten zur Familie, durch Tratsch oder Beschimpfungen oder als direkte Aufforderung, »etwas zu tun« erfolgen. Die Ehrverletzung ist für die betroffene Familie, die durch die gesellschaftliche Prägung entsprechend konditioniert ist, wie ein Signal, das eine Reaktion auslöst. Sie beginnt, aktiv zu werden. Die Ehre kann aber nur durch eine öffentliche Tat wiederhergestellt werden. Die Gemeinschaft der geschädigten Familie sowohl im Herkunfts- wie auch im Aufnahmeland muss sehen oder erfahren, dass aktiv gehandelt wurde. Durch die Wiederherstellung der Akzeptanz von außen, durch die Gemeinschaft, wird versucht, auch das psychische Gleichgewicht wiederherzustellen. Während die Ausübung eines »Ehrenmords« durch männliche Familienmitglieder geschieht, sind an der Planung und Vorbereitung durchaus auch weibliche Familienmitglieder beteiligt.

In der Migration kann sich der äußere Druck durch die Gemeinschaft verstärken, was sich in der Forderung der strikten Einhaltung traditioneller Rituale und der bedingungslosen Unterwerfung unter die damit verbundenen Regeln zeigen kann. Dies dient zum einen der Abgrenzung gegenüber der Gesellschaft im Aufnahmeland und kann damit identitätsstiftend sein, zum anderen wird so die Machtstellung der älteren Generationen gesichert.

WICHTIG

Bei Menschen, die in archaischen Gesellschaftsstrukturen sozialisiert sind, werden durch bestimmte Situationen automatisierte Verhaltensmuster aktiviert, die historisch entstanden sind. Dies ist zum Teil auch noch bei Menschen zu beobachten, die in der zweiten oder dritten Generation im Migrationsland aufwachsen. So kann es vorkommen, dass Menschen auf eine »Ehrverletzung« reagieren und »Ehrenmorde« verüben, ohne die genauen Hintergründe zu verstehen.

Aus der Aggressionsforschung ist bekannt, dass auch Vorbilder einen Einfluss auf aggressives und gewaltvolles Verhalten haben. Neben nahestehenden Personen werden häufig auch Personen nachgeahmt, die in der Gesellschaft eine machtvolle Position innehaben. In traditionellen Gesellschaften sind dies insbesondere Männer, die Stärke ausstrahlen, früher Stammeskrieger und -führer, in neuerer Zeit Soldaten. Weniger demokratische Länder, wie

z. B. Syrien oder früher der Irak, haben das Militär zum Symbol der »Nationalehre« erkoren und fördern die Nachahmung eines Soldatenlebens, durch Schulunterricht mit militärischem Drill bis hin zum Tragen von Uniformen im öffentlichen Leben. In der Türkei hatte bis Ende der Neunzigerjahre des letzten Jahrhunderts das Militär fast einen »heiligen« Status eingenommen und übte einen erheblichen Einfluss auf die nationale Tagespolitik aus. Die Ausstrahlung von Kriegsfilmen oder die Verherrlichung des Kampfes beeinflusst auch viele Kinder und Jugendliche, die so einen stärkeren Zugang zu Gewalt bekommen. In Stammesgesellschaften sind Macht und Gewaltausübung ein Bestandteil des »Systems« und werden öffentlich gefördert. Je mehr Männer und damit Krieger, umso mehr Macht in der Gemeinschaft.

Für manche Menschen, aber auch für Gruppen kann das Gefühl, im Recht zu sein und möglicherweise in seinem Recht beschnitten worden zu sein, ein Grund für Gewaltanwendung sein. Viele unterdrückte Gruppen, deren Existenz oder Rechte von einem Staat nicht anerkannt werden, sehen z. B. den bewaffneten Kampf und damit Gewalt als legitime Methode an. Dies galt und gilt auch für viele Stammeskämpfe in traditionellen Gesellschaften, wenn beispielsweise der eigene Besitz gefährdet ist oder Tiere durch andere Familien gestohlen werden. Dabei ist das Gerechtigkeitsmotiv nur eines unter vielen prosozialen Motiven, die Gewaltbereitschaft fördern können. Die Einschränkung von Kontrollmöglichkeiten bezüglich Selbst- und Mitbestimmung führt zu Reaktanz, zu Widerstandsformen und auch zu physischer Gewalt.

Wie wissenschaftliche Studien zeigen, hat auch ein Mangel an Geborgenheit Einfluss auf die Gewaltbereitschaft. Geborgenheit im öffentlich-politischen Raum wird dabei verstanden als Erfahrung von Fairness, Gerechtigkeit, Fürsorge des Staates, verlässlicher Information der Bürger durch Regierung und Verwaltung und der Beachtung moralischer Prinzipien durch die staatlichen Institutionen. Werden diese Erwartungen verletzt, dann kann die Bereitschaft entstehen, das dadurch gestörte innere Gleichgewicht gegebenenfalls auch mit gewaltvollen Mitteln wiederherzustellen.

Strukturelle und kulturelle Gewalt

Der Begriff der strukturellen Gewalt geht auf den norwegischen Friedensforscher Johan Galtung (1993) zurück. Er steht für gesellschaftlich grundlegende Ordnungssysteme und ökonomische Prinzipien, die materielle, soziale und ideelle menschliche Entwicklungen und Lebenszukunft verhindern. Strukturelle Gewalt wird legal ausgeübt, z. B. durch das Erlassen von Gesetzen, die viele Menschen nicht durchschauen und die nicht in ihrem Interesse liegen, die sie aber doch auf eine für sie diffuse Weise mittragen.

Islamkritische Schriftsteller*innen wie Ayaan Hirsi Ali sehen im Islam selbst strukturelle Gewalt. So wird zum Beispiel im Koran bei Fehltaten Gewaltanwendung angeordnet. »… *Eine Frau kann, oft mit schrecklichen Konsequenzen, die Ehre ihres Vaters und damit die ihrer Sippe besudeln, indem sie beispielsweise nicht in der vorgeschriebenen Kleidung das Haus verlässt oder weil sie vor der Ehe Geschlechtsverkehr hat. Die dafür vorgesehenen Strafen reichen von verbalen Warnungen und Misshandlung bis zu Verstoßung und Mord. Die Konsequenz ist in so gut wie allen Fällen, dass die Frau keinen Ehemann mehr findet. Die Familie verliert nicht nur an Achtung, die Frau bleibt auch eine finanzielle Belastung. Ihre Anwesenheit im Elternhaus erinnert ständig an die Schande, die sie über ihre Familie und ihre Sippe gebracht hat. Das Individuum ist also völlig dem Kollektiv untergeordnet. Jedes Kind wird in der Schamkultur sozialisiert, in deren Zentrum die Begriffe Ehre und Schande stehen. Werte wie Freiheit und individuelle Verantwortlichkeit spielen in dieser Gedankenwelt keinerlei Rolle. Als erste Tugend lernt ein*

Kind, den erwachsenen Familienmitgliedern zu gehorchen. Jungen wird auch sehr früh beigebracht, sich ihrer Haut zu wehren. Aggressives Verhalten ist in dieser Kultur funktional, um öffentliche Demütigung durch andere zu vermeiden …« (Ayaan Hirsi Ali 2005).

Dies kann durchaus auch als »kulturelle Gewalt« verstanden werden.

WICHTIG ··

Als »kulturelle Gewalt« wird jede Eigenschaft einer Kultur bezeichnet, mit deren Hilfe direkte oder strukturelle Gewalt legitimiert werden kann. Galtung geht davon aus, dass, wenn strukturelle Gewalt institutionalisiert und kulturelle Gewalt verinnerlicht ist, die Gefahr steigt, dass sich auch die persönliche, direkte Gewalt verfestigt.

Der Begriff der kulturellen Gewalt öffnet vor allem den Blick auf die Werte und den oft beklagten Werteverfall moderner Industriegesellschaften, die entsprechende Legitimationen für die personale wie kollektive, politisch motivierte Gewalt liefern. Dies gilt auch für Diktatoren oder Herrscher, die, sobald sie ihre Macht schwinden sehen, die Bevölkerung auf den äußeren oder religiösen Feind aufmerksam machen. Saddam Hüseyin (Hussein) rechtfertigte seine grausame Gewalt gegen seine eigenen Landsleute und seine Kriege gegen den Iran und Kuwait mit der Rettung der islamischen Welt vor den Feinden. Kurz vor seinem Sturz durch die USA rief er alle Muslime dazu auf, gegen den amerikanischen Feind zu kämpfen. Auf Stammesebene können wir ebenfalls solche Verhaltensweisen und Argumentationen beobachten. Viele Clanchefs versuchen, durch die Herbeiführung einer Ehrverletzung gezielt einen Krieg anzuzetteln, wenn sie ihre Macht schwinden sehen. Auch bei der Ehrverletzung einer einzelnen Person ist die Ehre des ganzen Stammes verletzt, dies fördert die innere Solidarität und stärkt wiederum die Macht der Stammesführer. Ein Stammesführer oder Haushaltsvorstand, der seine Position und Rolle in seiner Gemeinde oder Familie gefährdet glaubt, kann direkt oder indirekt Stammes- und Familienmitglieder dazu drängen, Gewalt anzuwenden. Dies kann so weit gehen, dass Menschen ihre eigenen Familienmitglieder töten.

Durch die Migration sind diese Stammesstrukturen zum Teil von einigen Großfamilien nach Deutschland und in andere europäische Länder mitgenommen worden. Diese werden in den Kriminalitätsberichten auch als »Clankriminalität« bezeichnet, was wissenschaftlich nicht haltbar ist. Die Mitglieder eines Clans sind nicht automatisch alle kriminell. Allerdings nutzen kriminelle Mitglieder von Großfamilien möglicherweise den Schutz oder die Hilfe der Familien, was aber nicht nur ein Verhalten von Großfamilien aus dem arabischen Raum ist. Das Kollektiv, das eine Großfamilie ebenfalls ist, wird bei verschiedenen Gelegenheiten aktiv. So auch bei Krankheit, Schulden, Schutz und vielem mehr. Wenn Familienmitglieder kriminell werden oder den möglicherweise Kriminellen geholfen wird, dann ist es aus juristischer Sicht bestenfalls Mithilfe. Es kommt aber auch vor, dass Mitglieder von traditionellen Großfamilien sich verpflichtet fühlen zu helfen, auch wenn sie wissen, dass es falsch ist, weil sie es über Jahrhunderte als eine Form von Loyalität und Ehre sehen, sich gegenseitig in schwierigen Zeiten zu unterstützen.

Es ist Vorsicht dabei geboten, den Begriff »Clan« als Synonym für die Kriminalität von Hunderten Menschen innerhalb einer Großfamilie zu benutzen, sie zu stigmatisieren und unter Generalverdacht zu stellen, kriminell und sicherheitsgefährdend zu sein.

Kultur und damit auch die sozialen Strukturen in patriarchalischen Gruppen – und dazu zähle ich auch die religiösen Vorschriften – sind nicht per se negativ und haben zumindest historisch zu einer besseren und friedlichen Sozialordnung geführt. Wenn kulturelle Denk- und Handlungsweisen allerdings schädliche Praktiken und Verhaltensweisen beinhalten, die auf einer Diskriminierung aufgrund von Geschlecht, Alter, Religion und anderen Kategorien sowie auf mehrfache und/oder sich überschneidende Formen von Diskriminierung beruhen, die in der Regel mit physischer und psychischer Gewalt einhergehen und Leiden verursachen, dann können wir hier von negativen Aspekten solcher Werte und Normen sprechen. Denn damit werden die elementaren Menschenrechte und Grundfreiheiten von bestimmten Gruppen, in unserem Fall hier vor allem von Frauen, zutiefst beeinträchtigt. Außerdem werden ihre Würde, ihre körperliche, geistige, psychosoziale und moralische Unversehrtheit und Entwicklung, ihre gesellschaftliche Teilhabe, ihre Gesundheit sowie ihr Bildungs-, Wirtschafts- und Sozialstatus beschnitten. Diese kulturell determinierten schädlichen Praktiken erfordern ein Umdenken in diesen Gesellschaften und die sofortige Abschaffung dieser Praktiken. Allerdings können durch Kriege und gewaltsame Auseinandersetzungen diese schädlichen Praktiken aufrechterhalten und in der Gesellschaft so verstärkt werden, dass sie als »normal« angesehen werden.

Krieg und gewaltsame Auseinandersetzungen

Der Tod von Männern, Frauen und Kindern infolge von Kriegen und gewaltsamen Auseinandersetzungen hat die Menschheitsgeschichte immer wieder tief geprägt. Die bloße Tatsache, dass Gewalt als eine Methode innerhalb einer Gesellschaft angewendet wird, verändert den Charakter einer Gruppe oder Gesellschaft. Gewalt verändert das Wesen und den Charakter von Gesamtgesellschaften, aber auch der einzelnen Individuen, weil Verluste an Menschenleben und die Ausübung von Gewalt eine besondere

Bedeutung für die Mitglieder der Gesellschaft haben. Gewalt ist somit, auch wenn wir unsere Gesellschaft als sehr zivilisiert und fortschrittlich einschätzen, ein Bestandteil der Kultur geworden.

Gewalt, historisch und aktuell betrachtet, hat einen nachhaltigen Einfluss darauf, wie eine Gesellschaft sich entwickelt und mit ihren Konflikten umgeht. In einigen Kulturen wird sie eher offen ausgetragen, andere wiederum haben die Möglichkeit, ihre Gewaltaggression zu kontrollieren bzw. an einem anderen Schauplatz abzuwickeln. Die längerfristige Anhäufung gewaltvoller Erfahrungen hat offensichtlich eine wesentliche Wirkung auf die Gesellschaft. Die Auswirkungen ständiger physischer Gewaltakte durchdringen jeden Teil des gesellschaftlichen Gefüges. Wenn die physische Gewalt lang andauert, und das tut sie in einem schwer kontrollierbaren Konflikt, dann hat dies einen so dauerhaften Einfluss auf die Gesellschaft, dass sich eine »Kultur der Gewalt« (Bar-Tal 2000) herausbildet. Diese entwickelt sich über die Jahre als Erfahrung einer Gesellschaft, in der sich Gewalt akkumuliert. Sie hinterlässt ihre Spuren, indem sie die Weltsicht und damit das Verhalten der Mitglieder der Gesellschaft prägt. In solchen Situationen können sich auch die Normen und Werte einer Gesellschaft verändern bzw. »alte« patriarchalische Werte und Lebensvorstellungen in neuere eingebunden werden.

Insgesamt ist bisher aber noch wenig über die subtileren Auswirkungen von Gewalt durch Kriege oder generell von Gewaltanwendung aufgrund politischer Verhältnisse auf Gruppen bekannt. Insbesondere weiß man wenig über ihren Einfluss auf das alltägliche Leben in Regionen mit andauernder Gewalt, Bedrohung oder Krieg, über eine mögliche Veränderung der Wertevorstellung und möglicherweise Verstärkung patriarchalische Lebensvorstellungen.

Allgemein können wir festhalten, dass das Zustandekommen einer Aggressionshandlung dreidimensional determiniert ist und erstens von einer vorbestehenden Persönlichkeitsanlage, zweitens von der Intensität aggressionsauslösender Situationen und drittens von aggressionshemmenden innerpsychischen oder äußeren Einflüssen abhängt. Die klassischen Aggressionstheorien wurden zunehmend durch neuere Modelle ersetzt, die der Tatsache Rechnung tragen, dass Gewalt nicht nur eindimensional gesehen werden kann, wie das beispielweise bei der Triebtheorie oder der Frustrationstheorie der Fall ist, sondern das Resultat eines komplexen Bedingungsgefüges ist, in das viele Faktoren einfließen. Die menschlichen Eigenschaften sind historisch über Jahrtausende als ein Produkt der Menschheitsentwicklung entstanden, an der wir noch sehr lange arbeiten müssen. Wie die Geschichte der Kriege zeigt, ist allerdings auch eine Regression möglich, also ein Zurückfallen in alte und aggressive Verhaltensweisen.

Dimensionen von »Ehre«

Neben den psychologischen Ansätzen lässt sich die Gewalt »im Namen der Ehre« auch durch die hierarchische, autoritäre Sozialstruktur erklären, die dazu führt, dass das Individuum nicht eigenständig handelt, sondern immer als Teil eines gesellschaftlichen Systems. In den auf das Kollektiv ausgerichteten archaisch-patriarchalischen Gesellschaften sind die Existenz und das Überleben an die Teilhabe und Akzeptanz in der Gesellschaft gekoppelt. Aus ökonomischer Sicht kann eine Ausgrenzung dazu führen, dass die ausgegrenzte Person nicht mehr als Tauschpartner*in gesehen wird. Damit wird diese nicht mehr in der Lage sein, ihre Familie zu ernähren. Um dieser Gefährdung entgegenzutreten, wird die Anwendung von Gewalt als legitim gesehen und ist in diesem »System« ein Bestandteil der Auseinandersetzungen, ein Teil der geltenden Normen. Die Gewalt der »Ehrenmorde« wird in diesen Gesellschaften also durch die Gemeinschaft und Kultur getragen. *»Mir wurde seit meiner Kindheit schon im Dorf erzählt, wie wichtig die Ehre ist. Sie stand über allem. Ich wusste zwar nicht, was es genau bedeutete, aber es war wichtig. Als Kinder haben wir, wenn wir jemanden wirklich beleidigen wollten, ihn als ›Unehrenhaften‹ beschimpft.«* (H. Y., sitzt wegen Ehrenmord in Deutschland im Gefängnis).

Je nachdem, wie man den Begriff »Ehre« definiert, wird man zu unterschiedlichen Schlüssen darüber kommen, ob Ehre heute noch existiert und wirksam ist. Zunächst kann man unterscheiden zwischen »innerer Ehre« und »äußerer Ehre«. Unter innerer Ehre versteht man die Achtung, die jedem Menschen allein aufgrund seines Menschseins und der damit verbundenen Würde von Natur aus zukommt bzw. zukommen und ihm im Rahmen der Menschen- und Grundrechte garantiert werden soll. Mir ist durchaus bewusst, dass sich diese Definition und Begründung von Ehre am Rande der Metaphysik bewegt: Es wird hier offengelassen, warum jene Achtung dem Menschen »von Natur aus« zukommen soll. Andererseits würde hier ein ausführlicher philosophischer Diskurs über die letztendliche Begründung von Grund- und Menschenrechten zu weit führen. Zudem wird in unserem Kulturkreis selten grundsätzlich infrage gestellt, dass »die Würde des Menschen unantastbar« ist (Artikel 1 GG). Innere Ehre und der Begriff »Würde« sollen hier also synonym gebraucht werden. Unter äußerer Ehre soll das spezifische, individuelle Ansehen einer Person verstanden werden. Dieses Ansehen wird ihr u. a. aufgrund ihrer Leistung, ihres Arbeitsbereichs und ihrer sozialen Stellung von der Umwelt, der Gesellschaft und dem Staat zugebilligt. Es gibt verschiedene Ehrenkodizes (beispielsweise Standes-, Berufs- oder Familienehre), in deren Rahmen bestimmte Normen und Forderungen akzentuiert werden. Daraus ergeben sich, abhängig von Gesellschaft und Situationen, spezielle Verhaltensformen. Eine solche Definition von Ehre wird in Formulierungen wie »bei meiner Ehre als ...« deutlich.

Einigt man sich auf die Definition »Ehre, als spezifisches Ansehen einer Person«, müsste im Folgenden untersucht werden, wie wichtig das Phänomen »Ansehen« in der heutigen Gesellschaft noch ist. Wenn man zu dem Schluss käme, dass das »Ansehen einer Person« nur noch eine untergeordnete Rolle im Handeln der Menschen spielt, müsste man davon ausgehen, dass Menschen in Europa bei Ehrverletzungen weniger Straftaten begehen und möglicherweise andere Interpretationsstrategien und Umgangsmöglichkeiten entwickelt haben. Es scheint, dass die »Ehre« sich von der Sexualität und den Geschlechtsidentitäten abgekoppelt hat. Allerdings ist nach wie vor zu beobachten, dass bei breiten Bevölkerungsteilen in Europa bestimmte sexuelle Orientierungen, wie z. B. Homosexualität, immer noch als »entehrend« gelten. Der Begriff »Ehre« kann also als ein Instrumentarium der Ausgrenzung von bestimmten Gruppen eingesetzt werden.

Der Gewaltanwendung »im Namen der Ehre« wird heute noch in vielen Ländern der Welt aufgrund des kulturellen Hintergrundes direkt oder indirekt, bewusst oder unbewusst zugestimmt. Patriarchalische Gewalt ist dabei nicht spezifisch für eine bestimmte religiöse oder ethnische Gruppe, sondern bedingt durch die jeweiligen historischen und ökonomischen Überlebensbedingungen. Und auch in der deutschen Mehrheitsgesellschaft gibt es patriarchalische Gewalt.

Im Folgenden werden als Grundmodell, das je nach Kultur, Ethnie und Region verschiedene Abweichungen aufweisen kann, drei verschiedene Dimensionen von Ehre zusammenfassend erläutert, nämlich die Ehre des Mannes, die Ehre der Frau und die

Ehre in öffentlichen Beziehungen in patriarchalischen Gesellschaften, aber auch im Islam.

Die Ehre des Mannes

Die Ehre (arab. Namus) des Mannes ist kurz nach der Heirat und später noch einmal, wenn seine Töchter heiratsfähig werden, am verletzlichsten. Die Ehefrau stellt die größte Gefahr für die Ehre des Mannes dar, da sie es ist, welche die Ehre am nachhaltigsten beschädigen kann. Die Ehre des Mannes ist angegriffen, wenn eine unerlaubte Überschreitung der Grenze seines Besitzes stattfindet, wenn es zu einer Annäherung eines anderen Mannes an die ihm zugehörigen Frauen kommt oder wenn er oder ein Angehöriger seiner Familie verbal oder physisch angegriffen wird. Mit dem Ehrbegriff des Mannes werden Männlichkeit, Stärke, Selbstbewusstsein assoziiert sowie die Fähigkeit, die Frauen seiner Familie davon abzuhalten, ihre Ehre aufs Spiel zu setzen. Als ehrhafter Mann gilt in diesen Kulturen, wer bereit ist, sich um den Preis des eigenen Lebens für seine Mannesehre und die Ehre der Familie einzusetzen. Wenn ein Mann sich, besonders in der Öffentlichkeit, beleidigen lässt oder andere Ehrverletzungen zulässt, ohne sich zu verteidigen, verliert er seine Ehre vollständig, und die gesamte Gemeinschaft weiß darum.

In einem Blutrachefall vor ca. 40 Jahren in Hannover tötete ein Jugendlicher einen Mann durch mehrere Messerstiche. Der heute 45-jährige Täter berichtet: »*Nach der Tat, noch vor der Haft, wurde ich von der ganzen Familie besucht und geküsst. Sogar Geld wurde mir von einigen älteren Leuten in die Tasche gesteckt. ›Du hast unsere Ehre gerettet‹, wurde mir immer wieder gesagt. Ich war ein Held! Auch im Gefängnis wurde ich regelmäßig besucht und erhielt sogar von meinen Cousinen und anderen Mädchen der Großfamilie Liebesbriefe. Sie wollten mich alle heiraten.*«

In einem anderen Fall vor zehn Jahren erschossen ein Mann mit seinem damals 16-jährigen Sohn vor dem Hauptbahnhof in Düsseldorf den Liebhaber der Ehefrau, der zugleich ihr Nachbar und Freund war. Der 16-jährige Sohn war in Deutschland geboren und bis dahin völlig unauffällig, ein guter Schüler, der gute Freunde hatte. Er sagte mir: »*Wir haben nichts Falsches gemacht. Er hat unsere Ehre verletzt und musste bestraft werden. Meine Freunde und meine Familie finden es auch gut.*«

Man kann dazu neigen, diese Form der Anschauung von männlicher Ehre zu bagatellisieren und als antiquiert oder exotisch abzutun. Dabei wird schnell übersehen, dass es sich um ein höchst aktuelles und lebendiges Muster handelt, das auch in das Zusammenleben unterschiedlicher ethnischer Gruppen im Herkunfts- und Residenzland hineinwirkt.

Auch innerhalb von Herkunftsländern mit unterschiedlichen Ethnien, Religionen und Sozialisationen, wie z. B. die Türkei, stoßen fundamental unterschiedliche Bewertungsmaßstäbe aufeinander. Europäische Denkmuster und Verhaltensweisen mit einem gewissen Individualismus, wie beispielsweise in vielen Teilen Istanbuls, und patriarchalische Vorstellungen von Ehre und Stolz bei traditionellen Solidargemeinschaften, die immer auf den Status unter Männern bezogen sind, prallen hart aufeinander. Letztendlich scheint aber auch bei der ersten Gruppe diese Denkweise vorhanden, und sie »verstehen, warum diese Leute wegen der Ehre töten«. Diese Anschauung ist anscheinend tief in die Gefühlswelt und Denkweise der Einzelnen eingeschrieben und nur begrenzt der willentlichen Veränderung zugänglich. Es muss weiter davon ausgegangen werden, dass diese Gesellschaften immer unter einer starken inneren Spannung stehen. Es geht daher darum zu lernen, diese Spannungen auszuhalten und entsprechend friedlich damit umzugehen.

Roza – vergewaltigt, weil sie vergewaltigt worden war

»Ich habe so viele schlimme Dinge erlebt, dass ich nicht weiß, wo ich anfangen soll. Ich bin seit meiner Kindheit wegen einigen Missbrauchsfällen traumatisiert. Zurzeit bin ich in Behandlung. Ich will heute aber nicht meine Geschichte erzählen, sondern die meiner Schwester, Roza. Ich bin ratlos und weiß nicht, wie ich ihr helfen kann.

Meine Mutter musste sich in jungen Jahren von meinem Vater scheiden lassen und hat erneut geheiratet. Meine Schwester und ich haben einen Stiefvater bekommen, der wiederum einen Sohn in die Ehe mitbrachte. Meine Beziehung zu Roza ist bis heute sehr eng, und ich wünschte, dass alles, was sie erleben musste, mir passiert wäre. Später, als Roza 16 Jahre wurde, erzählte sie mir, dass sie von unserem deutlich älteren Stiefbruder vergewaltigt wird. Unsere Mutter habe vor einigen Monaten selbst gesehen, wie der Stiefbruder auf ihr lag und sie sich wehrte. Sie sei ins Zimmer gestürmt, habe geschimpft und auf ihn eingeschlagen, bis er das Zimmer verlassen habe. Sie habe jedoch meiner Schwester verboten, mit jemandem darüber zu sprechen. ›Die Leute würden uns alle verstoßen und als ehrlos ansehen‹, habe unsere Mutter gesagt. Ich war selbst schon Studentin in Istanbul, und meine Schwester wollte nicht, dass ich traurig werde oder sogar den Stiefbruder anzeige. Roza wollte nur ihre ›Ruhe‹, obwohl sie jede Nacht Albträume hatte und schrie.

Ich lebte in der Zwischenzeit in Deutschland und telefonierte oft mit Roza und fragte sie natürlich immer wieder, ob sie in Ruhe gelassen werde. Sie bejahte, obwohl es nicht so war. Irgendwann entschloss sich Roza, mit meiner Mutter das Zimmer zu teilen, damit sie in der Nacht vor den Übergriffen des Stiefbruders geschützt war. Roza war schon immer ein hübsches, zierliches Mädchen mit hellbraunen Haaren, schlank und mit grün-braunen Augen. So gab es immer wieder Familien, die Roza mit ihren Söhnen verheiraten wollten, aber meine Schwester wehrte sich. Sie hatte Angst. Sie hatte eine Angst vor Männern entwickelt und sie war keine Jungfrau mehr.

Ein paar Wochen nach ihrem 18. Geburtstag hielt eine türkische Familie für ihren Sohn aus Wien um die Hand meiner Schwester an. Meine Mutter willigte sofort ein und hoffte, dass das Thema Jungfräulichkeit bei Türken in der Migration keine Rolle spiele. Roza willigte ein, auch in der Hoffnung, endlich dem Stiefbruder entfliehen zu können.

In Wien fand eine große Hochzeit statt. Nachdem alle Gäste gegangen waren und meine Schwester sich allein mit ihrem Mann im Schlafzimmer befand, sah sie auf dem Bett ein weißes Tuch. Sie wusste nicht genau, warum das große weiße Tuch auf dem Bett lag, und wunderte sich darüber. Als sie im Bett waren und der kurze Geschlechtsakt zu Ende war, befahl ihr Ehemann, sie solle aufstehen. Er schaute sich das weiße Bettlaken an, das unbefleckt war, hob es hoch und prüfte es noch einmal. Er sagte nichts, aber sein Gesicht war ernst, als sei gerade jemand gestorben. Er nahm das Laken, ging aus dem Zimmer und kam nach kurzer Zeit mit seiner Mutter und seinem Vater zurück. Sie beschimpften und schlugen sie bis in den Morgen, weil sie keine Jungfrau mehr war. Die Schwiegermutter schrie immer wieder: ›Du Ehrlose, du Hure, wir sind jetzt auch ehrlos wie du, Hure! Deine ganze Familie ist ehrlos. Ich wusste es, aber dieser dumme Junge hat Gefallen an dir gefunden. Oh mein Gott, was machen wir.‹

Am nächsten Tag holten sie Roza ins Wohnzimmer und befahlen ihr regelrecht, niemandem etwas zu sagen. Sie hatten etwas Blut auf das weiße Laken gemacht, was ›beweisen‹ sollte, dass ihre neue Schwiegertochter der Tradition entsprechend Jungfrau war. Sie wurde jeden Tag geschlagen und von ihrem Mann immer wieder vergewaltigt.

Sie wurde vergewaltigt, weil sie vergewaltigt worden war!

Sie sprach kein Deutsch, kannte niemanden in Wien und erzählte mir die ganze Geschichte erst nach drei Monaten. Sie bat mich um Hilfe. ›Du musst mich retten, ansonsten bringe ich mich um‹, flehte sie mich an. Durch die Hilfe einer Anwältin in Wien konnten wir Roza dort herausholen, und sie ging wieder zurück zu meiner Mutter. Nach Deutschland konnte ich sie nicht holen, da sie keine Aufenthaltsgenehmigung hatte. In der Türkei wurde sie wieder Opfer des Stiefbruders, ehe sie nach Ankara zog. Inzwischen war Roza so schwer traumatisiert, dass sie sich nicht mehr spüren konnte; außerdem hatte sie lange Zeit alle möglichen Drogen genommen. In Ankara geriet sie in eine radikal-nationalistische Szene; dort hatte man schnell erkannt, wie schwer krank sie ist. Die Mitglieder dieser Organisation haben meine Schwester wie ein Objekt für sich genutzt und immer wieder vergewaltigt. Sie sagte mir, dass ihr das nichts ausmache. Solange die Leute bei ihr seien, mit ihr redeten, sei Sex für sie nicht wichtig. Es war nie wichtig.

Vor vier Wochen hat meine Schwester versucht, sich das Leben zu nehmen. Sie hat nach der Einnahme von Medikamenten ihren Kopf so lange gegen die Wand geschlagen, bis sie ohnmächtig wurde; dabei hat sie viele Brüche im Gesicht davongetragen. Jetzt versuche ich, sie nach Deutschland zu holen, damit sie hier behandelt werden kann. Ich weiß aber nicht, ob sie ein Visum bekommt. Ansonsten werde ich meine Arbeit kündigen und zu ihr nach Ankara ziehen.«

Die Ehre der Frau

Bei der Frau bezieht sich der Begriff der Ehre (Namus) vor allem auf die Sexualität. Diese Ehre kann nicht erworben werden. Eine Frau kann sie nur entweder besitzen oder diese beflecken. Für die Frau gebietet der Ehrbegriff Keuschheit, sexuelle Enthaltsamkeit bis zur Ehe und die Beschränkung ihrer sexuellen Beziehung auf die Ehe, das heißt eheliche Treue.

Die Ehre der Frau wurde und wird immer und in einem sehr starken Maß an den weiblichen Körper und das sexuelle Verhalten geknüpft, während die Ehre des Mannes von dessen Sexualverhalten normalerweise unberührt bleibt. Prostituierte waren in einem ehrlosen Stand, aber ihre Besucher blieben ehrbar. Sowohl in der Vergangenheit als auch in der Gegenwart verteidigen nicht die Frauen ihre Ehre, sondern dies obliegt dem Mann. Wenn der Ruf einer Frau auf dem Spiel steht, muss ein Mann für sie eintreten; dies gehört zu den Verpflichtungen der kollektiven Familie mit ihrer Sippe und ihrem Stamm. In der Regel betrifft dies Familienmitglieder wie beispielsweise den Bruder oder den Ehemann. Sollte die Frau selbst als physisch und moralisch schwach eingeschätzt werden, dann ist die Familie verpflichtet, die Frau zu bewachen und zu kontrollieren. Um als ehrbar zu gelten, sind neben der Bewahrung der Jungfräulichkeit auch schon entsprechende Kleidung, Haartracht und Schmuck einer Frau entscheidend.

Bei einer Verlobung fühlt sich im zweiten Grad auch die Familie des Verlobten für die Bewahrung der Ehre des Mädchens bzw. der Frau verantwortlich. Wenn in der Hochzeitsnacht festgestellt – oder der Schluss gezogen – wird, dass die Braut keine Jungfrau war, kann die Familie des Verlobten die Braut ablehnen. Die Familie des Mädchens bzw. der Frau ist dann in ihrer Gemeinschaft entehrt. Bestrafungen des Mädchens bzw. der Frau und der Person, die (vermutlich) eine sexuelle Beziehung mit dem Mädchen gehabt hatte, können die Folge sein.

Die Ehre bzw. die sexuelle Unversehrtheit der Frau wird in dieser Gesellschaft als ein Handelsgut verstanden. Die Jungfräulichkeit wird eingetauscht gegen das Heiratsversprechen und die konkret daraus erwachsenden Versorgungsansprüche. Besonders deutlich wird dieser »Besitzcharakter« weiblicher Ehre und Jungfräulichkeit bei missglückten »Tauschgeschäften«. Bei einer Verletzung der Ehre kann eine Wiederherstellung auch durch das Einlösen materieller Güter erfolgen. Dies können beispielsweise Geld, Schmuck oder Boden sein.

WICHTIG

Für Frauen beinhaltet das Normensystem der Ehre Keuschheit, sexuelle Reinheit, Zurückgezogenheit und Gehorsam gegenüber dem Mann. In an Kriegen orientierten, noch nicht befriedeten Gesellschaften, was durchaus noch für den Nahen Osten gilt, waren und sind Frauen den Männern unterlegen. Je weniger individuelle Lebensmöglichkeiten ein Mann oder eine Frau haben, je stärker sie auf die soziale Gemeinschaft angewiesen sind, umso gravierender wirkt sich ein Ehrverlust wegen des damit verbundenen Ausschlusses für die Betroffenen aus.

Die Ehre des Mannes in öffentlichen Beziehungen

Der Begriff »Sheref« steht für »Ehre in öffentlichen Beziehungen«. Sheref besitzen fast ausschließlich Männer, da diese Form der Ehre in den öffentlichen und politischen Beziehungen eine Rolle spielt, die den Männern vorbehalten ist. Sie bezieht sich auf die Stellung des Mannes innerhalb der Gesellschaft.

Männer begegnen einander als Repräsentanten ihrer Familien und damit ihrer Ehre. Ein Mann hat die Aufgabe, seine Ehre zu verteidigen. Verliert zum Beispiel eine Frau ihren »Ruf«, so ist der Mann dafür verantwortlich in dem Sinne, dass er nicht auf sie aufpassen konnte. Damit wird seine Ehre angetastet. Bereits 2006 habe ich berichtet, dass *»die Unverletzbarkeit der sexuellen Würde eines Menschen eine der wesentlichen Normen in der kurdischen Gesellschaft ist. Dies gilt für Männer und Frauen, für letztere aber […] in ganz besonderer Weise. Angriffe auf die sexuelle Integrität eines Menschen bedeuten eine der schwersten Formen der Verletzung der*

Ehre (Namus) und erfordern nach dem kurdischen Sittenkodex die Bestrafung des Angreifers. [...] Der Sittenkodex des Namus bedingt, dass über sexuelle Misshandlungen und Demütigungen nicht gesprochen wird.«

Die Ehre in diesem Sinn hat mit Macht, Abwehr und körperlicher Auseinandersetzung zu tun. Wer sich beleidigen und somit seine Ehre verletzen lässt, ohne sie zu verteidigen, verliert seine Ehre vollständig. Ehrverlust bedeutet Verlust der sozialen Bezüge – und damit Verlust eines wesentlichen Stücks des eigenen Lebens. Wenn man sich ein Dorf irgendwo im Orient vorstellt, in dem sich alle Familien und ihre Mitglieder persönlich kennen, gemeinsam aufgewachsen sind und mehr oder weniger unter den gleichen Bedingungen leben, ist die Einhaltung der Ehre in der Familie und in dem Dorf als Ordnungssystem zu begreifen. Solange sich alle an diese Regeln halten und sich als ehrbare Menschen begegnen, können viele Konflikte vermieden werden. Liegt dieses Dorf zudem weit von der Staatsgewalt und Justiz, das heißt von einer Stadt entfernt, dann ist die Einhaltung bestimmter Regeln für das gemeinsame Leben notwendig. Dies wurde in archaischen und patriarchalischen Gesellschaften durch die Befolgung und Einhaltung der Ehre geregelt. Ist die Ehre einer Familie in einem solchen Dorf beispielsweise durch eine außereheliche Beziehung »befleckt« und unternimmt sie nichts, um die Ehre wiederherzustellen, dann wird diese Familie von der ganzen Dorfgemeinschaft als »unehrenhaft« angesehen. Diese Familie ist somit auch kein Handels- und Tauschpartner mehr. Bestimmte Lebensmittel, die die Familie im Tausch gegen andere Sachen bekommen hatte, werden ihnen jetzt verwehrt. In der sozialen Gemeinschaft werden sie nicht mehr respektiert, sondern eher gemieden. Dadurch wird die ganze Familie sowohl wirtschaftlich (Hunger) als auch sozial bedroht. Nach einem durchaus »sehr rationalen Prinzip, um zu überleben«, wird versucht, durch die Opferung einer Person aus der Familie den gesamten Clan zu erhalten.

In einem Interview mit einem Täter, der aufgrund einer Beziehung seiner Ehefrau zu einem anderen Mann beide durch einen deutschen Auftragskiller töten ließ, sagt dieser zu seiner Situation in seiner Gemeinschaft, nachdem diese Beziehung öffentlich wurde: »*... ich habe unter einem unheimlichen Druck gestanden. Mein Vater hat mir gesagt: ›Mein Sohn, ich bin alt und werde in ein paar Jahren sterben, aber du bist jung und wirst diese Unehrenhaftigkeit nie vergessen, und wir werden in der Gemeinschaft nicht mehr unseren Kopf heben können (Gesichtsverlust, A. d. Autors).‹ Was sollte ich nun machen? Alle sprachen über diese Geschichte, meine Familie, meine Freunde, und alle wollten, dass ich ihn töten solle. Auch wenn ich es nicht gewollt hätte, ich musste es einfach tun ... Da ich Angst hatte, einen Menschen zu töten, habe ich jemandem den Auftrag gegeben. So will es eben unsere Tradition. Eine solche Angelegenheit muss mit dem Blut bereinigt werden.*« (eigenes Interview 2015)

Die Wiedergutmachung und damit die Wiederherstellung der Ehre ist nur durch Verletzung bzw. Vernichtung eines Menschen oder großen materiellen Schaden bei der anderen Seite möglich. Für eine zugefügte Beleidigung trägt der Beleidigte die Schuld, weil er diese zugelassen und sich noch nicht gerächt hat. Sie greift in den Persönlichkeitswert eines Mannes ein, der fähig sein muss, seinen Haushalt, seinen Besitz und seine Frauen gegen die Übergriffe anderer Männer zu schützen.

WICHTIG

Die sich entwickelnde Emanzipation der Frauen und die Veränderungen im Selbstbild der Männer setzten in der Geschichte den Machtverlust von Stammesführern und Kriegern gegenüber einem zentralen Staat und die Pazifisierung der Gesellschaft voraus, also eine

Kultur des Friedens. Die staatlich durchgesetzte Befriedung, Entwaffnung und somit die relative Herabsetzung des Gefahrenniveaus im Zusammenleben der Menschen bilden den äußeren Rahmen für einen umfassenden Bewusstseinswandel einer Gesellschaft.

Rechtsvorstellungen zu »Ehrenmorden« bzw. »Blutrachetaten«

Anders als bei anderen Femiziden geht es bei sogenannten »Ehrenmorden« um das Ansehen der Familie, nicht nur um eine persönliche Kränkung. Ihnen liegt eine andere psychosoziale Dynamik zugrunde, in der besonders die Zugehörigkeiten zu und die Abhängigkeiten von Solidargruppen im Mittelpunkt stehen. Von dem Ehrbegriff sind auch Männer betroffen, die bei Nichteinhaltung der definierten Regeln genauso wie eine Frau bestraft werden können. Diese zeigt sich u. a. in den zugrunde liegenden Vorstellungen von Recht und Unrecht.

Überdauern archaischer Rechtsvorstellungen

Das Konzept der »Ehre«, über das wir sprechen, besteht bereits seit mehreren Tausend Jahren und wird heute immer noch in verschiedenen Gemeinschaften praktiziert, obwohl es juristisch und politisch keinen Bestand mehr hat.[18] In einem Interview äußert sich dazu beispielsweise ein türkischer Beamter, der anonym bleiben möchte, gegenüber der Nachrichtenagentur AFP: *»All diese Ereignisse (Blutrache, Anm. d. A.), dass die Gesetze hier nicht funktionieren. Eigentlich sind Blutrache und Ehrenmorde im Vergleich zu früher zurückgegangen, aber die Veränderung geht nur sehr langsam voran.«*[19]

Grundsätzlich hat der Kassationshof in der Türkei deutlich gemacht, dass »Ehrenmorde« im türkischen Strafrecht streng bestraft werden. Demgegenüber stehen jedoch verschiedene Paragrafen, wie z. B. Art. 84 lit. 4 TCK, die eine mildere Strafe ermöglichen. Dadurch wird gewissermaßen ein Anreiz dafür entwickelt, dass weiterhin Frauen wegen der Nichteinhaltung sexueller Verhaltensnormen bestraft oder getötet werden.[20]

Problematisch ist zusätzlich – und es zeigt, wie sehr sich kulturelle Normen auch in der Rechtsprechung verinnerlicht haben –, dass in der Türkei »Ehrenmorde« nicht grundsätzlich als »Morde« eingestuft werden, sondern auch als Totschlag, was dann zum Teil auch mit Strafmilderung einhergeht (Başer-Doğan 2021).

In vielen Ländern der Welt wie Pakistan, Marokko, Libyen oder der Türkei hören wir, dass z. B. vergewaltigten Frauen nahegelegt wird, den Täter zu heiraten, erstens, um ihre »Ehre« zu schützen, und zweitens, damit der Täter straffrei bleibt. Eine Logik, die einen einfach sprachlos macht.

Diese Tatsache führt zu der Frage, inwieweit das offiziell bestehende Rechtssystem von Gemeinschaften, die das archaische Ehrkonzept weiterhin praktizieren, überhaupt als gültig betrachtet wird bzw. inwieweit sie sich damit identifizieren.

In vielen Ländern mit andauernden ethnischen oder religiösen Konflikten wird das offizielle Rechtssystem von den Minderheitengruppen nur so weit anerkannt, wie sie dazu gezwungen werden. So kann auch in vielen Ländern des Nahen Ostens beobachtet werden, dass heute noch Parallelgesellschaften mit eigenen Rechtsvorstellungen und Normen bestehen und diese auch nach wie vor praktizieren.

Insofern kommen viele zugewanderte Menschen bereits aus einer Parallelgesellschaft innerhalb ihres Herkunftslandes nach Europa, wo sie ebenfalls als Minderheit leben, und verhalten sich entsprechend. Die offiziellen staatlichen Gesetze und Normen des Aufnahmelandes werden so weit akzeptiert und befolgt, wie es notwendig scheint und keine Nachteile bringt. Die Erfahrungen mit der Herrschaftsgesellschaft im Herkunftsland, die geprägt waren von Gewalt, Krieg, Zerstörung und einem Leben voller Unsicherheiten, spiegeln sich in den Erwartungen an die Mehrheitsgesellschaft im Aufnahmeland wider. Im Herkunftsland wurden sie für den Einsatz und den Kampf für ihre Rechte bestraft; daher fällt es ihnen schwer, an die Gerechtigkeit von staatlichen Justizsystemen zu glauben.

In traditionellen archaischen Gesellschaften, wie sie vor allem in der Osttürkei, im Irak, Iran und in Syrien noch zu finden sind, ist anstelle der offiziellen »gesellschaftlichen« Institutionen (Gerichte, Polizei, Militär etc.) der konkrete Andere, beispielsweise der Stamm, die Sippe oder die Großfamilie, Bezugspunkt für die Bemessung, ob das Handeln rechtmäßig ist. Alle Rechte und Verpflichtungen innerhalb solcher Feudalstrukturen sind bilateral, sie organisieren sich als Verhältnisse zwischen Schuldnern und Gläubigern. Diese Verhältnisse werden durch den patriarchalischen Gedanken des Gabentausches begründet. Gaben sind dabei sowohl ideelle Güter (Erziehung, ideeller Beistand durch Anwesenheit bei Repräsentationsakten etc.) wie auch materielle Güter unterschiedlicher Art. Die Verpflichtungen des Schuldners sind im Idealfall allumfassend und können vom Gläubiger jederzeit eingeklagt werden. Diesem Rechtsdenken entspricht die Organisation der Familie bzw. der Gemeinschaft als ein »Netz von Reziprozitätsbeziehungen bei gegenseitiger Wahrung der Ehre«, wie sie im vorangegangenen Kapitel beschrieben wurde.

Die gemeinschaftsbezogene Lebensweise dieser Solidargemeinschaften ist u. a. auch dadurch gekennzeichnet, dass das jeweilige Eigentum der einzelnen Mitglieder unter bestimmten Bedingungen von anderen Mitgliedern in Anspruch genommen werden kann. Die Gemeinschaft lebt mit dem Wissen um die »ideale« Verpflichtung, durch teilweise oder vollständige Aufgabe der individuellen Eigentumsrechte zur politisch-ökonomischen Stabilität der ganzen Gemeinschaft beitragen zu müssen. Die Mitglieder der Solidargemeinschaft sind zur gegenseitigen Hilfe verpflichtet und können diese Hilfe auch untereinander in Anspruch nehmen. Diese Verpflichtung umfasst auch das Eintreten von Mitgliedern der Solidargemeinschaft in die Schuldhaftung eines anderen Mitglieds, auch wenn sie nach den Vorgaben des offiziell gültigen Rechts dazu nicht verpflichtet sind.

WICHTIG

Der Verpflichtung zur Aufgabe von Eigentumsrechten haben die Mitglieder einer Solidargemeinschaft in verstärktem Maße in Krisensituationen nachzukommen, wenn die politisch-ökonomische Existenz der Solidargemeinschaft gefährdet ist.

Häufig diskutiert wird die Rolle des Islams in Bezug auf die Rechtfertigung von Gewalt im Namen der »Ehre«. Im Koran finden sich einige Bestimmungen strafrechtlichen Gehalts. Die sogenannten Hudud werden als unantastbare Grenzen verstanden, die von Gott gesetzt wurden und von den Menschen nicht überschritten werden dürfen. Diese Bestimmungen betreffen schweren Raub, Diebstahl, Alkoholgenuss, außereheliche Geschlechtsbeziehungen (Zina) und auch die fälschliche Beschuldigung, solche Beziehungen zu pflegen. In der Geschichte finden sich zahlreiche Formen von Strafen, die von Auspeitschen über Abhacken von Händen oder Füßen bis hin zur Hinrichtung reichen. In einigen wenigen islamischen Ländern werden diese Strafen heute noch vollzogen. Solche Körperstrafen kannte wohlgemerkt auch das abendländische Strafrecht früherer Zeiten, beispielsweise für Meineid oder Geldfälschung. Nach heutigen Maßstäben verstoßen sie eindeutig gegen die Menschenrechte und bilden einen ständigen Konfliktpunkt in internationalen Verhandlungen.

Die frühere Gesetzgebung in der Türkei seit den 1920er-Jahren, die bei Morden innerhalb der Familie Straferlass gewährte, orientierte sich wohlgemerkt nicht am Islam, sondern am italienischen Strafrecht aus Mussolinis Zeiten. Dieses spiegelte die Wertvorstellungen der dortigen patriarchalischen Gesellschaftsordnung mit ihrem mediterranen christlichen Ehrverständnis wider.

Rechtsverständnis von »Blutrachetaten«

Die soziale Position einer Familie oder Solidargruppe innerhalb archaisch-patriarchalischer Gesellschaftsstrukturen hängt zentral von der Anerkennung ihrer »Ehrbarkeit« ab. Der Verlust der Ehre hat zur Folge, dass soziale Kontakte und unterstützende Beziehungen vonseiten der Gemeinschaft abgebrochen werden, dass sich beispielsweise Personen weigern, beim Bebauen der Felder zu helfen. Folge sind somit auch ökonomische Verluste. Für die betroffene Familie bzw. Gruppe kann es daher existenziell bedeutsam werden, die Ehre innerhalb der Gemeinschaft wiederherzustellen.

Erfolgte die Ehrverletzung von »außen«, durch eine andere Gruppe, beispielsweise durch Raub, Ehebruch, Entführung oder Mord, ist für die Wiederherstellung der »Ehre« in der Regel die körperliche Verletzung oder Vernichtung einer »wertvollen« Person der »Gegenpartei« oder ebenfalls Raub von Eigentum oder einer Frau (meist unverheiratet) erforderlich, was wiederum einen ökonomischen Verlust für die Gegenpartei darstellt. Opfer können infolge des Prinzips der Sippenhaftung nicht nur der Täter der Ehrverletzung, sondern alle (männlichen) Mitglieder der Solidargruppe des Täters werden. Diese Handlung, auch als »Blutrache« bezeichnet, muss für die Öffentlichkeit bzw. die Gemeinschaft sichtbar sein, damit diese die Wiederherstellung der Ehre anerkennt. Eine Blutrachetat ist in der traditionellen Rechtsauffassung kein strafbares Vergehen.

WICHTIG

Die strafrechtliche Verurteilung wegen eines »Ehrendeliktes« (z. B. Totschlag, Körperverletzung) hat keinen Einfluss auf das Ansehen des Täters innerhalb seiner Solidargruppe, sondern verstärkt eher noch dessen Anerkennung und den Zuspruch durch Familie und Gemeinschaft, da dieser unter großem persönlichem Einsatz die Familienehre wiederhergestellt hat.

Zu Blutrache verpflichtet sind alle Mitglieder der in ihrer Ehre beleidigten Solidargruppe. Die Integrität der Solidargruppe ist für die Einzelnen höher zu achten als das bloße eigene Leben. Von jedem Gruppen- bzw. Familienmitglied wird die Bereitschaft gefordert, zum Wohl der Gemeinschaft das eigene Leben hinzugeben. Innerhalb einer Familie gilt das Wort des Vaters bzw. des ältesten Bruders. Wenn diese die Blutrachetat beschließen, müssen die dafür bestimmten Personen diese ausführen. Sich der Aufgabe zur Wiederherstellung der Ehre zu entziehen hat den eigenen Ehrverlust und damit Ausschluss aus der Familie zur Folge.

Der Tatsache, dass der Vollzug einer Blutrachetat als Pflicht der gesamten von der Ehrverletzung betroffenen Solidargemeinschaft betrachtet wird, wurde in der Vergangenheit in den – wechselnden – Rechtsbestimmungen des Osmanischen Reichs Rechnung getragen: Eine Blutrachetat hatte zur Folge, dass die gesamte durch eine rechtliche Bindung an den Vorstand organisierte Solidargemeinschaft in die Haftung genommen wurde. Das osmanische Recht nahm also nicht nur den rechtlichen Vertreter der in eine

Blutrachetat verwickelten Solidargemeinschaft oder nur den unmittelbaren Täter in die Haftung, sondern die Gemeinschaft als Ganzes. Strafe war in der Regel die Verbannung aus den angestammten Siedlungsräumen.

Die Gesetzgebung der Türkischen Republik gab dieses Prinzip der Gruppenhaftung auf und qualifizierte die Blutrache als Mord. Entsprechend wurden seither ausschließlich der oder die Täter in die Haftung genommen. Von der Art, wie Blutrachetaten ablaufen, sind sowohl die Bestimmungen der osmanischen Gesetze zur Blutrache als auch die Qualifikation der Blutrache als Mord in der Türkischen Republik verständlich. Das osmanische Recht ging davon aus, dass die gesamte Solidargemeinschaft für eine Blutrachetat verantwortlich ist, und nahm daher die gesamte Solidargemeinschaft mit in die Haftung. Die Gesetzgebung der Türkischen Republik anerkennt die Tatsache, dass eine Beteiligung von Mitgliedern der Solidargemeinschaft an der unmittelbaren Tat mit polizeilichen Mitteln und mit den Mitteln einer Strafprozessordnung nicht oder sehr schwer nachgewiesen werden kann. Sie nimmt daher nur den Täter sowie die Mitglieder der Solidargemeinschaft in die Haftung, denen eine unmittelbare Beteiligung an der Tat nachgewiesen werden kann.

Das staatliche Recht besitzt für die nach diesen Vorstellungen lebenden Gemeinschaften erhebliche Lücken, die zwangsläufig zum Fortbestand der traditionellen Institutionen und Entscheidungsmechanismen führen. Das Prinzip der Sippenhaft ist nach gegenwärtigen europäischen Rechtsnormen nicht fassbar. Während die moderne europäische Rechtstradition die Gleichheit vor dem Gesetz postuliert, wird das Rechtsverständnis der traditionellen Solidargruppen von der Grundannahme einer faktischen Ungleichheit bestimmt, die sich aus der stark hierarchischen Schichtung der Gesellschaft ergibt (vgl. Kapitel 2). Nicht jeder Tötungsfall wiegt gleich schwer, sondern die Persönlichkeit der toten Person und ihre Stellung innerhalb der Solidargruppe bestimmen den weiteren Verlauf des Konflikts und dessen Lösung. Selbst falls ein staatliches Gericht einen Täter, dem die Ermordung einer im traditionellen Verständnis höherstehenden Person nachgewiesen wurde, zu einer langen Haftstrafe verurteilte, wird die Familie des Opfers erhebliche Nachforderungen an die Familie des Täters stellen, um die hierarchische Differenz auszugleichen. Ein solcher Anspruch besteht wiederum nach europäischem Rechtsverständnis nicht. Grundsätzlich gilt im Rechtsverständnis traditioneller Solidargruppen, dass eine Tötung nur durch eine Tötung ausgeglichen werden kann. Wird ein Täter durch staatliche Organe zu einer Haftstrafe verurteilt, weil die staatliche Gesetzgebung die Todesstrafe nicht kennt oder mildernde Umstände der Verhängung dieser Strafe entgegenstehen, so bleibt in der Regel die Verpflichtung zur Tötung des Täters (oder eines Mitglieds seiner Solidargruppe) bestehen, da die Ehre im Grunde nur durch eine Tötung wiederhergestellt werden kann.

Das türkische Rechtssystem hat bezüglich der Blutrache 1953 auf dieses soziale Phänomen reagiert und die Tötung eines Menschen aus Gründen einer Blutrache unter harte Strafe, 1953 noch unter Todesstrafe gestellt. Hiermit hat man versucht, durch ein qualifizierendes subjektives Tatmerkmal ein rechtspolitisches Instrument zur Bekämpfung der Blutrache einzusetzen. Trotz dieser Gesetze scheint in der Türkei – mit einigen Ausnahmen – diese Form der Blutrache tief in der Gesellschaft verwurzelt zu sein. Dies liegt vor allem darin begründet, dass die Ermordung eines Familienmitglieds als »Ehrensache« eine solche Verpflichtung auslöst, dass sich die Menschen in dieser Familie im Kern ihrer Ehre verletzt und sich dazu verpflichtet fühlen, ihre Ehre wiederherzustellen. Bei Familienfehden führt dies zu einem Dominoeffekt. In einer Vielzahl von Blutrachefällen, an deren Anfang ein Mensch getötet wurde, um die verletzte Familienehre reinzuwaschen, kommt es auch zu Verselbstständigungen, da jeder Einzelne in der Familie eigentlich dazu verpflichtet ist, die Familienehre wiederherzustellen. Dies kann dazu führen, dass jüngere Familienangehörige sich auch ohne Entscheidung der Ältesten legitimiert fühlen, einen Anschlag gegenüber einer anderen Familie auszuführen.

Wer der Verpflichtung, eine »Ehrverletzung« zu sühnen, nicht nachkommt, verwirkt seine eigene Ehre und beschmutzt die Familienehre. Dieser fatale Kausalitätsablauf archaischer gesellschaftlicher Normen ist durch die Gesetze schwer einzugrenzen, da mit ihnen auch eine starke soziale Verpflichtung verknüpft ist. Wer dieser sozialen Verpflichtung, den Ehrenverletzer zu töten, nicht nachkommt, nimmt den eigenen Tod wie selbstverständlich in Kauf; genau darin liegt die untrennbare Bestimmung der Blutrache. Wer der Verpflichtung nachkommt, den trifft die Rache der gegnerischen Familie; wer der Verpflichtung nicht nachkommt, den treffen die Sanktionen der eigenen Familie. Wer die Verpflichtung nicht erfüllt, verhält sich selbst ehrlos und zeigt sich nicht in der Lage, zur Wiederherstellung der Familienehre beizutragen. Dagegen ist der staatliche Vollzug eines rechtskräftigen Todesurteils eine sterile, fast schmerzlose Form des Sanktionierens. Aus diesen und vielen anderen Gründen war die Einordnung der Blutrache als Mordmerkmal mit Sanktionen der Todesstrafe vermutlich wirkungslos. Es stellt sich insgesamt die Frage, ob überhaupt durch harte Sanktionen, wie auch in Deutschland mit lebenslänglicher Freiheitsstrafe, diese Blutrachetaten wirksam eingedämmt werden können, denn in vielen Gesellschaften werden die Menschen direkt oder indirekt dazu motiviert, durch die Tötung eines Menschen ihre »Ehre« wiederherzustellen.

Bei einer »europäischen« Beurteilung der Blutrache lässt sich folgende Konfliktsituation skizzieren: Die von einem Ehrkonflikt betroffene Familie ist vonseiten ihrer Gemeinschaft dazu verpflichtet, ihre Ehre wiederherzustellen. Die Familie des Bluträchers und der Bluträcher selbst wissen um die Unmöglichkeit, dass die staatlichen Gerichte die Ehre wiederherstellen können. Der Bluträcher steht daher unter dem Zwang, die Wiederherstellung der Ehre in die eigene Hand zu nehmen. Und er steht somit unter dem Zwang, gegen die staatlichen Gesetze zu handeln und sich dadurch selbst mehr oder weniger zu vernichten. Nach europäischem Verständnis geht im Handeln des Bluträchers im Nahen Osten politische Rationalität Hand in Hand mit sozialer und ökonomischer Irrationalität: Wegen der Familienehre bleibt dem Täter in seiner – nach europäischem Verständnis – tragischen Lage nur der Ausweg partieller oder völliger Selbstzerstörung. Blutrache ist Selbstaufgabe und Selbstzerstörung zugunsten eines traditionellen Ideals. Es wird berichtet, dass innerhalb von Familien für die Ausübung der Blutrachetat die Person ausgewählt wird, deren Abwesenheit den geringsten ökonomischen, politischen und sozialen Schaden verursacht, z. B. einen noch nicht volljährigen jüngeren Bruder bzw. Sohn, der eine geringere Strafe bekommt.

Rechtfertigungen und Prinzipien zur Legitimierung von Gewalt

Aus psychologischer Sicht bedarf Gewalt, durch die Menschen verwundet und/oder getötet werden, einer Erklärung – sowohl für diejenigen, die sie ausüben, als auch für die Opfer. Gewalt, wie wir sie seit dem 7. Oktober 2023 in Israel und Gaza sehen, findet, je nachdem, aus welcher Perspektive wir diese schreckliche und terroristische Gewalt betrachten, unterschiedliche Erklärungen, sowohl für diejenigen, die sie ausüben, als auch für die

Opfer. Die Hamas verübte ein Massaker von unbeschreiblichem Ausmaß, eine Entgrenzung der Menschlichkeit; die gewaltsamen Handlungen wurden aus ihrem historischen und religiösen Narrativ legitimiert. Und die Opfer der israelischen Armee, meistens aus der palästinensischen Zivilbevölkerung in Gaza, hören von der israelischen Regierung, warum sie die Verluste erleiden mussten. Sowohl die Hamas als auch Israel holen zum Vergeltungsschlag aus und werden Ausführende, werden diejenigen, die physische Gewalt gegen ihre Gegner ausüben. In diesem Falle betrachten sich beide Seiten als Opfer, die auch gewaltsame Akte ausführen. Beide Konfliktparteien holen sich Erklärungen, Rechtfertigungen und Prinzipien zur Legitimierung der physischen Gewalt, die sie einerseits ausüben und deren Opfer sie andererseits sind.

Mit zunehmender Gewalt von beiden Seiten entsteht Hass und entwickelt sich das Bedürfnis, extreme Gewalttaten wie Morde, Bombenattentate etc. zu erklären, wie wir sie in Nordirland, Israel oder anderen Regionen der Welt beobachten. Von Bedeutung ist die Tatsache, dass die Rechtfertigungen und Erklärungsschemata meist Themen beinhalten, die den Gegner delegitimieren. Delegitimierung ist definiert als eine extrem negative Einordnung sozialer und religiöser Gruppen, die letztlich deren Humanität verneint. Delegitimierung unterstellt, dass die gegnerische Partei böse, böswillig, unmoralisch und unmenschlich ist. Das ist die einfachste, effektivste und umfassendste Art zu erklären, weshalb Menschen umgebracht wurden und weshalb sie auch weiterhin umgebracht werden. Gerade aufgrund des langen Konflikts in Palästina und Israel haben sich feste »Argumente« entwickelt, die nicht diskutiert, sondern als »Wahrheit« gesehen werden, was wiederum zu einer Häufung von Gewalt und Terror führt, im Namen der Ehre des Landes, der Märtyrer oder was auch immer.

Wegen der »Heiligkeit« des Lebens, von der wir so häufig hören, und der offensichtlichen Verletzung dieser Heiligkeit durch die physische Gewalt brauchen die Beteiligten eine grundlegende Rechtfertigung für die unmoralischen und unmenschlichen Handlungen, die ihnen eigentlich bewusst sind. Dies rührt von dem grundlegenden Bedürfnis des Menschen her, in einer sinnvollen, berechenbaren und gerechten Welt zu leben. Die Gewaltausübenden müssen wissen, warum sie die gewaltsamen Handlungen ausführen sollen, und die Opfer, warum sie die Verluste bzw. das Leid erleiden müssen.

Auch die Ermordung eines eigenen Familienmitglieds »im Namen der Ehre« wird dadurch gerechtfertigt, dass die Person als »unmoralisch«, »respektlos« oder »ehrlos« abgewertet wird. Ihr wird die Zugehörigkeit zur Familie abgesprochen, vielmehr wird sie zum »Feind« erklärt. Über das ermordete Familienmitglied wird nach der Ermordung innerhalb der Familie oft geschwiegen, oder es wird abwertend gesprochen, um den Mord weiterhin zu rechtfertigen. Eine Aufarbeitung oder ein Trauerprozess für die einzelnen Familienangehörigen ist dadurch kaum möglich.

Tödliche Gerüchte

Für archaische Solidargemeinschaften haben Gerüchte, Klatsch und Unwahrheiten als Mechanismus zur Absonderung, Ausgliederung oder sozialen Kontrolle eine wichtige Bedeutung. Zum einen leben diese Solidargemeinschaften in vielen Regionen, im Herkunftsland wie im Aufnahmeland, als soziale Randgruppe und werden gegenüber der Mehrheitsgesellschaft mehr oder weniger dauerhaft oder sogar traditionell benachteiligt, durch Unterprivilegierung, Disprivilegierung, Diskriminierung, Verfolgung bis hin zu Vernichtung. Dafür werden gezielt Gerüchte und Unwahrheiten über sie eingesetzt. Ein Beispiel dafür ist die Volksgruppe der Eziden, die seit Jahrhunderten diskriminiert, verfolgt und vernich tet wird. Ziel ist dabei immer auch, die Position und Macht der herrschenden Gruppe oder Gemeinschaft zu stärken.

Gleichzeitig dient die »inoffizielle Rede« in Form von Gerüchten oder Klatsch auch innerhalb der traditionellen Gesellschaften der sozialen Kontrolle. Da diese wesentlich von dem fast allgegenwärtigen gegenseitigen Misstrauen her mitbestimmt ist, entstehen durch Klatsch und Gerüchte schnell »Tatsachen« oder »Nachrichten«, über welche die Gemeinschaft spricht und die somit für die Gemeinschaft sowie für die Mitglieder bedeutsam werden. So können allein schon Gerüchte über eine »Ehrverletzung« dazu führen, dass Menschen zu Unrecht verletzt oder sogar getötet werden. Dem liegen die grundsätzliche Befürchtung bzw. der Mechanismus zugrunde, dass es allein durch das Gerücht zu einem Gesichtsverlust gegenüber der Gemeinschaft und einem Verlust der »Ehre« kommt.

In einem sogenannten Ehrenmordfall in Nordrhein-Westfalen wurde ein Mann am helllichten Tage ermordet. Was war passiert? Dem ermordeten Mann wurde vorgeworfen, eine Beziehung zu einer verheirateten Frau zu haben. Über fast ein Jahr verbreiteten sich Gerüchte, dass der Ermordete immer wieder vor der Tür der Frau gesehen worden sei, während der Ehemann in der Arbeit war. Der Ehemann wurde von den Geschwistern und Eltern unterrichtet. Er war wütend, fragte seine Frau, die ihm schwor, dass sie nichts mit dem Mann zu tun habe. Der Ermordete, die Frau und der Ehemann stammten alle aus der Türkei und kannten sich bereits durch ihre Familien aus der Heimat. Es gab aber keinen regelmäßigen Kontakt.

Der Ehemann glaubte zunächst seiner Frau, und sie versuchten, ihr Leben wieder normal zu leben. Nach einigen Wochen berichtete ihm jedoch ein Freund, dass auch er gehört habe, dass seine Frau und der Mann eine Beziehung hätten. Woher er das wisse, könne er nicht sagen, aber die Leute redeten alle darüber. Die Familie des Ehemannes traf sich erneut, und es wurde heftig diskutiert. »Unsere Ehre ist verletzt, die Leute grüßen uns nicht mehr, und wie sollen wir mit diesem Gesichtsverlust leben«, schrie die Mutter des Ehemannes. Die Ehefrau wurde von der Familie angehört, ihr wurde jedoch nicht geglaubt. Sie sagte, wenn ihr irgendwelche Fakten liefern könnt, dann »bin ich bereit, mich selbst zu töten. Aber ich habe bei Gott nichts getan.«

Schließlich wurde ein Mann für eine kleine Summe Geld beauftragt, den vermeintlichen Liebhaber zu töten. Er erschoss den Mann auf einem Markt mit mehreren Schüssen und flüchtete. Die Polizei konnte ihn jedoch nach kurzer Zeit festnehmen. Gegenüber der Polizei gab er schnell seine Auftraggeber bekannt, und diese wurden verhaftet. Weder durch die Polizei noch durch Aussagen und Telefonprotokolle von allen möglichen Beteiligten konnte eine außereheliche Beziehung festgestellt werden. Die Frau bezeugte auch vor Gericht glaubhaft, dass sie nie eine Beziehung in irgendeiner Form mit dem Ermordeten hatte. Seither sind die beiden Familien verfeindet.

In traditionellen Gesellschaften gehören diese Gerüchte zum Alltag. Aus diesem ständigen Konfrontiertsein mit Gerüchten und dem ständigen Druck, sich mit den durch sie übermittelten vorgeblichen Tatsachenmitteilungen auseinandersetzen zu müssen, entstehen bei den Mitgliedern der traditionellen Solidargemeinschaften Zwänge bzw. wird ein Verhaltens- und Handlungsprogramm hervorgerufen, dem sich die Einzelnen und die verschiedenen sozialen Gruppen unterwerfen und nach dem sie handeln. Der Versuch, negative Auswirkungen auf die eigene Person oder auf die Solidargruppe zu verhindern, ist in allen Phasen der Blutrachetaten, auch in Europa, immer wieder zu beobachten.

WICHTIG

Ein Verdacht oder ein Gerücht kann erst durch das von einer verbindlichen Autorität ausgesprochene Urteil beseitigt werden, das bestätigt, dass die Vorwürfe unberechtigt sind. Als oberste Instanzen, die über den Wahrheitsgehalt von Gerüchten entscheiden, gelten die religiöse Führung, der Ältestenrat, der Großgrundbesitzer oder Persönlichkeiten mit Macht und Einfluss.

Diese wiederum setzen allerdings auch selbst Gerüchte in die Welt, um damit ihre Position und Macht zu stärken oder zu bestätigen.

4. SEXUALITÄT ALS PATRIARCHALISCHES MACHTINSTRUMENT

Nur Schmerzen, Gewalt und Hass

»Ich bin jetzt 61 Jahre alt und komme aus Afghanistan. Ich lebe seit 20 Jahren in Deutschland und habe vier Kinder, die erwachsen und ausgezogen sind. Die größte Freude, die ich im Augenblick erlebe, sind meine beiden Enkelkinder, die ich ab und zu sehe. Ansonsten habe ich nichts, worüber ich mich freuen kann. Das Schicksal hat es nicht gut mit mir gemeint. Ich weiß nicht, warum. Ich erinnere mich nur an Schmerzen, Gewalt und Hass.

Ich bin immer noch mit dem Mann verheiratet, der mir all das angetan hat, was sich niemand vorstellen kann. Ich war 14 Jahre alt, als meine Eltern mich verheirateten. Sie haben mich nicht gefragt. Eines Tages stand eine ganze Familie in unserer Wohnung. Mein Vater zeigte auf einen 30-jährigen Mann und sagte nüchtern, ›diesen Mann wirst du heiraten‹. Ich war so überrascht und schockiert, dass ich mir nicht mal das Gesicht meines zukünftigen Ehemannes angeschaut habe. Ich lief ins Schlafzimmer und weinte. Ich wollte nicht heiraten. Ich hatte so viele Träume, die an diesem Tag starben.

Nach drei Monaten fand die Hochzeit statt. In der ersten Nacht kamen einige Frauen und sagten mir, wie ich mich meinem Mann gegenüber verhalten solle. Sie sprachen so detailreich und lachten immer wieder, als hätten sie zu viel Opium geraucht und seien Sexualberaterinnen. Vielleicht waren sie es ja. Jedenfalls kam mein Ehemann ins Zimmer, ohne ein Wort zu sagen. Er setzte sich aufs Bett, musterte mich von Kopf bis Fuß, und sein erster Satz – ich werde es nie vergessen – lautete: ›Zieh dich aus!‹ Ich wusste nicht, was ich machen sollte. Ich hatte mich noch nie vor jemandem ausgezogen. Ich machte nichts, blieb einfach sitzen, und wir beide schwiegen. Plötzlich stand er auf, kam auf mich zu und schlug mir mit der flachen Hand ins Gesicht, sodass ich vom Bett auf den Boden flog.

Er packte mich, hob mich auf wie einen Sack Reis und warf mich aufs Bett. Er schlug mich noch einmal. Meine Nase blutete, und ich krümmte mich zusammen. Er zog mich aus und vergewaltigte mich in dieser Nacht. Immer wieder schlug er auf mich ein. Das war meine erste Nacht. Die Gewalt blieb, bis meine Kinder fast erwachsen waren. Ich lebte bis zu unserer Ausreise nach Deutschland bei seiner Familie. Im Nachhinein gesehen, war ich für sie lediglich eine billige Sklavin. Ich musste den Haushalt machen, kochen und meinen Schwiegereltern dienen. Sie machten sich über mich lustig, und mein Mann hat mich über die Jahre hinweg nie geschützt oder mir geholfen, wenn mein Schwiegervater mir einen Tritt gab oder die Schwiegermutter an meinen Haaren zog. Scheidung? Eine Scheidung kam nicht infrage. Meine Eltern wollten mich nicht wieder haben. Ich würde ihre Ehre verletzen. Sie wussten, dass ich leide und jeden Tag Gewalt erlebte. Ihre Lösung war, dass ich schnell Kinder bekommen solle, damit ich in »Ruhe« gelassen würde. In Afghanistan bekam ich meine ersten beiden Kinder und war froh darüber. Sie gaben meinem Leben einen Sinn, ansonsten hätte ich mich wahrscheinlich umgebracht. Tatsächlich war es so, dass ich nicht mehr so oft geschlagen wurde und mein Mann auch keine großen sexuellen Wünsche mehr hatte. Ich war froh. Ich wusste, dass er andere Frauen hatte und häufig um Geld spielte. Aber das interessierte mich nicht wirklich.

Aufgrund der politischen Situation und der Angst meines Mannes, getötet zu werden, flohen wir nach Deutschland. In Deutschland hatte ich die Hoffnung, dass wir ein normales Leben ohne Gewalt führen könnten. Doch es änderte sich nichts. Er schlug mich, und ich hatte Angst, zur Polizei zu gehen, weil er drohte, mich und die Kinder umzubringen. Die Leute aus Afghanistan, die ich in Deutschland kennenlernte, rieten mir ebenfalls, nichts zu machen und das Leben so zu akzeptieren. Die meisten Frauen sagten: ›Wir erleben das Gleiche, aber eine Scheidung geht nicht.‹

Schließlich bekam ich zwei weitere Kinder. Sobald sie alt genug waren, um in den Kindergarten zu gehen, fing ich an, als Reinigungskraft zu arbeiten. Es waren nur drei Stunden am Tag, aber ich freute mich. Ich konnte raus und einfach etwas anderes machen. Mein Mann arbeitete ebenfalls. Er war sehr fleißig, verspielte aber alles wieder. In Wirklichkeit lebten meine Kinder und ich von meinem kleinen Gehalt.

Auch die Kinder haben unter meinem herrschsüchtigen Mann gelitten. Ich musste mich immer vor sie stellen, wenn er sie schlug. Meine Kinder ärgerten sich über mein Verhalten und wollten, dass ich ihn verlasse. Sie waren bereit, mich zu unterstützen, aber ich konnte es nicht. Jetzt sind die Kinder aus dem Haus. Er arbeitet nicht mehr, ist den ganzen Tag daheim und tief verbittert mit sich und der Welt. Alles lässt er an mir aus. Er ist alt, und ich höre nicht mehr darauf. Ich mache ihm Essen, wasche seine Kleider und gehe manchmal mit ihm spazieren, auch wenn er dabei immer nur schlecht redet. Ich habe viele körperliche Schmerzen, und mir geht es auch psychisch nicht gut. Aber was soll ich machen? Das einzig Gute in meinem Leben war, dass wir nach Deutschland gekommen sind und alle meine Kinder einen Beruf und eine Familie haben. Sie haben gute Frauen und Kinder und sind glücklich. Das macht auch mich glücklich.

Was hätte ich besser machen können?

Mit meinem heutigen Wissen über die Rechte der Frauen und dem Wissen, dass die Meinung der eigenen Gruppe nicht so wichtig ist und für einen nicht immer bedrohlich sein muss wie in Afghanistan, hätte ich bei meiner Ankunft in Deutschland mit meinen beiden Kindern meinen Ehemann verlassen. Aber ich konnte kein Deutsch, ich kannte die Kultur und die Gesetze nicht. Also bin ich geblieben, für die Kinder. Aber so merkwürdig es klingt, mein Mann tut mir auch irgendwie leid. Er ist selbst irgendwie ein Opfer dieser verdammten alten Kultur. Ich hasse ihn nicht mehr. Er nervt zwar nach wie vor und ist unbelehrbar, aber ich versorge ihn irgendwie doch gern. Ich weiß nicht, warum, aber es fühlt sich richtig an, ihn nicht mehr zu verlassen.«

Patriarchalische Normen und Wertvorstellungen zu Sexualität

Die weibliche Sexualität ist, im Gegensatz zur männlichen, in patriarchalisch-archaischen Gesellschaften keine persönliche, private Angelegenheit. Mädchen und Frauen dürfen nicht selbst bestimmen, wann und mit wem sie Geschlechtsverkehr haben möchten. Ihre Sexualität wird durch restriktive gesellschaftliche Normen stark reglementiert und durch die Familie, insbesondere die männlichen Familienmitglieder, sowie die Gemeinschaft kontrolliert.

Sexualität und Ehre

Mädchen und Frauen wird gemäß dem patriarchalisch-archaischen Ehrkonzept, wie bereits beschrieben, die »Verkörperung« der Ehre im engeren Sinne zugeschrieben, der persönlichen wie auch der Familienehre. Diese ist geknüpft an die sexuelle Unversehrtheit und Reinheit der Mädchen bzw. Frauen, an Keuschheit vor und Treue in der Ehe.

Diesem Ehrverständnis liegt die Annahme zugrunde, dass die Sexualität von Frauen (!) außerhalb der Ehe die soziale Ordnung gefährde. Die weibliche Sexualität wird als gesellschaftspolitisch destruktiv bewertet, da sie Chaos und Unordnung schaffen und dem sozialen Gefüge schaden könnte, sobald Männer von dieser starken weiblichen Sexualität verführt bzw. dominiert werden. Der »schwache Mann« soll daher durch klare, strenge Regeln zum

Kontakt zwischen den Geschlechtern geschützt werden. Diese sollen sexuelle Kontakte oder Gerüchte darüber von vornherein unmöglich machen. Zu diesen Regeln gehören die Verschleierung bzw. Kopfbedeckung der Frau, eine strikte Geschlechtertrennung in öffentlichen Bereichen, die ständige Begleitung der Frau in der Öffentlichkeit durch männliche Familienmitglieder und somit die grundsätzliche Vermeidung von Kontakten zwischen Mädchen und Frauen zu Jungen bzw. Männern, die nicht zur Familie gehören. Die Einhaltung dieser Verhaltensregeln wird durch die Familie und die Gemeinschaft streng kontrolliert; selbst kurze, flüchtige Kontakte könnten zu Gerüchten und damit zu einem Verlust der Ehre führen.

Eine zentrale Bedeutung für die Familienehre hat die Jungfräulichkeit der Mädchen bzw. Frauen. Mädchen und Frauen, die nicht in der Hochzeitsnacht ihre Jungfräulichkeit »nachweisen« können, durch das Blut des »gerissenen Jungfernhäutchens« auf dem Laken, gelten als »Schande« für die Familie. Ihnen droht eine Bestrafung in Form der Verstoßung aus der Familie bzw. Gemeinschaft bis hin zur Ermordung. Mädchen und Frauen haben daher große Sorge und Angst vor der vorzeitigen Beschädigung des Hymens. Manche Mädchen und junge Frauen dürfen keinen Sport machen aufgrund der Sorge, dass das Hymen dadurch beschädigt werden könnte. Dass die Idee des »reißenden Jungfernhäutchens« als Nachweis für die Jungfräulichkeit medizinisch betrachtet eher Mythos als Realität ist, wird in patriarchalischen Familien und Gemeinschaften ignoriert.

Sexualmoral im Islam

Um die Problematik des Begriffs »Ehre« zu verdeutlichen, soll hier die Sexualethik des Islams diskutiert werden. Diese steht in einem engen Zusammenhang mit den »Ehrenmorden« und mit deren direkter oder indirekter Legitimierung durch die Gesellschaften bzw. Gemeinschaften.

Der Islam verknüpft im Gegensatz zum Christentum Liebe und Sexualität nicht mit Sünde, sondern begreift sie als angenehme Seite des Lebens. Sie wird als eine der Wonnen genannt, die den Gläubigen nach dem Tode im Paradies erwarten. Eine lebenslange Keuschheit wird in den islamischen Ländern kaum praktiziert. Die Sexualität des Menschen wird im Islam als eine gute Gabe Gottes angesehen – sofern sie im legitimen Rahmen der Ehe gelebt wird. Der Koran verlangt, dass der Mann zu seiner Frau geht, um mit ihr Geschlechtsverkehr zu haben (allerdings auch enthaltsam sein darf, um seine Frau zu bestrafen) – die Frau darf den Geschlechtsverkehr aber nicht ablehnen. Eine Zurückweisung des Mannes durch die Frau berechtigt ihn, diese zu verstoßen. In der Praxis führt dies – insbesondere innerhalb von Zwangsehen – zu häufigen Vergewaltigungen. Gleichzeitig hat auch die Frau ein Recht auf sexuelle Befriedigung. Wenn z. B. der Ehemann schwört, sich von der Ehefrau fernzuhalten, kann dies als ein Scheidungsgrund angesehen werden. Bei einem solchen Spruch *(Talaq)* kann die Ehefrau aus der Ehe entlassen werden, damit sie frei ist für eine neue Bindung. Im Islam gilt das sexuelle Begehren des Menschen als sehr groß und muss daher streng reglementiert werden, damit es nicht zu einer Gefahr für die islamische Gesellschaftsordnung wird.

Ayaan Hirsi Ali (2005), die selbst Ziel fanatischer islamistischer Gruppen in den Niederlanden geworden ist, schreibt zur Sexualität im Islam: *»Ein wichtiges Element im Islam ist die Sexualmoral, die sich von den Werten arabischer Stämme aus den Zeiten ableitet, als der Prophet von Allah dessen Botschaften empfangen hat; eine Kultur, in der Frauen Besitz waren, Besitz der Väter, Brüder, Onkel, Großväter, des Vormunds. Das Wesen der Frau ist auf ihr Jungfernhäutchen reduziert. Ihr Schleier erinnert die Außenwelt permanent* *an die erstickende Moral, die muslimische Männer zum Besitzer der Frauen macht und die sie verpflichtet, sexuelle Kontakte ihrer Mütter, Schwestern, Tanten, Schwägerinnen, Nichten und Ehefrauen zu verhindern. Und nicht nur den Geschlechtsverkehr, sondern auch die Blicke auf einen Mann, oder seinen Arm zu streicheln, oder ihm die Hand zu geben. Das Ansehen des Mannes und seine Ehre stehen und fallen mit dem anständigen, gehorsamen Verhalten seiner weiblichen Familienmitglieder.«*

Die homosexuelle Sexualität sowie die außereheliche heterosexuelle Sexualität gelten als Sünde. Der Koran sieht für Mann und Frau hundert Peitschenhiebe als Strafe für Unzucht vor: »*Wenn eine Frau mit einem Mann Unzucht begeht, dann geißelt jeden von ihnen mit hundert Hieben. Habt kein Mitleid mit ihnen angesichts (der Rechtsbestimmung) der Religion Gottes, so ihr an Gott und den jüngsten Tag glaubt, und bei der Vollstreckung der Pein an ihnen soll eine Gruppe von Gläubigen zugegen sein*« (Koran 24,2). Nach islamischem Recht kann Unzucht jedoch nur bestraft werden, wenn sie von vier Zeugen beobachtet wurde, was in solchen Situationen in der Realität eher nicht gegeben ist. Daraus lässt sich ableiten, dass durch solche Regelungen vermutlich gleichzeitig große Härten vermieden werden sollen.

Auch in der weltlichen Gesetzgebung mancher Länder spiegelt sich die Sexualmoral des Islams wider. In der Türkei zum Beispiel war der Ehebruch bis zum 13.03.1999 eine Straftat. Die Strafvorschriften lauteten: Artikel 440 Türkisches StGB: »*Die Ehefrau, die Ehebruch begeht, wird mit sechs Monaten bis drei Jahren Gefängnis bestraft. Wer sich in Kenntnis des Umstandes, dass die Frau verheiratet ist, an dieser Tat beteiligt, wird mit der gleichen Strafe bestraft*«; Artikel 441 Türkisches StGB: »*Der Ehemann, der an dem Wohnsitz, den er mit seiner Ehefrau teilt, oder in allgemein bekannte Weise an einem anderen Ort mit einer Frau, die nicht mit einem anderen Mann verheiratet ist, wie ein Ehepaar zusammenlebt, wird mit sechs Monaten bis drei Jahren Gefängnis bestraft. Die Frau, die in Kenntnis dessen, dass der Mann verheiratet ist, sich an dieser Tat beteiligt, wird mit der gleichen Strafe bestraft.*« Bis 2004 versuchte die türkische Regierung per Gesetz, Ehebruch unter Strafe zu stellen, was aber durch den Druck der Europäischen Union und Opposition nicht durchgesetzt werden konnte.

Im Rahmen der Ehe sind verschiedene Formen der Sexualität erlaubt, nicht aber der Analverkehr. Es sind außerdem verschiedene Perioden der Enthaltsamkeit einzuhalten. So ist der Geschlechtsverkehr während der hellen Tageszeit des Fastenmonats Ramadan verboten. Auch während der Pilgerfahrt nach Mekka begeben sich die Gläubigen für mehrere Tage in einen Weihezustand, der sexuelle Kontakte ausschließt. Schließlich ist der Frau Geschlechtsverkehr während der Menstruation sowie in den ersten 40 Tagen nach der Geburt eines Kindes untersagt, da sie in dieser Zeit als rituell unrein gilt. Am Ende dieser Periode wird in der Regel eine Ganzkörperwaschung zur Wiederherstellung der rituellen Reinheit vorgenommen.

Sexualität und Geschlechterverhältnisse

Sexualität gewinnt erst im Kontext der sozialen Beziehungen und der gesellschaftlichen Ordnung ihr normatives Gewicht. Die weibliche Sexualität wird nach islamischer Auffassung als destruktiv angesehen, da sie Unordnung in die Gesellschaft bringen kann. Es wird als »selbstverständlich« erachtet, dass der Mann der weiblichen Sexualität bzw. sexuellen Anziehung unterliegen kann und daher die Frau ihre Weiblichkeit schützen bzw. verbergen muss. Zum Schutz des Mannes, der die Gesellschaft und deren Ordnungssystem repräsentiert, vor der »aktiven weiblichen Sexualität« bestehen, wie bereits beschrieben, zahlreiche restriktive Regeln und Verbote für Frauen. Eine Diskussion, warum die Männer nicht in der Lage sind, »sich zu kontrollieren«, und hinter der »aktiven Weiblichkeit« nur die Sexualität sehen, findet nicht statt. Die befürchtete Zerstörung, die durch die weibliche Verführungskunst droht, kann nach dieser Vorstellung nur verhindert werden, wenn der Kontakt beider Geschlechter auf das Nötigste minimiert wird. Dadurch werden der weitgehende Ausschluss von Frauen vom öffentlichen Leben und weitere Diskriminierungen gegen sie gesellschaftlich legitimiert.

Diese Gesellschaften, die ihre Frauen durch Geschlechtertrennung und Verhüllung ausgrenzen oder Gewalt anwenden, weil sie durch Männerangst vor der sexuellen Aktivität der Frauen bestimmt sind, sind meines Erachtens von einer tief sitzenden sexuellen Unsicherheit geprägt. Aus der westlichen Sicht, aber auch aus Sicht der internationalen Menschenrechte nach den Kriterien der Vereinten Nationen kann die islamische Sozialordnung durchaus als eine Verletzung des Selbstbestimmungsrechts der Frau verstanden werden.

Relativierend ist der Einwand zu erheben, dass es kein islamisches Land gibt, das sich hundertprozentig an diese Regeln hält. Der islamischen Welt gehören fast eine Milliarde Menschen und 48 Staaten in Asien und Afrika an. Sie haben sehr unterschiedliche Gesellschaftsformen und Rechtsnormen, weshalb man sich vor einer Generalisierung hüten muss. Die Stellung der Frau in der Türkei ist sicherlich nicht vergleichbar mit der der Frau im Iran oder in Saudi-Arabien. Das bereits beschriebene Bild der unterdrückten Frau wird allerdings durch die unmenschliche Vorgehensweise von Terrormilizen wie den Taliban oder dem IS gegenüber Frauen in verschiedenen muslimischen Ländern verstärkt. Es bleibt der Eindruck, dass die Frau im Islam weiterhin »im modernen Zeitalter« nicht gleichberechtigt ist.

Sexuelle Orientierung

Ich bin anders.

Ich hatte kein Interesse an Jungs. Ich hatte es schon früh bemerkt, aber mich nicht getraut, mit jemandem darüber zu sprechen. Ich war anders, und es machte mir Angst. Ich hatte gelesen, dass Mädchen und Jungs auch anders sein können. Ich hatte aber auch gelernt, dass es eine Sünde sei, eine andere sexuelle Orientierung zu haben, und führte einen inneren Kampf gegen meine angeborenen Gefühle. »Lieber sterbe ich, als dass die Leute mitbekommen, dass ich Mädchen mehr mag als Jungs«, sagte ich mir immer wieder in der Hoffnung, dass es »weggeht«. Der Drang war aber da, und ich konnte nichts dagegen machen. Ich wollte eigentlich nur ein normales Mädchen sein und meiner Familie gefallen.

Meine Eltern waren zwar nicht streng religiös, aber sehr traditionell. Die größte Herausforderung war jedoch, meine sexuelle Orientierung selbst zu akzeptieren, das war mir klar, aber wie sollte ich es auf diesem Fleck der Erde selbst akzeptieren, wenn alle dagegen waren? Ich stellte mir so oft die Frage: »Wieso ich?« Je mehr Zeit verging, umso stärker merkte ich, wie ich eine Frau wurde. Umso mehr spürte ich mein Anderssein. Ich habe mir die Mädchen immer anders angesehen, aber mich nie getraut, jemanden zu berühren, auch wenn ich es innerlich wollte. Ich hatte solch große Angst. Ich zweifelte an mir selbst und wusste nicht mehr, »wer« oder »was« ich war. Ich begann, mich wie im falschen Körper zu fühlen. »War ich ein Junge, gefangen im Körper eines Mädchens?« Ich bemerkte, wie sich sogar meine Körpersprache und Haltung veränderten. Ich beugte meine Schultern, versteckte meine leicht wachsenden Brüste. Vielleicht trug ich deswegen weite Kleidung und ein Kopftuch. Ich wollte mich vor mir und vor der Welt verstecken.

Irgendwann wurde mir klar, dass ich als lesbische Frau von mei ner patriarchalischen Gesellschaft und der muslimischen Gemeinschaft nicht geduldet werde. Solche Leute wie ich werden als nicht normal, als psychisch krank angesehen, und mir drohte mit Sicherheit die Ausgrenzung, wenn nicht Schlimmeres. So mancher würde sogar zu meiner Tötung aufrufen. Ich durfte niemandem davon erzählen. Da war ich mir sicher.

Ich begann, an mir selbst zu zweifeln. »War ich jetzt weniger wert, obwohl ich an Gott, an die Engel, die Offenbarungsschriften, den Propheten und den Jüngsten Tag glaubte? Bin ich jetzt als Lesbin, weil ich als Frau Frauen liebe, keine Muslima mehr?«

Ich wollte es nicht glauben, aber so war es. Ich hatte darüber viel gelesen und wusste, dass ich nicht krank bin. Es wurde aber erwartet, dass lesbische Muslima ihre Neigung ein Leben lang unterdrückten, einen Mann heirateten und mit ihm Kinder bekämen. Sollte ich meine Liebe zu Frauen verleugnen und enthaltsam bleiben? Vielleicht ist das eine Lösung, aber es ist nicht fair und nicht richtig. Sexuelle Fantasien begannen mich zu stören, ich konnte mich aber nicht dagegen wehren. Sie kamen einfach. Es ging mir damals auch nicht um Sex. Ich wollte lieben, und ich liebte wohl Frauen, aber es war verboten. Ich merkte, wie ich durch diese Gedanken innerlich immer wütender wurde auf meine Gemeinschaft, die ich so liebte. In mir wuchs ein Widerstand, weil kein Mensch das Recht hatte, anderen Menschen zu verbieten, einander zu lieben. Als die Leute merkten, dass ich anders bin, schickten meine Eltern mich zu meinen Verwandten in die Großstadt, aber dort war es auch nicht besser. Deshalb entschied ich mich zu fliehen und lebe heute unter einem anderen Namen mit viel Wut und Groll in einer anderen großen Stadt.

Es gibt nur wenige Länder auf der Welt, die weitestgehend frei von Diskriminierung aufgrund der sexuellen Orientierung sind (EU-Report 2019). In vielen muslimisch geprägten und afrikanischen

Ländern wird eine homosexuelle Orientierung kriminalisiert, vielen droht die Todesstrafe. Dazu zählen derzeit die autonome Region Somaliland, Somalia, Jemen, Iran, Pakistan, Vereinigte Arabische Emirate, Katar, Brunei, Mauritius, Uganda, Nigeria und Saudi-Arabien. Es lässt sich geschichts- und kulturübergreifend sagen, dass homosexuelle Männer stärkeren Repressionen ausgesetzt sind als homosexuelle Frauen. So war z. B. in Deutschland, und das ist gar nicht so lange her, die weibliche Homosexualität gesellschaftlich gleichermaßen geächtet und verpönt, aber die männliche Homosexualität wurde bereits 1871 im Strafgesetzbuch mit einem eigenen Paragrafen (§§175) bedacht. In der Nazizeit wurden Homosexuelle regelrecht verfolgt und mussten hohe Strafen verbüßen. Erst 1994 erfolgte eine vollständige Streichung dieses Paragrafen. Homosexualität scheint in vielen Religionsgemeinschaften, auch im Christentum, gepaart mit patriarchalischen Vorstellungen nicht in ihre Lebensvorstellungen zu passen. In der Folge werden Menschen aufgrund ihrer sexuellen Orientierung diskriminiert, verfolgt und getötet.

Boan ist 2010 aus Nigeria vor der radikalen islamischen Terrorgruppe Boko Haram geflohen und hat in Deutschland einen Asylantrag gestellt. Er und seine Familie seien Christen und seien immer wieder Ziel von Angriffen der Terrorgruppe Boko Haram gewesen. Bei einem Überfall auf sein Dorf sei seine Familie getötet worden. Er habe überlebt, konnte fliehen und in der christlichen Region mithilfe der Kirche leben. Bei dem Gespräch berichtet Boan von Anhedonie, Trauer, Grübeln sowie Konzentrationsschwierigkeiten. Später, nachdem er etwas Vertrauen gefasst hat, berichtet Boan von seiner Homosexualität; er zeigt deutliches Schamverhalten, beugt den Kopf nach unten und wartet. Boan wird auf die Schweigepflicht hingewiesen und dass er ohne Angst und Verurteilung über alles spre-

chen könne. Er habe einige sexuelle Begegnungen mit Männern in der Vergangenheit gehabt, ihn plagten aber immer wieder Schuldgefühle …

Die religiösen und kulturellen Vorstellungen von Gemeinschaften haben über Jahrtausende bis heute aus verschiedenen Gründen für die Menschen einen Rahmen festgelegt, wie sie zu leben, aber auch zu denken und zu fühlen haben. Dazu gehören auch das sexuelle Leben und die sexuelle Orientierung. So ist in patriarchalischen Gesellschaften eine homosexuelle Orientierung der Kinder nicht gewünscht. Es gibt klare Geschlechterrollen. Familie und Ehe bilden hier die Basis für strenge Maßnahmen seitens der Familie gegenüber Kindern, die nicht ihren Erwartungshaltungen entsprechen. Der äußere Druck, dass der Familie »Ehrverlust« vorgeworfen wird, weil ihre Kinder nicht nach den vorgegebenen Vorstellungen der Gemeinschaft leben, erhöht den inneren Druck auf die Kinder, die u. a. Gewalt erfahren, früh heterogen verheiratet oder gezwungen werden, die Flucht aus der Familie zu ergreifen.

Nicht selten werden sogar religiöse Gelehrte wie Imame bei Muslimen zurate gezogen, auch in der Hoffnung, die Kinder zu überzeugen.

Die Imame verweisen auf den Koran, sehen Homosexualität eindeutig als Sünde an und führen die Geschichte von dem Volk Lot an, ähnlich wie im Alten Testament.

Die Geschichte von Lot und seinem Volk, die der biblischen Sodom-Erzählung entspricht, wird im Koran in mehreren leicht unterschiedlichen Varianten erzählt (u. a. in Sure 7: Verse 80–84; 11:77–83; 15:58–77; 26:160–175; 27:54–58; 29:28–35; 54:33–39). Es wird erzählt, dass Lot, der Gottesgesandte, erlebt hat, wie die Leute von Sodom mit Männern intim waren und ihre Frauen vernachlässigten. Das ist nur eine kurze Version von Sodom und

Gomorra; was aber hier wichtig ist, dass einige Islamgelehrte sich immer auf diese Geschichte beziehen und Sodom als die erste »Perversion« der Menschheitsgeschichte sehen. Der Geschlechtsverkehr zwischen Männern sei so sündhaft gewesen, dass es den Zorn Gottes auf sich gezogen habe. Es gibt noch eine Stelle im Koran (Sure 4:15–16), die lautet: »Wenn eine von euren Frauen eine Schandbarkeit begeht, so nehmt vier von euch zu Zeugen gegen sie, und so sie es bezeugen, so schließt sie ein in die Häuser, bis der Tod ihnen naht oder Gott ihnen einen Ausweg verschafft. Und diejenigen, die es von euch begehen, straft beide. So sie aber bereuen und sich bessern, so lasst ab von ihnen, denn Gott ist vergebend und barmherzig.« Diese Koranstelle wurde von den klassischen Auslegern fast immer auf Unzucht oder Ehebruch bezogen; lediglich eine Minderheit wollte darin eine Strafvorschrift sehen, die im ersten Teil Sex zwischen Frauen und im zweiten Teil Sex zwischen Männern betrifft. Allerdings wird gerade diese Meinung zunehmend von Korangelehrten vertreten.

Aus moderner Sicht muss dagegengehalten werden, dass im Korantext nicht explizit von Sex und schon gar nicht von Homosexualität gesprochen wird. Es werden Andeutungen von »Gelüsten« gemacht, die dann im Kontext von Patriarchalismus dazu geführt haben, dass im Islam heute eindeutig Homosexualität nicht vorgesehen ist und, wie bereits oben ausgeführt, Menschen hierfür bestraft oder gar getötet werden.

Weibliche Genitalverstümmelung

Im afrikanisch-islamischen Raum kommt eine besonders abstoßende und brutale Praxis geschlechtsspezifischer Gewalt hinzu, die eine der »Hauptfronten« von fortschrittlichen Frauen in diesen Ländern in ihrem Kampf um Gleichberechtigung bildet: die Genitalverstümmelung. Hierbei werden die Geschlechtsteile der Frau

»beschnitten«, das bedeutet, ihre Geschlechtsteile werden teilweise bis auf den blanken Knochen abgeschabt oder abgeschnitten, um jedes Verlangen nach Sexualität zu ersticken.

Hataw – Schmerzen für eine Tradition, deren Grund niemand weiß

»Mein Name ist Hataw, ich lebe im Irak in der Autonomen Region Kurdistan. Früher habe ich mit meinen Eltern an der irakisch-iranischen Grenze gewohnt. Ich bin jetzt 34 Jahre alt. Ich möchte über meine ›Beschneidung‹ erzählen, ein schlimmes Erlebnis, das ich nie vergessen werde.

Ich war neun oder zehn Jahre alt, als meine Mutter mir sagte, dass auch Mädchen wegen der Kultur und Religion beschnitten werden. Ich konnte mir damals nichts darunter vorstellen, aber meine Mutter schaute sehr ernst und besorgt, wenn sie darüber sprach. Sie wiederholte häufig, dass es für die Familienehre und spätere Familiengründung notwendig sei. Sonst würde mich später niemand zur Frau nehmen wollen. Dabei war es in Kurdistan gesetzlich verboten, und die meisten Kurdinnen und Kurden kennen keine weibliche Beschneidung. Doch in unserer kleinen Gemeinde gab es diese Form der weiblichen Beschneidung seit mehreren Jahrhunderten. Ich habe später viel darüber gelesen, aber die meisten älteren Leute, die von Tradition, Religion und Familienehre sprechen, wissen eigentlich selbst nicht, woher diese Praktik der Genitalverstümmelung stammt.

Jedenfalls war es dann so weit. Ich wurde von meiner Mutter zu einer älteren Frau gebracht. Sie hob mein Kleid hoch, und meine Mutter hielt mich fest. Dann spürte ich den Schmerz, und mein ganzer Körper bebte. Ich versuchte, diesem Schmerz zu entgehen. Ich heulte und schrie und schaute meiner Mutter in die Augen. Sie schaute mich an, hielt mich nur noch fester und presste mich gegen die Liege, auf der ich hilflos lag. Ich schrie noch einmal und sah, wie die Tränen meiner Mutter mein Gesicht berührten. Ich schaute wieder in ihr Gesicht und weinte und versuchte, meinen Körper so wegzudrehen, dass die Frau mir nicht mehr diese Schmerzen zufügen könnte. Aber es half nichts. Sie war erfahren und ließ sich überhaupt nicht beirren. Meine Mutter weinte und versuchte, mich zu beruhigen, dass es bald vorbei sei. Ich werde diese Situation nie vergessen. Meine Mutter, die mir immer half, wenn es mir nicht gut ging. Meine Mutter, die sich Sorgen machte, wenn ich nur einmal hustete. Sie liebte mich, das wusste ich, und jetzt, jetzt half sie dabei, dass mir unermessliche Schmerzen zugefügt wurden. Ich hatte so große Schmerzen, dass ich mich nicht mehr aufsetzen konnte. Zwei Wochen lang konnte ich mich kaum bewegen und musste liegen bleiben. Ich möchte mich nicht mehr daran erinnern und dieses Ereignis loslassen, aber ich schaffe es nicht; ich kann es nicht vergessen. Es ist eine schlimme Erinnerung, die immer da ist.

Seit diesem Tag ist meine Beziehung zu meiner Mutter nicht mehr die gleiche. Ich denke sehr häufig noch an dieses Ereignis, habe immer wieder Albträume und bin ängstlich. Und wenn ich diese Geschichten von anderen höre, dann muss ich weinen. Diese Hilflosigkeit und die Schmerzen werde ich nie vergessen.«

Verbreitung und Begründungen

Die Weltgesundheitsorganisation (WHO) versteht unter weiblicher Genitalverstümmelung einen Eingriff, der die teilweise oder vollständige Entfernung der äußeren weiblichen Geschlechtsorgane oder deren Verletzung zur Folge hat, ob aus kulturellen, religiösen oder anderen Gründen. Weibliche Genitalverstümmelung (englisch: Female Genital Mutilation, FGM) wird nach wie vor in über 30 afrikanischen Ländern sowie in Teilen des Nahen Ostens (Jemen, Oman, Vereinigte Arabische Emirate, Bahrain und Nordirak) und Asiens (Indien, Malaysia, Indonesien) praktiziert. In

Europa, den USA, Kanada und Australien wird FGM vor allem unter Einwanderern aus diesen Regionen vorgenommen. Weltweit sind mehr als 200 Millionen junge Mädchen von Genitalverstümmelung betroffen.[21]

In der Literatur wird auch von weiblicher »Beschneidung« gesprochen, analog zur »Beschneidung« von Jungen, was ich jedoch nicht teile. Die weibliche Genitalverstümmelung ist ein Eingriff ohne jegliche medizinische Indikation; sie führt zu einer massiven Verletzung, ja Verstümmelung eines Körperteils, eines Organs eines Kindes. Dies ist eine extreme Verletzung der physischen und psychischen Unversehrtheit eines Menschen, in diesem Fall eines Kindes.

Das Alter, in dem die Genitalverstümmelungen durchgeführt werden, variiert zwischen den Ländern und auch innerhalb von Regionen. Die meisten Eingriffe werden gegen Ende der Kindheit vorgenommen (hauptsächlich zwischen dem fünften und elften Lebensjahr). Studien berichten als Folgen dieser Genitalverstümmelungen von Phobien, Depressionen, Sexualstörungen und weiteren Traumafolgestörungen neben den körperlichen Folgen wie Schmerzen, Blutungen, Infektionen, Problemen beim Urinieren und während der Periode, Unfruchtbarkeit, Komplikationen bei Schwangerschaft und Geburt bis hin zum Tod.

Die häufigste Erklärung für diese grausame Praxis ist die der Tradition oder Religion, sowohl bei den Muslim*innen, aber auch den Christ*innen oder Juden bzw. Jüdinnen. Man tut es, weil man es immer schon getan hat. Die Beschneidung symbolisiert das Bekenntnis zu Traditionen und Werten des Stammes, der Gemeinschaft, und sie wird mit der gesellschaftlichen Anerkennung der Rolle als Frau belohnt. Vielerorts können sich die Frauen heute noch nicht vorstellen, dass es anders sein könnte. Sie kennen nur Frauen mit Genitalverstümmelung.

Einige Befürworter*innen der weiblichen Genitalverstümmelung argumentieren auch noch damit, dass diese Handlung im Zusammenhang mit Tradition und Religion das zügellose sexuelle Verlangen von Frauen verringere, ihre Fruchtbarkeit erhöhe und Krankheiten vorbeuge; die Klitoris sei gesundheitsschädlich. Auch »hygienische« Gründe werden für die Genitalverstümmelungen angeführt. In vielen Teilen Afrikas werden die weiblichen Genitalien als hässlich, schmutzig und übel riechend betrachtet. Ein »unbeschnittenes« Mädchen darf viele Dinge im Haushalt nicht verrichten, z. B. kein Essen für Männer zubereiten. Durch die Verstümmelung gilt sie als »rein« und als »richtige Frau«. Daneben gibt es zahlreiche weitere Mythen, z. B. dass die Klitoris bis zum Boden wachse, wenn sie nicht »beschnitten« würde.

Die weibliche Genitalverstümmelung dient letztlich der Kontrolle der weiblichen Sexualität – und damit der Sicherung der patriarchalischen Macht über die Frauen. In vielen Gesellschaften wird von der Frau erwartet, dass sie die »Ehre« der Familie bewahrt und jungfräulich in die Ehe geht. Um dies und ihre Treue »zu gewährleisten«, wird die Genitalverstümmelung vollzogen; damit werden so vielen Mädchen und Frauen unsägliche Qualen bereitet.

Weibliche Genitalverstümmelung gilt in Deutschland als eine schwere Gewalttat und Menschenrechtsverletzung. Trotzdem herrscht auch hier in verschiedenen Kreisen die Meinung, es handle sich dabei um eine »Tradition«, bei der die westliche Lebensweise nicht als Kriterium angesehen werden dürfe. Genitalverstümmelung ist jedoch ohne Wenn und Aber eine Menschenrechtsverletzung. Und wenn eine Kultur so etwas noch tut, dann ist es an der Zeit, diese überholte schädliche Kulturpraktik auf den Prüfstein zu stellen.

Zwangsverheiratung

Eine erzwungene Ehe kann – im Gegensatz zu einer arrangierten Hochzeit – beschrieben werden als Heirat ohne die gültige Zustimmung beider Partner: Sie kann Nötigung, psychische Misshandlung, emotionale Erpressung und starken familiären oder sozialen Druck einschließen. In den extremsten Fällen kann sie auch körperliche Gewalt, Misshandlung, Entführung, Freiheitsberaubung und Ermordung der betroffenen Person bedeuten. Die Eltern der Betroffenen sind in der Regel einverstanden. Sie übernehmen in gewisser Weise die Rolle der Täter*innen und zwingen die eigene Tochter oder den Sohn zur Heirat mit einer vorbestimmten, teilweise bis zur Hochzeit nicht bekannten Person.

Gründe für Zwangsverheiratungen

Die Praxis der Zwangsverheiratung ist nicht an eine bestimmte Religion gebunden. Sie wird als gängige, »legitime« Vorgehensweise in traditionell, kollektivistisch und patriarchalisch geprägten Gesellschaften praktiziert, gestützt durch religiöse Bräuche. In diesen Gesellschaften bzw. Gemeinschaften dient die Eheschließung den wirtschaftlichen und politischen Interessen des Kollektivs, etwa der (Groß-)Familie oder dem Stamm. Sie soll zum Schutz (z. B. Heirat in einen mächtigen Stamm) und zum Überleben (z. B. Kinderzeugung) des Kollektivs beitragen und die soziale Stellung stärken. In der Regel ist eine Heirat nur innerhalb der eigenen religiösen bzw. ethnischen Gemeinschaft bzw. Kaste erlaubt, um deren Fortbestand und »Reinheit« zu sichern. Die Ehe wird hierbei funktional und weniger emotional bewertet, die einzelne Person hat ihre Interessen und Bedürfnisse dem Wohl der Gemeinschaft bzw. des Kollektivs unterzuordnen. Dies wird gegebenenfalls durch den Einsatz von Macht und Gewalt erwirkt.

Gleichzeitig sind die Praktiken der Zwangsverheiratung oft Ausdruck und Mittel, Mädchen und Frauen in patriarchalischen Gesellschaften zu unterdrücken, und Teil der gesellschaftlichen Kontrollmechanismen über die weibliche Sexualität. Eine teilweise sehr frühe Verheiratung der Töchter soll einem außerehelichen Verlust der Jungfräulichkeit und damit einem Verlust der »Familienehre« vorbeugen; sie kann außerdem auch finanzielle Gründe haben, da das Mädchen dann nicht mehr von der Familie versorgt werden muss.

Unter Zwangsverheiratung sind aus meiner Sicht auch Kinderehen zu sehen. UNICEF berichtet, dass jährlich schätzungsweise zwölf Millionen Mädchen vor ihrem 18. Geburtstag verheiratet werden.[22] Laut Medienberichten lebten Mitte 2016 knapp 1500 verheiratete Minderjährige in Deutschland. Unter ihnen waren vor allem Minderjährige aus Syrien, Afghanistan, dem Irak und mehreren EU-Mitgliedsstaaten. Im Dezember 2019 waren nur noch 162 verheiratete Minderjährige registriert. Diese merkliche Verminderung der Anzahl ist vor allem auf eine Gesetzesänderung in Deutschland zurückzuführen: Im Juli 2017 passte Deutschland das Mindestheiratsalter an internationale Standards an. Während in Deutschland Eheschließungen mit Zustimmung eines Familiengerichts bereits ab 16 Jahren erlaubt waren, ist dies nun erst ab 18 Jahren möglich.

Wenn eine Ehe im Ausland geschlossen wurde, ist sie nach deutschem Recht immer unwirksam, wenn einer der Ehepartner zum Zeitpunkt der Eheschließung unter 16 Jahre alt war. Bei Eheschließungen im Ausland im Alter zwischen 16 und 18 Jahren wird die Entscheidung, ob die Ehe aufgehoben wird, erst nach einer Anhörung beim Familiengericht getroffen.

Von der Zwangsehe waren laut einer Studie von TERRE DES FEMMES aus dem Jahr 2022 über 1800 junge Mädchen betroffen.[23] Auch junge Männer sind von Zwangsverheiratung bedroht, ihre Zahl ist aber deutlich niedriger.

Häufigkeiten und Formen

Wie häufig Zwangsverheiratungen vorkommen, ist je nach Region und ethnisch-religiöser bzw. sozio-demografischer Zugehörigkeit unterschiedlich. So berichtete das Türkische Statistik Institut (TÜIK) 2016, dass nur eine von drei Frauen in der Türkei 2016 ihren Ehemann selbst ausgewählt hatte. 45 % der Frauen und Mädchen zwischen 15 und 24 Jahren heirateten demnach einen Partner, den die Familie für sie ausgesucht hatte.

Die Praktiken sind dabei unterschiedlich. Oft verhandeln die Eltern untereinander und informieren dann die Kinder, wenn die Entscheidung getroffen ist. Nicht selten sehen sich die beiden, die zwangsverheiratet werden, am Hochzeitstag zum ersten Mal. Die Kinder haben zu gehorchen, ansonsten werden sie genötigt, psychisch misshandelt, emotional erpresst und unter Druck gesetzt, zum Teil auch körperlich misshandelt, entführt, eingesperrt oder sogar getötet. In manchen Gebieten werden sogenannte Berdel praktiziert. Das bedeutet den Austausch von Mädchen. Ein Mädchen aus einer Familie wird mit dem Sohn einer anderen (oder derselben erweiterten) Familie verheiratet und umgekehrt. Dadurch kann beispielsweise die Zahlung des »Brautpreises« für die Töchter vermieden werden. Frauen sollen auch als Ausgleich für eine »Blutrache« in Ehen gezwungen worden sein, als Ersatz für die Tötung eines Sohnes der Familie. In anderen Fällen entführten Männer ein Mädchen als Rache für eine Kränkung oder ein Vergehen ihrer Familie.

Trotz Verbot findet Zwangsverheiratung auch in Deutschland statt bzw. wird von Deutschland aus mitinitiiert. Dabei lassen sich insbesondere vier Formen bzw. Vorgehensweisen unterscheiden:

- die Zwangsverheiratung von Deutschen mit Migrationsgeschichte mit dem Ziel, die Bindung an die Herkunftskultur zu stärken,
- die Zwangsverheiratung mit einem ausländischen Ehemann, um diesem eine Aufenthaltsgenehmigung in Deutschland zu ermöglichen,
- die »Importehe«, bei der ein oft sehr junges, »traditionell« erzogenes Mädchen aus dem Ausland mit einem in Deutschland lebenden Mann verheiratet wird, und
- die Zwangsverheiratung in den »Ferien«, bei der in Deutschland lebende Frauen und Mädchen im Herkunftsland der Eltern zur Heirat eines dort lebenden Mannes und oft zum Verbleib in diesem Land gezwungen werden (Verschleppung).

Innerhalb von Deutschland werden Zwangsverheiratungen ganz normal auf dem Standesamt geschlossen. Ist die Braut minderjährig, wird der Gang zum Standesamt weggelassen und die »traditionelle Heirat« praktiziert. Familien erkennen dann nach der Hochzeitsnacht (die durch ein blutiges Laken belegt wird) die Hochzeit an.

Zur Häufigkeit von Zwangsverheiratungen in Deutschland lassen sich nur schwer belastbare Zahlen nennen, da von einer hohen Dunkelziffer auszugehen ist. Laut Statistischem Bundesamt (2023) wurden in den Jahren von 2013 bis 2022 insgesamt 678 Zwangsverheiratungen polizeilich erfasst und endbearbeitet. Eine Befragung von 1380 Berliner Einrichtungen, u. a. aus dem Antigewalt- und Gewaltschutzbereich sowie von Jugendämtern, Polizei, Migrations- und Frauenprojekten, Schulen und Geflüchtetenunterkünften, erfasste allein für das Jahr 2022 in Berlin insgesamt 496 Fälle von befürchteter (151), geplanter (195) oder erfolgter (136) Zwangsverheiratung (Berliner Arbeitskreis gegen Zwangsverheiratung 2023).

In über 90 % der Fälle waren Mädchen und junge Frauen betroffen, die jüngsten davon waren zwischen zehn und zwölf Jahre alt. Die Jungen bzw. Männer, mit denen sie verheiratet werden, sind oft um einiges älter als sie. 88 % der vollzogenen Zwangsverheiratungen hatten im Ausland stattgefunden (Berliner Arbeitskreis gegen Zwangsverheiratung 2023).

Zwangsverheiratung nach Vergewaltigung

Besonders frauenverachtend ist die Praxis der Zwangsverheiratung nach einer Vergewaltigung. In der Türkei, aber auch in anderen überwiegend arabischen Ländern machten sich Männer die Möglichkeit der Zwangsehe zunutze, um der Bestrafung für sexuelle Übergriffe, Vergewaltigung und Entführung zu entgehen oder mit einer geringeren Strafe davonzukommen: Die Opfer wurden gezwungen, nicht zuletzt durch den sozialen Druck, den die eigene Familie ausübte, den Vergewaltiger zu heiraten. So berichtete beispielsweise die Tageszeitung *Radikal* im Dezember 2003, dass ein verurteilter Vergewaltiger in Samsun im Norden der Türkei aus der Haft entlassen wurde, weil er sich einverstanden erklärte, sein eigenes Vergewaltigungsopfer, ein 14-jähriges Mädchen, zu heiraten. Das Mädchen erzählte dem Gericht, dass es nach der Vergewaltigung weder in das Dorf gehen noch mit jemandem sprechen konnte, weil es sich so schämte.

Weitere Formen von Gewalt

Zwangsverheiratung geht häufig einher mit weiteren Formen schwerer innerfamiliärer und partnerschaftlicher Gewalt gegenüber den betroffenen Mädchen und Frauen, wie körperliche Misshandlung oder Erniedrigung.

Wehren sich Mädchen und Frauen gegen eine Zwangsverheiratung, wird dies als Verletzung der »Familienehre« interpretiert, und sie werden durch die Eltern und durch Familienangehörige bedroht und unter erheblichen psychischen und physischen Druck gesetzt (Kizilhan 2015). Im Extremfall kann dies bis hin zur Ermordung führen, um durch den Tod die »Familienehre« wiederherzustellen. Droht eine Zwangsverheiratung, versuchen manche, sich diese schönzureden, weil sie wissen, dass sie keine Wahl haben. Wenn sich die Betroffenen fügen, ist die Ehe nach einer Zwangsverheiratung häufig durch häusliche, psychische, physische und insbesondere sexuelle Gewalt gegenüber der Frau bzw. dem Mädchen geprägt. Die Frau lebt meist zunächst bei der Familie des Ehemannes, wo sie nichts zu sagen hat, gedemütigt wird, den Mann bedienen und ihm sexuell zur Verfügung stehen muss, wann immer er will.

In einer Studie konnte ich 2015 zeigen, dass bei einer frühen Verheiratung Mädchen keine Möglichkeit haben, sich selbst kennenzulernen und zu entwickeln, körperlich, emotional und auch in ihrer Persönlichkeit. Die mit der Zwangsverheiratung verbundenen erheblichen Belastungen, wie Ängste, Gewalterfahrungen und Ausgrenzungen innerhalb der Ehe und des sozialen Umfelds, haben oft schwerwiegende medizinische und psychosoziale Folgen. Die betroffenen Mädchen und Frauen erleiden häufiger bestimmte psychische Erkrankungen (Depressionen, Persönlichkeitsstörungen, Essstörungen und psychosomatische Beschwerden). Gleichzeitig sind im Falle einer Erkrankung auch die Symptome stärker. Deutlich häufiger haben zwangsverheiratete Frauen auch Suizidgedanken. Viele erleben in der Ehe ein »inneres Sterben«.

Nur wenige zwangsverheiratete Frauen entscheiden sich für eine Trennung oder Scheidung. Die meisten verbleiben in der Ehe, aus religiösen oder kulturellen Gründen, jedoch auch aufgrund der sozialen und finanziellen Abhängigkeit, weil sie dann mit noch härterer Gewalt durch den Ehemann und dessen Familie, aber auch durch die eigene Familie rechnen müssen. Ein Beispiel dafür ist das Schicksal einer Frau aus der Türkei, die während ihrer gesamten siebenjährigen Ehe geschlagen worden war. Da sie diese Repressalien nicht mehr aushielt, kehrte sie zur Familie ihres Vaters zurück, die in einer anderen Stadt lebte. Ihr Ehemann hatte ihr mehrere Rippen gebrochen, und sie befand sich in ärztlicher Behandlung. Als sie erfuhr, dass ihr Vater plante, sie nach ihrer Genesung zu ihrem Mann zurückzubringen, ertränkte sie sich und ihre drei Kinder im Euphrat. Solche Beispiele gibt es in verschiedenen Ländern, und nur die Spitze des Eisbergs ist uns überhaupt bekannt.

Erzwungene Ehen verletzen das Recht einer Frau auf die Wahl des Ehepartners, ein Recht, das in der Allgemeinen Erklärung der Menschenrechte niedergelegt ist und im Internationalen Pakt über bürgerliche und politische Rechte sowie in der Frauenkonvention garantiert wird. Die Türkei und andere Staaten verurteilen die beschriebenen Taten und stellen sie unter Strafe. Allerdings werden solche Vorfälle nur selten den Behörden gemeldet. Außerdem sind viele Staatsvertreter ebenfalls von einer solchen Denkweise geprägt und verfolgen die Täter nicht ernsthaft.

Auch Jungen bzw. junge Männer sind von Zwangsverheiratung betroffen, wenn auch seltener. Es kommt vor, dass auch sie bei einer Weigerung bedroht, beschimpft, geschlagen und in extremen Fällen ermordet werden. Auch diese berichten über zahlreiche Belastungen und Konflikte in der Ehe, allerdings nicht von Gewalterfahrungen, die bei den Frauen sehr häufig vorkommen. Studien zu den möglichen Belastungen zwangsverheirateter Männer fehlen bislang.

Dilara – gegen den Willen der Familie: Durchbrennen

»Mein Name ist Dilara, ich bin 19 Jahre alt. Ich habe seit zwei Jahren einen Freund. Wir treffen uns heimlich, da meine Eltern grundsätzlich mit einer Beziehung zu einem Mann nicht einverstanden sind. Ich liebe meine Eltern, sie wollen für mich einen ›guten‹ Mann, der mich versorgen kann und auch der gleichen Kultur entstammt.

Natürlich hat meine Mutter irgendwann mitbekommen, dass ich mich anders verhalte, nicht immer pünktlich nach Hause komme, manchmal abwesend wirke und auf mein Aussehen achte, was vorher nicht so wichtig war. Sie hat mich gefragt, ob ich mich mit jemandem treffe. Ich war schon ein Jahr mit meinem Freund zusammen und bejahte vorsichtig die Frage. Meine Mutter blieb zu meiner Überraschung ruhig. Sie fragte viele Dinge, aber die wichtigste Frage war, ob ich schon mit ihm Sex hatte. Als ich es verneinte, merkte ich, wie ihr ein Stein vom Herzen fiel und sie tief ausatmete, als sei sie gerade aus dem Wasser aufgetaucht. Sie fragte nicht, ob der Junge in Ordnung und nett zu mir ist, sondern ob er zur Schule gehe oder arbeite, und vor allem wollte sie wissen, wer seine Eltern sind. Es waren Landsleute, und meine Mutter kannte die Familie sogar. Sie wurde plötzlich sehr ernst und sagte: ›Das geht nicht. Die Familie hat keinen guten Ruf. Dein Vater wird niemals die Beziehung gutheißen.‹

Ich hatte mich in meinen Freund verliebt, und mir war es egal, ob seine Familie in den Augen meines Vaters einen guten oder schlechten Ruf hatte. Ich war einfach verliebt und hatte nichts an meinem Freund und an seiner Familie auszusetzen. Außerdem wollte ich ja nicht seine Familie heiraten, sondern ihn.

Für mich war die Beziehung sehr ernst, ich wollte aber auch meine Eltern nicht enttäuschen. Daher entschieden mein Freund und ich, dass seine Familie offiziell meine Eltern zu Hause besuchen und um meine Hand anhalten solle. Die Eltern meines Freundes waren »mit mir einverstanden« und vereinbarten einen Termin mit meinen Eltern. Vorab informierte meine Mutter meinen Vater über unsere Beziehung. Er drehte ein paar Tage lang durch, war wütend und wollte auf keinen Fall, dass ich meinen Freund heirate. Dennoch empfing er die Familie meines Freundes. Er begrüßte sie sehr höflich, war ruhig, und sie sprachen über die Heimat, über Politik und die Arbeit. Die Gäste bekamen ihren traditionellen Tee, und ich hatte schon Obst und Kekse auf dem Tisch vorbereitet. Ich war natürlich sehr aufgeregt, da ich nicht wusste, wie mein Vater auf die entscheidende Frage reagieren würde. Er liebte mich, und ich hegte die Hoffnung, dass er doch der Heirat seinen Segen geben würde. Als der Vater meines Freundes um meine Hand für seinen Sohn anhielt, blieb mein Vater weiterhin ruhig. Er holte lange aus, wie wichtig ich ihm sei und dass ich erst die Ausbildung beenden und vielleicht studieren würde. In ein paar Jahren könnten sie gern wiederkommen. Ich war tief enttäuscht, und mir liefen die Tränen übers Gesicht, ungewollt, wie ein plötzliches Gewitter. Mein Vater wusste ganz genau, dass ich nicht studieren wollte. Er hatte einfach Argumente gesucht, um die Heirat abzulehnen. Sie sprachen lange, aber mein Vater wich keinen Zentimeter von seiner Haltung ab. Mein Freund war ebenfalls sehr traurig und schaute betrübt drein. Ich hatte bereits das Wohnzimmer verlassen, da ich nicht vor allen weinen wollte. Die Eltern meines Freundes gingen, und damit war das Thema für meinen Vater abgeschlossen. Nicht aber für mich.

Ich traf mich am folgenden Tag mit meinem Freund, und wir suchten in den nächsten zwei Monaten nach Lösungen. Schließlich entschlossen wir uns, trotzdem zu heiraten. Ich hatte gehört, dass, wenn ein junges Paar durchbrennt, weil die Eltern nicht mit der Beziehung bzw. einer Heirat einverstanden sind, diese es dann doch irgendwann akzeptieren werden. Unsere Leute gehen davon aus, dass man, wenn man durchbrennt, sofort Sex mit dem Freund hat und damit nicht mehr Jungfrau ist und die Eltern dann eine solche Beziehung anerkennen, um ihre Ehre nicht zu verlieren.

Also packte ich an einem späten Sommertag eine kleine Tasche und gab vor, bei einer Freundin zu übernachten. Mein Freund wartete bereits mit seinem Auto zwei Straßen weiter, und wir fuhren auf und davon.

Wir übernachteten in einem Hotel. Am nächsten Tag besuchten wir den Onkel meines Freundes, bei dem wir vier Wochen blieben. Am nächsten Tag rief ich meine Mutter an und sagte ihr, was ich gemacht hatte. Sie weinte und hatte Angst, wie sich mein Vater verhalten würde. Mein Vater und meine beiden Brüder versuchten in den nächsten Tagen, mich zu finden. Sie hofften, dass sie die Heirat noch irgendwie verhindern konnten. Sicherlich hatten sie auch meinen Freund geschlagen. Ich hatte immer wieder Kontakt zu meiner Mutter, und ihre erste Frage lautete stets, ob ich mit ihm geschlafen hatte. Ich bejahte es. Sie wurde ruhig, schimpfte nicht mehr und sagte: ›Dann ist es zu spät. Bleibt, wo ihr seid. Wir müssen nun eine andere Lösung finden.‹

Die Brüder drohten, die Familie meines Freundes anzugreifen und meinen Freund zu töten, wenn sie ihn finden. Mit ihren Freunden zogen sie durch die Stadt, um uns aufzuspüren. Nach zwei Wochen beruhigte sich die Situation ein wenig. Die Familie meines Freundes rief bei meinem Vater an und entschuldigte sich für das Verhalten ihres Sohnes. Gleichzeitig besuchten mehrmals Bekannte aus beiden Familien meinen Vater, um ihn und meine Brüder zu beruhigen. Schließlich durfte die Familie meines Freundes meinen Vater besuchen, und er stimmte einer Heirat zu, aber ohne Hochzeitsfeier. Und er wolle weder mich noch meinen Freund sehen. Ich war auf der einen Seite sehr froh, dass mein Vater nichts mehr gegen die Heirat hatte, aber auf der anderen Seite schmerzte es mich sehr, dass er mich nicht mehr sehen wollte. Ich wusste, dass er mich liebte, aber es war für mich nicht einfach.

Erst nach drei Monaten durfte ich wieder nach Hause. Als mein Vater mich sah, begann er zu weinen, umarmte mich und wollte mich nicht mehr loslassen. Nach weiteren zwei Monaten durfte dann mein Freund mit zu uns nach Hause, und wir konnten heiraten. Heute haben wir bereits ein Kind. Jetzt habe ich den Eindruck, dass mein Vater seinen Enkelsohn mehr liebt als mich.«

Nicht alle Fälle, in denen zwei junge Menschen gegen den Willen der Familie eine Beziehung eingehen, gehen so friedlich aus, wie ein anderes Fallbeispiel zum Ende des Kapitels zeigt.

In traditionellen Gesellschaften mit kollektiven Strukturen kommt es immer wieder vor, dass junge Frauen und Männer ohne Einwilligung ihrer Eltern eine Ehe eingehen wollen. In solchen Situationen flieht das Pärchen freiwillig und vollzieht den Geschlechtsakt als Manifestierung der Ehe. Je nach Vorstellung der Eltern kann es sein, dass diese das Paar ausstoßen oder verfolgen. Vor allem die Familie der jungen Frau kann sich in ihrer Ehre verletzt fühlen und die Wiederherstellung der Ehre einfordern. Dies kann auf vielfältige Art und Weise geschehen. Im Extremfall – und eher selten – kann die Tötung des jungen Mannes gefordert werden. Im Türkischen beispielsweise wird für das Durchbrennen der Begriff »Kacirmak«, Entführung, benutzt. Und für die Entführung ist immer der Mann verantwortlich. Friedliche Lösungsmöglichkeiten sind u.a. hohe Geldabgaben an die Eltern des jungen Mädchens, andere materielle Vergütungen oder auch die Heirat einer weiblichen Person aus der Familie des jungen Mannes mit einem Mann der Familie der jungen Frau, um eine Art »Ausgleich« zu schaffen. Unter Umständen kann eine Weigerung den Tod bedeuten. Frauen müssen sich in der Regel der Gewalt unterwerfen.

Die Dramatik einer solchen Situation veranschaulicht der folgende Fall:

Das Mädchen war am 21. März 2004 gegen 23.00 Uhr freiwillig mit dem Nachbarjungen durchgebrannt. Die Brüder des Nachbarjungen sollen dabei geholfen haben, was die Familie des Mädchens erbost hatte, denn ihre Angehörigen sahen dadurch die Familienehre verletzt. In der nachfolgenden Großfamiliensitzung wurde schließlich die Tötung des Nachbarjungen beschlossen. Die Aufgabe, den Nachbarn zu töten, fiel als ältestem Bruder F. A. zu. Dieser lebte zu der Zeit als Student in Istanbul und wollte damit nichts zu tun haben, konnte sich aber dem Einfluss der Großfamilie nicht entziehen. F. A. studierte und arbeitete nebenher in einem Restaurant, um sein Studium finanzieren zu können. Er hatte einen Traum, er wollte Rechtsanwalt werden. Doch nachdem er von der Entführung der Schwester erfuhr, wusste er, dass sein Traum wie ein Luftballon geplatzt war.

F. A. sollte zum Heimatort zurückkehren, um die Tat zu begehen. Er geriet in einen schweren Konflikt. Aus Sicht der Familie konnte er die Ehrverletzung verstehen, er selbst hatte aber eigene und andere Vorstellungen vom Leben entwickelt. Er wollte studieren und etwas aus seinem Leben machen. Ihm war klar, dass er, wenn er sich an der Blutrachetat beteiligte, im Gefängnis landen und sein Leben damit »zu Ende« sein würde. Um diesem Schicksal zu entgehen, ging F. A. in Istanbul zur Staatsanwaltschaft und bat darum, dass die Polizei seine Schwester und den Nachbarsjungen finde, bevor seine Familie die beiden aufspüre, da sie sich in Lebensgefahr befänden. Wenn nicht er diese Tat begehe, dann würden »andere in der Familie die beiden umbringen«.

Die Behörden waren nicht in der Lage, etwas zu tun, da keine Anzeige einer Entführung vorlag und sich herausstellte, dass die Schwester über 18 Jahre alt und freiwillig mitgegangen war. »Wenn meine Schwester nicht zurückkommt, werde ich mit den Söhnen meines Onkels versuchen, sie und den Nachbarn zu finden. Dann werden sie getötet. Ich bitte daher die Verantwortlichen (gemeint sind Polizei und Staatsanwaltschaft), etwas zu tun, damit es nicht dazu kommt. Sonst werde ich dazu gezwungen. Wenn ich mich dagegen wehre, werde ich ausgestoßen und kann nicht mehr in das Gesicht der Ältesten schauen. Der Staat soll sie finden und uns meine Schwester übergeben, dann passiert vielleicht kein Unglück. Damit ich nicht gezwungen bin, meine Schwester zu töten, bete ich, dass sie sich selbst tötet.«

Tabuthema sexualisierte Gewalt

Mädchen und Frauen in patriarchalischen Gesellschaften lernen, dass sie Jungen bzw. Männern gegenüber nicht Nein sagen dürfen, sie »haben keine Stimme«. Sie werden sexuell nicht aufgeklärt, sodass sie manchmal gar nicht einordnen können, was ihnen angetan wird. Gleichzeitig lernen Jungen und insbesondere Männer, dass sie ein Recht auf Sexualität haben, wann immer sie wollen. In der Familie bzw. Gemeinschaft wird sexualisierte Gewalt oft tabuisiert, es »gibt so etwas nicht«. Betroffene haben meist niemanden, dem bzw. der sie sich anvertrauen könnten.

Eine Vergewaltigung (außerhalb der Ehe) wird in traditionellen patriarchalischen Gesellschaften als Ehrverlust des Mädchens bzw. der Frau betrachtet anstelle des Täters. Die Betroffene würde folglich Gefahr laufen, von der Familie ausgeschlossen zu werden, wenn sie davon erzählen oder die Vergewaltigung über andere Wege bekannt werden würde. Wird das Hymen bei der Vergewaltigung beschädigt, läuft das Mädchen oder die Frau Gefahr, in ihrer

Hochzeitsnacht als ehrlos zu gelten und von ihrer Familie ausgestoßen oder sogar ermordet zu werden. In manchen Herkunftsgesellschaften wird, wie bereits beschrieben, die Ehre der Familie dadurch wiederhergestellt, dass das Mädchen bzw. die Frau mit ihrem Vergewaltiger verheiratet wird.

Auf diese Weise legitimieren die gesellschaftlichen Normen zu Ehre und Sexualität die patriarchalischen Macht- und Gewaltverhältnisse und schützen die (männlichen) Täter anstelle der (weiblichen) Opfer.

Sexualisierte Gewalt an Frauen und Mädchen

Sexualisierte Gewalt umfasst alle sexuellen Handlungen, die durch Ausübung von Kontrolle und Macht einer anderen Person aufgedrängt oder aufgezwungen werden. In ihr drücken sich auch die ungleichen Machtverhältnisse bezüglich der Geschlechter aus, so sind in der überwiegenden Zahl der Fälle (weltweit) Frauen und Mädchen die Opfer und Männer die Täter.

Sexualisierte Gewalt an Frauen und Mädchen lässt sich als eine von vielen Formen geschlechtsspezifischer Gewalt einordnen. Geschlechtsspezifische Gewalt kann verstanden werden als »[…] jede Verletzung der körperlichen oder seelischen Integrität einer Person, die mit der Geschlechtlichkeit des Opfers und des Täters zusammenhängt und unter Ausnutzung eines Machtverhältnisses durch die strukturell stärkere Person zugefügt wird« (Hagemann-White 2016, S. 18f.). Sie ist weltweit gesehen eines der größten Gesundheitsrisiken von Frauen.

Grundsätzlich zeigt sich Gewalt, so auch geschlechtsspezifische Gewalt, auf unterschiedlichen Ebenen. Es wird unterschieden zwischen struktureller, institutioneller und direkter, gegen Personen und Sachen gerichteter Gewalt.

WICHTIG

Ausgehend von gesellschaftlichen Normen und Werten (»kulturelle Gewalt«) wird Gewalt mit dem Ziel von Macht und Kontrolle auch durch die Sprache, Symbolik und bestimmte Kommunikationsformen ausgeübt. Diese prägen sowohl die einzelne Person wie auch die Gesellschaft und lassen Gewalt zu einem gewissen Grad »selbstverständlich«, »normal« bzw. »legitim« erscheinen.

Geschlechtsspezifische Gewalt gegen Frauen und Mädchen hat entsprechend viele Gesichter und umfasst laut der »Pekinger Erklärung« der Weltfrauenkonferenz von 1995 »körperliche, sexuelle und psychische Gewalt in der Familie (Misshandlung von Frauen, sexueller Missbrauch von Kindern, Gewalt im Zusammenhang mit der Mitgift, Zwangsverheiratung, Vergewaltigung in der Ehe, Gewalt außerhalb der Ehe und Gewalt im Zusammenhang mit Ausbeutung), [...] in der Gemeinschaft, so auch Vergewaltigung, Missbrauch, sexuelle Belästigung und Einschüchterung am Arbeitsplatz, in Bildungseinrichtungen und anderswo, Frauenhandel und Zwangsprostitution« sowie »vom Staat ausgeübte oder geduldete körperliche, sexuelle und psychische Gewalt, wo immer sie auftritt«.[24]

Die Gewalt zwischen Erwachsenen innerhalb einer Intim- oder Familienbeziehung wird als häusliche Gewalt bezeichnet. 20 bis 59 % der weiblichen Weltbevölkerung sind betroffen, Misshandlungen durch den Ehemann oder Lebenspartner gehören zum Lebensalltag von vielen Frauen. Häusliche Gewalt zeichnet sich vor allem dadurch aus, dass sie im privaten Bereich stattfindet. Der Schutz der Privatsphäre schützt hier oft auch die Tat. Sie umfasst neben sexualisierter Gewalt oft gleichzeitig auch

- körperliche Gewalt, wie An-den-Haaren-Ziehen, Ohrfeigen, Faustschläge, Kneifen, Stoßen, Würgen, Fesseln und Angriffe mit Gegenständen aller Art (auch Waffen)

- psychische Gewalt, wie das Klein- und Lächerlichmachen (auch in der Öffentlichkeit), ständiges Verbessern, Korrigieren, Bemäkeln von Alltäglichkeiten, Demütigungen, Drohungen, den Kindern etwas anzutun oder mit den Kindern wegzugehen, bis hin zu Morddrohungen
- soziale Gewalt, wie eine ständige Kontrolle der Kontakte, das Verbot, Kontakte zu pflegen, Einsperren bis hin zu einer völligen Isolation der Betroffenen von Familie und Freundeskreis
- finanzielle Gewalt, die Erzeugung von finanzieller Abhängigkeit durch Arbeitsverbote oder Arbeitszwang im eigenen Unternehmen, sodass der Täter oder die Täterin die alleinige Kontrolle über die Finanzen erhält

Geschlechtsspezifische und sexualisierte Gewalt sind keine Besonderheit von bestimmten Kulturen, Gesellschaften oder Personengruppen. Auch in Deutschland gibt es schichtunabhängig geschlechtsspezifische und sexualisierte Gewalt. Gleichzeitig wird sie in Gesellschaften mit patriarchalischen Strukturen und Machtverhältnissen, wie oben beschrieben, gefördert bzw. legitimiert und kommt daher um ein Vielfaches häufiger vor.

Sexuelle Gewalt, insbesondere an Kindern, ist in den meisten Gesellschaften nach wie vor ein Tabuthema. Es beschäftigt uns dennoch seit jeher und in allen Kulturen, wobei die Prävalenzraten, die Ursachenerklärungen und die Vorstellungen darüber, wie damit umzugehen ist, unterschiedlich sind. Während sich in der westlichen Welt in den letzten 30 Jahren sowohl die Forschung als auch die Öffentlichkeit zunehmend diesem Thema widmet, kann dies in den Nicht-Industrieländern und der islamischen Welt nicht beobachtet werden (vgl. Ateş 2016, S. 159). Die Reaktionen der Bevölkerung, der gesellschaftlichen Institutionen (z. B. der Polizei) und der Gesundheitsberufe in arabischen Ländern, wie z. B. im

Iran oder in Teilen der Türkei, in Indien oder auch in den ehemaligen Sowjetrepubliken, zeugen – von Ausnahmen abgesehen – von geringem Interesse am Leid der Opfer bis hin zu einer feindseligen Ablehnung Betroffener. In Indien beispielsweise wurde dies u.a. im Jahr 2012 deutlich durch den öffentlich gewordenen Fall einer jungen Frau, die von mehreren Männern in einem Bus vergewaltigt und getötet wurde.

In Deutschland erschweren es möglicherweise kulturelle Vorstellungen von Familie und Religion sowie individuelle Biografien und Migrationserfahrungen Menschen mit Migrationshintergrund, sich dem Thema sexuelle Gewalt (gegen Kinder und Jugendliche) sowohl in der Öffentlichkeit als auch in Institutionen zu stellen.

WICHTIG

Sexualisierte Gewalt ist ein Ausdruck von Machtmissbrauch und trifft gesellschaftlich schwächere bzw. weniger geschützte Gruppen wie Kinder und Frauen besonders. Insbesondere in traditionellen patriarchalisch geprägten Gesellschaften ist sexualisierte Gewalt verbreitet, jedoch gibt es sexualisierte Gewalt auch in Deutschland, auch bei Menschen ohne Migrationsgeschichte. Präventions- und Interventionskonzepte müssen die kulturellen, sozialen und religiösen Werte berücksichtigen, um Legitimationen für sexualisierte Gewalt wirksam entkräften zu können.

Folgen für die Betroffenen

Jeder Eingriff in die persönliche Integrität eines Menschen, jede Anwendung von Gewalt, insbesondere von sexualisierter Gewalt, führt zu einer schweren physischen und psychischen Wunde, die Narben hinterlässt. Das Risiko einer Traumatisierung durch zwischenmenschliche, insbesondere sexualisierte Gewalt ist besonders hoch. Die Opfer von sexualisierter Gewalt, die Menschen, die in ihrer Ehre tief verletzt wurden, haben eine Enthumanisierung, eine Entmenschlichung durchgemacht; sie macht einen Menschen zu einem »Nichtmenschen«. Nach solchen Erlebnissen fühlen sich die Geschädigten vollkommen fremd in der Welt. Sie fühlen sich abgetrennt und andersartig. Man(n) hat sie verändert. Ein Opfer kann nur dann wieder ein Teil dieser Welt, dieser Gemeinschaft werden, wenn man diese Menschen aus dem Griff der Täter befreit. Das Entscheidende dieser Traumatisierung ist, dass sie von Menschen absichtlich zugefügt wird, um zu zerstören.

Betroffene leiden häufig unter lang andauernden Gefühlen von Schuld, Scham und Wertlosigkeit, von seelischer und körperlicher Beschmutzung und Ehrverletzung. Sie fühlen sich abgestumpft, depressiv und isoliert. Viele haben Suizidgedanken, manche bringen sich tatsächlich um. Körperliche Folgen können neben Verletzungen und Infektionen auch somatische Beschwerden sein sowie der Verlust der Körperwahrnehmung und der Sexualität. Auf sozialer Ebene können sozioökonomische Nachteile sowie soziale Isolation Folgen sein.

Die Folgen sind nicht allein von der Form der Gewalt, ihrer Dauer oder Häufigkeit abhängig, sondern auch von der individuellen Verfassung der Betroffenen und dem sozialen Umfeld. Sie entwickeln sich nicht zwingend zeitgleich und in direktem Zusammenhang mit dem Gewalterleben. Manche treten erst in einer späteren Lebensphase zutage, ausgelöst durch einen alltäglichen Reiz, der die abgespaltenen Erinnerungen an das Erlebte wieder reaktiviert.

Manche der Betroffenen versuchen, ihr Leiden in sich zu verschließen und nie darüber zu sprechen. Für viele ist jedoch eine traumaberaterische bzw. traumatherapeutische Aufarbeitung des Erlebten wichtig, um wieder eine Lebensperspektive entwickeln und den Alltag meistern zu können. Ebenso bedeutend sind nahestehende Menschen, denen die Betroffenen sich bei Bedarf anvertrauen. Geschlechtsspezifische Gewalt ist dabei, wie oben beschrieben, nie nur auf individueller Ebene zu betrachten, sondern immer eingebettet in die gesellschaftlichen Strukturen, die diese Gewalt verringern oder fördern können.

Die Begleitung bzw. Behandlung von Menschen mit psychischem Leiden aufgrund von erlebter sexualisierter Gewalt ist besonders herausfordernd. Eine Anamnese bezüglich der erfahrenen traumatischen Erlebnisse ist von größter Bedeutung. Manchmal kann eine zu direkte Thematisierung, aber auch eine zu vorsichtige Herangehensweise als eine Bedrohung oder als »Nicht-ernst-genommen-Werden« verstanden werden. Eine indirekte Herangehensweise, indem man generell über das Thema spricht, kann ein erster Schritt sein.

Ein möglicher Dialog aus einem Therapiegespräch könnte wie folgt ablaufen:

Therapeut: Ich habe viele Frauen aus ihrem Land behandelt, die sexualisierte Gewalt erlebt haben. Für sie war es schwierig, über ihre Vergewaltigung oder Missbrauch zu sprechen, weil sie sich schämten oder Angst hatten, nicht mehr von mir respektiert zu werden … Haben Sie auch von solchen Fällen in Ihrer Heimat gehört?

Patientin: (Patientin blickt nach unten, redet nicht, nickt aber vorsichtig.)

Therapeut: Wird über ein solches Thema in Ihrer Gemeinschaft gesprochen?

Patientin: Nein. Das ist eine ganz schlimme Sache. Jede schämt sich, und man wird als die Schuldige gesehen, obwohl …, es ist schwierig (Patientin weint).

Therapeut: Lassen Sie sich Zeit. Sie können ruhig weinen. Sie können in diesem Raum über alles sprechen, und alles wird in diesem Raum bleiben. Ich unterliege der Schweigepflicht, und ohne Ihre Erlaubnis werde ich mit niemandem über etwas in der Therapie sprechen. Lassen Sie sich Zeit. Kennen Sie eigentlich persönlich Frauen, die solche schlimmen Erfahrungen gemacht haben, oder haben Sie von anderen, z. B. durch Zeitungen und Fernsehen, etwas darüber gehört?

Patientin: In meinem Dorf hat sich eine Frau deswegen aufgehängt. In den Zeitungen wird jetzt öfters über solche Fälle berichtet, aber das ist gar nichts. So etwas ereignet sich jeden Tag …

Hierdurch wäre der erste Ansatz geleistet, indem zunächst indirekt über das Thema gesprochen wurde. In einer weiteren Phase würde man mit der Patientin ihr persönliches Schicksal besprechen. Danach wären detailliert die Schamgefühle zu besprechen mit dem Ziel, diese zu reduzieren.

Sexualisierte Gewalt in Krieg und Terror

In Kriegs- und Bürgerkriegsgebieten, z. B. im ehemaligen Jugoslawien, in afrikanischen und asiatischen Ländern oder im Gazastreifen, wurde und wird nach wie vor schwere sexualisierte Gewalt gegen Kinder und Jugendliche, gegen Frauen und auch gegen Männer zum Teil systematisch als Kriegswaffe eingesetzt (vgl. Save the Children Deutschland 2019, S. 18f.).

Sexuelle Gewalt kann also auch politisch motiviert sein, wenn bestimmte Bevölkerungsgruppen durch Massenvergewaltigungen beherrscht oder entwurzelt werden sollen. Im Zusammenhang mit »ethnischen Säuberungen« kann sexuelle Gewalt als Kriegswaffe dienen, die zur Erniedrigung oder Auflösung von Gemeinschaften führen kann (Denov 2015, S. 63). In besonderem Maße trifft dies Frauen, die durch die herrschende soziale Gruppe als Minderheiten bezeichnet werden und dadurch zwangsverheiratet oder in Vergewaltigungslagern (rape camps) gefangen gehalten werden können (vgl. ebd., S. 63).

Daraus hervorgehende Schwangerschaften bedrohen die Frauen mit totalem sozialem Ausschluss aus ihrer Herkunftsgemeinschaft, weshalb sie nicht selten versuchen, selbst abzutreiben oder Selbstmord zu begehen (vgl. ebd., S. 64). Kommen durch Kriegsvergewaltigungen gezeugte Kinder zur Welt, ist wahrscheinlich, dass sie bald nach der Geburt durch Vernachlässigung oder bewusste Tötung sterben. Kinder, die überleben, haben in den Gemeinschaften ihrer Mütter kaum Rechtssicherheit bezüglich ihres Bürgerstatus und ihrer Identität, da ihre Herkunft nicht anerkannt wird (vgl. ebd., S. 64f.). Ebenso wie Kriegswaisen laufen sie Gefahr, aktiv in kriegerische Auseinandersetzungen involviert zu werden, nicht zuletzt als Kindersoldat*innen (vgl. Kizilhan 2018).

Diese Formen struktureller Gewalt greifen tief in das Gefüge der Sozialisation ein und führen dazu, dass in solchen Gemeinschaften aufgewachsene Individuen ihre Prägung auch dann mit sich tragen, wenn sie fliehen. Daher können auch in Aufnahmelagern tendenziell ähnliche Abhängigkeits- und Ausgrenzungsverhältnisse auftreten, wenn Angehörige verschiedener Gemeinschaften aufeinandertreffen (vgl. Krause 2015). Selbst wenn politische Konflikte beigelegt sind, kann in den Herkunftsländern eine Bereitschaft zu geschlechtsspezifischer Gewalt fortbestehen. Nahezu unzählbare Formen von Gewalt gegen Frauen bestimmen in den Krisenregionen der Welt das Leben der Menschen. So resümiert eine syrische Kritikerin des IS-Regimes, die seit einigen Jahren im Exil lebt: »Jede der kämpfenden Seiten hat ihre eigene grausame Art, die Frauen zu quälen. Sie unterscheidet sich allerdings entsprechend der Situation der Frauen innerhalb ihrer sozialen, wirtschaftlichen und religiösen Schicht« (Javad 2015, S. 26).

WICHTIG ....

Wo es Kriege gibt, wird Gewalt gegen Frauen seit Menschengedenken als Kriegswaffe genutzt. Dabei geht es den männlichen Soldaten nicht in erster Linie um den Sexualakt und um die Frau selbst. Die Frau dient hier als Objekt oder, patriarchalisch argumentiert, als Besitz des Mannes/der Männer der Gegenseite, die bekämpft werden. Durch die sexuelle Gewalt gegen die Frau wird aus dieser Logik versucht, die gegnerische Männergesellschaft zu demütigen, zu demoralisieren, ihnen psychischen Schmerz zuzufügen, um einen möglichen Kriegsvorteil zu erlangen. Es geht hier also nicht um die Frau selbst, die direkt physisch und psychisch verletzt wird, der Schmerzen und Leid zugefügt werden und die zeit ihres Lebens mit diesem Trauma leben muss.

5. POLITISCHE UND RELIGIÖSE INSTRUMENTALISIERUNG DES BEGRIFFS EHRE

Hasan – wenn normale Männer töten

»Das Töten von Ungläubigen im Dschihad ist eine religiöse Pflicht. Als ich im Internet sah, wie eine Muslimin von Ungläubigen vergewaltigt wurde, da war mir klar, dass die Ehre aller Muslime beschmutzt war. Ich musste die Ungläubigen töten. Ich wollte nicht nur einen, sondern so viele wie möglich töten.« Er habe später zwei Männer getötet und weitere verletzt, so berichtete mir der inhaftierte Hasan im April 2018 im Gefängnis.[25] Hasan war im zwischenmenschlichen Kontakt betont freundlich und höflich zugewandt. Leise und ohne eine emotionale Erregung beschrieb er, wie er die Männer erschoss.

Über sich selbst erzählt Hasan Folgendes:

»Ich bin in Deutschland geboren und habe eine jüngere Schwester. Mein Vater ist Bauarbeiter, meine Mutter Hausfrau. Sie sind Muslime, gehen aber nicht in die Moschee. Mein Vater trinkt jeden Tag Alkohol. Noch vor meiner Einschulung haben sich meine Eltern zeitweise getrennt, und ich lebte mit meiner Mutter und meiner Schwester zusammen. Ich bin ganz normal zur Schule gegangen, habe aber keine wirklichen Freunde gehabt. In der Schule habe ich mich nie richtig angestrengt, das war mehr eine lästige Pflicht für mich. Nach der Realschule habe ich das Gymnasium besucht, aber nicht abgeschlossen.

Meine Eltern waren sehr warmherzig, auch wenn mir der Alkoholkonsum meines Vaters missfiel. Ich habe ihn aber aus Respekt niemals damit konfrontiert. Mein Vater sprach viel von Ehre und dass ein Mensch ohne Ehre kein Mensch sei. Man müsse sich gegenseitig helfen und darauf achten, dass die Gemeinschaft einen respektiere. Mit der Zeit fand ich dennoch meine Eltern und meine

Schwester zu liberal, meiner Meinung nach lebten sie nicht wirklich nach den Regeln des Islams.

Eine Freundin oder sexuelle Erfahrungen hatte ich bisher keine. Ich war ein verschlossener Mensch, war viel im Internet unterwegs und habe oft stundenlang PlayStation gespielt. Ich hatte auch in der Schule wenige Kontakte, eigentlich nur zwei Freunde, mit denen ich ab und zu etwas unternahm. Hauptsächlich haben wir uns getroffen und Internetspiele gespielt.

Ich glaube, ich war 15 oder 16 Jahre alt, als ich begann, mich mehr für den Islam zu interessieren. Ich habe mir dann einen Koran auf Deutsch gekauft und bin regelmäßig in die Moschee gegangen. Ab dieser Zeit habe ich mich bemüht, nach islamischen Verhaltensregeln und -verboten zu leben. Mein Wissen über den Islam hatte ich mir hauptsächlich aus dem Internet geholt. Dort kam ich dann zunehmend auch auf Internetseiten, die über den ›bewaffneten Heiligen Krieg‹, den Dschihad und die dschihadistischen Kämpfe in Afghanistan und im Irak berichteten. Das faszinierte und fesselte mich sehr. Ich habe dann auch aktiv an verschiedenen Foren teilgenommen und dazu alle möglichen Texte und Videos heruntergeladen. Es gefiel mir, wie die Männer für ihren Glauben kämpften und starben. Sie waren so überzeugt, dass sie sogar bereit waren, dafür zu sterben. Das gefiel mir, ich wollte auch so eine starke Überzeugung haben.

In den Texten wurden u. a. grundlegende Fragen des bewaffneten Kampfes im Namen des Islams diskutiert, und wie die Ehre der Muslime, die von den Amerikanern und anderen Ungläubigen verletzt worden war, wiederhergestellt werden könne. Der bewaffnete Kampf wurde zur Pflicht erklärt, außerdem wurde das Töten der Ungläubigen und der Umgang mit Kriegsgefangenen und dem Märtyrertod besprochen. Die Predigten stammten zu einem großen Teil von Anwar Al-Awlaqi, der als ideologischer Mentor der Al-Qaida auf der Arabischen Halbinsel galt. Er pries die Vorzüge des Dschihad, ermutigte zum Kampf und zur Kampfbereitschaft und sprach über den Märtyrertod. Später fand ich dann andere islamische Organisationen, die noch radikaler redeten und handelten. Das gefiel mir. In dieser Zeit schaute ich mich gezielt nach islamischen Vereinen in meiner Nähe um. Eine Zeit lang habe ich sogar für eine Hilfsorganisation gearbeitet, die Muslime in Deutschland und in anderen Ländern unterstützt. Ich habe dabei kaum Geld verdient, aber das war mir nie wichtig.«

Im Gefängnis hielt sich Hasan an die allgemeinen Regeln und war ganz mit dem Islam beschäftigt. Er besorgte sich illegal weiterhin islamistische Texte und Videos und hatte eine Gruppe von Muslimen im Gefängnis kennengelernt, die sich regelmäßig über den Islam und den »Heiligen Krieg« austauschten. Den islamischen Prediger, der regelmäßig ins Gefängnis kam, verachtete er als einen, der mit der westlichen Welt kooperierte. Muslimische Mitinhaftierte, die nichts von seinem Gedankengut hielten, lehnte er ebenfalls ab und verletzte auch einige, die er als Ungläubige betrachtete. Diese seien ebenfalls zu bestrafen. Verschiedene Disziplinarmaßnahmen wie z. B. Einzelhaft halfen nicht, sondern sie verstärkten eher seine Meinung, dass er auf dem richtigen Weg des Glaubens sei.

Wie lässt sich der Fall von Hasan analysieren?

Zusammenfassend sehen wir bei diesem Fall, dass die Eltern von Hasan muslimischen Glaubens sind, diesen aber nie streng praktiziert hatten. Seine Kindheit war nicht außergewöhnlich belastet. Die erste Phase, in der er seinen Glauben praktizierte, war im Alter von 15 oder 16 Jahren. Er begann, den Koran auf Deutsch zu lesen. Das Beten habe ihm dabei geholfen, ruhiger zu werden, so Hasan. Es sei wie eine Meditation gewesen. Er berichtete, dadurch endlich wieder einen Tagesablauf gehabt zu haben, während er vorher einfach in den Tag hineingelebt und nichts Sinnvolles gemacht habe. In ihm sei ein Gefühl entstanden, dass er nun die Aufgabe und Pflicht habe, nach diesen bestimmten Regeln zu leben. Die Suizidgedanken, die er vorher ständig gehabt habe, seien dann weg gewesen, da nach islamischem Glauben ein Selbstmord nicht infrage komme. Er habe gelesen, dass nur Gott das Leben geben und nehmen könne. Das habe ihn von diesen ständigen düsteren Gedanken und dem Druck, sich das Leben zu nehmen, befreit. Vorher hatte er sich schon Rasierklingen besorgt, die er in seiner Schublade aufbewahrte. Jeden Tag habe er diese in die Hand genommen und überlegt, sich die Pulsadern aufzuschneiden. *»Ich wollte aber gleichzeitig meinen Eltern keine Sorgen machen. Sie sollten nicht traurig werden.«*

Mit der Fixiertheit von Hasan auf radikal-religiöse Vorstellungen scheint gleichzeitig ein Bedürfnis nach Anerkennung verbunden zu sein. Er regulierte sein Selbstwertgefühl offenbar weniger durch gegenseitige als durch einseitige Beziehungen zu anderen Menschen. Wenn, besonders im religiösen Umfeld, ein Kind nicht um seiner selbst willen und seiner gegenwärtigen und persönlichen Gefühle wegen geliebt wird, sondern aufgrund bestimmter Verhaltensweisen, dann übernimmt es dies als Grundannahme, die auch im Erwachsenenalter wirksam ist. Die Person passt sich dann auch als Erwachsener an eine idealisierte Vorstellung einer Gesellschaft an und glaubt, nur für das, was sie tut, geliebt zu werden – und nicht für das, was sie ist.

Aufgrund einer offenbar vorhandenen Selbstwertproblematik mit narzisstischen Tendenzen glaubt Hasan, mit bestimmten radikalen Gruppen verbunden zu sein, ohne mit ihnen unbedingt in direktem Kontakt zu stehen. Er fühlt sich verbunden in einem schicksalhaften Kampf gegen den Rest der Welt mit der Idee und Überzeugung, Notleidende, Unterdrückte und Schwache zu retten, die nicht imstande sind, sich selbst zu befreien. In diesem Fall handelt es sich um die geglaubt unterdrückte islamische Welt. Das Gefühl, zu einer »heiligen Mission« berufen zu sein, zu einer ausgewählten Gruppe zu gehören, die das weitere Schicksal der Welt entscheidend beeinflussen kann, ist ein Hinweis auf ein gestörtes Selbstwertgefühl, auf eine narzisstische Kränkung. Durch das »Retter- und Helfersyndrom« werden die tatsächlichen oder die vermeintlichen eigenen Mängel und Fehler verleugnet, ja sogar ins Gegenteil verkehrt. Die eigene Person (und Gruppe) wird idealisiert, aus dem Versager von einst, dem Marginalisierten und Perspektivlosen, wird der Befreier der islamischen Ehre.

Es ist festzuhalten, dass Hasan, während er die Menschen tötete, an keiner psychischen Erkrankung im engeren Sinne litt, wie etwa an einer Schizophrenie oder affektiven Psychose. Ebenfalls ergaben sich keine Hinweise auf eine hirnorganische Erkrankung, Behinderung oder auf das Vorliegen einer psychischen Beeinträchtigung durch Alkohol, Drogen oder Medikamente zum Tatzeitpunkt. Unter forensischen Gesichtspunkten hatte Hasan keine krankhafte seelische Störung im Sinne der §§20, 21 StGB, auch war die Persönlichkeit durch keine externen oder internen Einflüsse betroffen. Was auf der Grundlage der Untersuchung und seiner biografischen Daten erhoben werden konnte, war vor allem sein geringes Selbstwertgefühl, das einem offenen Kontakt mit anderen Menschen und einer sozialen Durchsetzungsfähigkeit hemmend im Wege stand.

Auch nach der Tat und nach langer Haftzeit war sein Selbstbild immer noch sehr instabil, was sich u. a. in seinen widersprüchlich erscheinenden Verhaltensweisen zeigte: Auf der einen Seite verhielt er sich wie ein typischer Jugendlicher bzw. junger Mann in einer westlichen Großstadt wie Berlin, Paris oder London, der ebendiese Sozialisation verinnerlicht hatte. Vor der Tat beschäftigte er sich viele Stunden am Tag mit PC-Spielen, traf sich gelegentlich mit Freunden und hörte stundenlang westliche Musik. Auf der anderen Seite sei er ein gläubiger und »strenger« Muslim geworden, der um die Einhaltung der Gebetspflichten bemüht war. Hasan war in seiner Persönlichkeitsentwicklung nicht derart abnorm oder von anderen Heranwachsenden bzw. jungen Erwachsenen abweichend. Er war eigentlich ein ganz »normaler« Jugendlicher bzw. heranwachsender Mann.

Hasan glaubte, dass er zu einem Märtyrer werde und ins Paradies gelange, wenn er im »Heiligen Krieg« sterbe – eine Ideologie, die das Diesseits als eine Art Prüfung und Leid sieht und bei der das Jenseits ein Leben in Frieden bringt. Dies bedeutet, dass die islamisierten Terroristen dafür leben, »Ungläubige« zu töten. Sie wollen nicht auf dieser Erde in Frieden und Freiheit leben, sondern sie warten auf das wahre Leben im Jenseits, in dem alle ihre Wünsche, auch unbegrenzte sexuelle Wünsche, erfüllt werden.

Der Begriff »Ehre« bei politischen und religiösen Organisationen

Waren es früher die Kreuzritter oder islamische Kämpfer für den Glauben, die zu Märtyrern wurden, sind es seit dem letzten Jahrhundert u. a. auch »Patrioten fürs Vaterland« oder »Revolutionäre für die Freiheit ihres unterdrückten Volkes«, die für die »Ehre des Landes, des Volkes und die Freiheit« töten und ihren eigenen Tod in Kauf nehmen. Dabei ist zu beobachten, dass diese den Begriff »Ehre« im weitesten Sinne als ein Herrschaftssystem und eine Methode zur Instrumentalisierung der Menschen nutzen, ganz gleich, ob es um einen Glaubenskampf oder einen »Befreiungskampf« geht. Bei dieser Instrumentalisierung wird die tief sitzende archaisch-patriarchalische Denkweise verbunden mit tradierten Vorstellungen von »Ehre« genutzt, um Menschen gefügig zu machen und sie zu instrumentalisieren. Die Individualität wird komplett verleugnet und für das höhere Interesse eines Kollektivs oder des unfassbaren, undiskutierbaren Glaubens und die »Ehre« geopfert.

Warum dies möglich ist, kann aus sozialpsychologischer Sicht u.a. mit Blick auf das Martyrium oder Märtyrer-System erklärt werden. Dieses Systems bedienen sich nicht nur Glaubensgemeinschaften, sondern auch »rationale« Ideologien wie der Kommunismus, Sozialismus oder auch demokratische Staaten, die sich in einem staatlichen oder halbstaatlichen Krieg befinden.

Das Märtyrertum in der islamisierten Ideologie

Das Märtyrertum wurde historisch und wird auch heute noch politisch und psychologisch-militärisch eingesetzt, um Kämpfer*innen dazu zu motivieren, bereit zu sein, für die eine oder andere Sache zu sterben. Vor allem junge Menschen verlassen Familie, Freunde, Hab und Gut, um sich den radikalen islamisierten Organisationen anzuschließen, um sich am »Heiligen« Krieg zu beteiligen. Sie und ihre Familien wissen, dass sie sterben werden. Vermischt wird diese radikale Idee mit religiösem Mystizismus und der Dynamik innerhalb dieser Gruppen, deren Mitglieder sich in hohem Maße unterstützen und sich gegenseitig motivieren. Sie werden »Brüder« für das Leben im Jenseits. Begriffe wie »Ehre«, »Würde« und »moralischer Sittenkodex« stehen an erster Stelle, und sie sind bereit, dafür ihr Leben zu geben. Die Handlungen und Kämpfe radikaler Organisationen wie IS oder Hamas werden zum Teil durch entsprechende Narrative von ihren Anhängern und vielen Muslimen mit ihrem Verständnis vom Islam legitimiert. Fanatischer Glaube oder Ideologie reichen als Konstrukte aus, um den »Feind« auszumachen und dabei ein automatisiertes Handlungs- und Verhaltensprogramm gegen das »Böse« zu aktivieren. Interessanterweise sind auch zahlreiche Intellektuelle und Akademiker bereit, sich für diese Wertemuster zu opfern, obwohl sie vermutlich die tradierten Ehrvorstellungen ihrer Landsleute, z. B. in Bezug auf Sexualität, eher ablehnen würden. Je nachdem, in welchem Zusammenhang der Begriff »Ehre« benutzt wird, kann er auch unterschiedlich greifen.

Die radikalen Islamisten haben es sich zur Aufgabe gemacht, den Menschen und vor allem ihren Mitgliedern die menschliche »Unwürdigkeit« vor Augen zu führen. »Ich bin ein Nichts, ich bin der Geringste und Niedrigste gegenüber der Sache und des Glaubens.« Dies wird ihnen in der Ausbildung und in ihrer Community eingetrichtert. Durch die Geringschätzung der eigenen Person soll auch die Angst vor dem Tod überwunden werden. Die Suche nach dem Martyrium bietet aber den vielen Menschen, die dazu bereit sind, die Möglichkeit, sich ihrer »Schwäche« zu entledigen und sogar die Überzeugung anzunehmen, sich zu einem »vollkommenen Menschen, einem neuen Typ von Mensch« zu entwickeln. Dadurch kann der sündige oder fehlerhafte Mensch sogar mit »Heiligen« auf einer Stufe stehen. Diese Organisationen versuchen, dadurch abhängige Persönlichkeiten zu schaffen. So liegt der Sinn des Lebens in der Verteidigung der religiösen Ideale, in der Opferbereitschaft und darin, dass sich der Mensch durch die bewusste Wahl des Kampfes und durch das Wissen, Märtyrer zu werden, von der Masse des Volkes abhebt. Darin liegt die geheime ideologische Botschaft, wonach die beispielgebende Opferbereitschaft der Märtyrer nicht von der Bevölkerung verstanden wird und werden kann. Schließlich liegt auf ihrer Schulter die Last des »unwissenden« und »schwachen« Volkes, das sie aufklären, bilden, motivieren und schließlich unter anderem durch diese Methoden retten wollen, auch durch Mord an der eigenen Bevölkerung.

Martyrium signalisiert auch, dass ein edler Sieg über den Feind nicht (nur) durch dessen physische Vernichtung erreicht werden kann, sondern durch Ertragen von Leid und Schmerz am eigenen Körper (Ausbildung, Geduld, Verschleierung etc.). Immer wieder werden die Begriffe »mazlum« und »mahsum« gebraucht. Der Begriff »mazlum« bringt die Unterdrückung eines schwachen und hilflosen durch einen starken und skrupellosen Menschen (»zalim«) zum Ausdruck. Der Begriff »mahsum« wird benutzt, um auszudrücken, wie ein Mensch oder eine Gruppe schuldlos ungerecht behandelt wird. Damit soll die Gewissenlosigkeit des Feindes gezeigt werden.

Unterwürfigkeit, Selbsterniedrigung, ja Selbstverleugnung sind Stufen, welche die Idee gänzlicher Wertlosigkeit des eigenen Lebens bestätigen. Die Wertlosigkeit des Einzelnen, oder besser gesagt die erreichte Stufe der Wertlosigkeit, wird zur Voraussetzung der Verbindung mit dem Glauben oder mit der eigenen Organisation, und diese Verbindung ermöglicht wiederum eine Steigerung des Persönlichkeits- und Machtgefühls. Durch die Unterordnung und Loyalitätsbekundung zu ihrer Organisation und deren Führer identifizieren sich die Attentäter miteinander, übernehmen die »Ideale« (Ideologie) der Organisation, deren Weltanschauung und Religion und setzen diese an die Stelle des Ich-Ideals. Indem sie sich mit den anderen Sympathisanten identifizieren, konstituieren sie das »Massenindividuum«, den typischen Anhänger, Sympathisanten, Kämpfer oder Attentäter.

Der Attentäter wird zum »Soldaten Gottes«, wodurch er seine »Wertlosigkeit« oder die erreichte Stufe der »Nichtigkeit« überwindet. Das heißt, es wird eine Abhängigkeitsbeziehung erzeugt, die an die Mutter-Kind-Dyade erinnert. In dieser Beziehung fließt einseitig sehr viel libidinöse Energie. Für den Attentäter ersetzt die Organisation den starken dominanten eigenen Vater, den er liebt. In dieser entfremdeten Beziehung wird der Einzelne immer anspruchsloser und bescheidener, während die Organisation oder die Sache immer wertvoller, immer stärker wird. Sie ergreift Besitz von der gesamten Selbstliebe des Einzelnen, sodass Selbstaufopferung zur natürlichen Konsequenz wird. Der Attentäter, der bereit ist, in den Tod zu gehen, ist überzeugt, dass er und seine Organisation, die »Wir-Gruppe«, alle Tugenden der Welt verkörpern, dass sie zu einer »heiligen Mission« berufen sind und das Schicksal der Welt in ihren Händen liegt. Negative Aspekte, Mängel oder Fehler werden verleugnet oder sogar ins Positive verklärt. Die Fremden, Anderen, die »Sie-Gruppe« hingegen werden als Ungläubige, Untermenschen oder Unwürdige wahrgenommen. Gleichzeitig empfindet der Attentäter Hass gegenüber dem objektiven oder subjektiven Feind. Die Auffassung, alle »Anderen« seien Feinde, bringt eine starke Bereitschaft zur Gewaltanwendung mit sich. Typisch ist, dass geglaubt wird, alle Probleme und Konflikte ließen sich durch Gewalt lösen.

Gleichzeitig begreift der Attentäter, der bereit ist zu sterben, seinen Tod als ein Mittel, um die Unsterblichkeit zu erreichen. Obwohl physisch tot, will er durch seine Tat ewig im Gedächtnis der Welt bleiben. Er hofft, damit in der Erinnerung der Nachwelt lebendig zu bleiben. Seine Tat soll ihn verewigen. Es scheint, als hätten sich diese Organisationen die Theorie der »Erbsünde« zu eigen gemacht, die auf der Geringschätzung des Menschen aufbaut. Denn wer fühlt, dass er keine Angst mehr vor dem Tod hat, der kann wie ein »kleiner Heiliger« selbstbewusst auftreten und seine Umgebung tyrannisieren. Die Weltanschauung solcher fanatischen Organisationen beinhaltet in ihrer Ideologie die Voraussetzung eines totalitären Systems, weil sie nur den Menschen als

»Wesen« akzeptiert, wenn aller Widerstand in ihm gebrochen ist und er die absolute Dominanz der Elite und deren Anschauungen akzeptiert.

Bei genauerer Analyse von ideologisch-terroristischen Organisationen lässt sich feststellen, dass in ihnen großer Wert darauf gelegt wird, dass jeder einzelne Kämpfer einen Bericht über sich und die Werte der Organisation, »die große Ehrwürdigkeit des Führers oder Glaubens« schreibt. Diese Berichte werden nach dem Tod der Attentäter wie ein großer Schatz behandelt und in den organisationseigenen Zeitungen und Zeitschriften, im Internet und sogar in einigen Satellitenfernsehsendern ausgestrahlt. Als Beispiel sei die Gruppe um Musab al-Zarqawi, den Vertreter der Al-Qaida im Irak, zu erwähnen, die die Ermordung von Menschen als »Schauspiel« für die Mobilisierung der arabischen Jugend für ihre terroristische Organisation nutzten. Dabei geht es darum, die Jugend und insgesamt die Bevölkerung für den Krieg und Kampf zu begeistern, zur Bestätigung und Rechtfertigung der Vorgehensweise ihrer Organisation. Hierbei wird immer wieder die Ehre ins Spiel gebracht: »Wir kämpfen für unsere Ehre, die durch den Feind mit Füßen getreten wird. Sie vergewaltigen unsere Frauen, Schwestern und Mütter, sie machen uns ehrlos. Dies dürfen wir uns nicht gefallen lassen. Um unsere Ehre wiederherzustellen, muss jeder Mensch, der nur etwas Ehre besitzt, sich an diesem heiligen Kampf unseres Führers beteiligen« (Interview eines Moslems, der sich gegen den Krieg im Irak an einer Demonstration beteiligte, 2004).

Weil sie sich liebten, mussten sie sterben

Wer sich innerhalb einer radikalen Organisation, aber auch einer Mafiaorganisation, nicht an die Regeln hält, verletzt die »Ehre« dieser Gemeinschaft oder »Familie« und wird zu einer Person »non grata« erklärt. In vielen radikalen Organisationen steht darauf die

Todesstrafe. Diese »Kultur der Gewalt« möchte ich hier durch ein Fallbeispiel verdeutlichen:

»Ich bin mit 16 Jahren nach Deutschland gekommen. Das Leben in Deutschland war mir zunächst sehr fremd, und ich konnte die Sprache nicht. Die Berufsschule habe ich abgebrochen. Anschließend habe ich mich in einem politischen Umfeld bewegt, dessen Namen ich nicht preisgeben möchte. Sie hatten einen Verein, und ich war jeden Tag dort. Irgendwann fand ich eine Frau und heiratete. Auch eine Arbeit in einer Fabrik hatte ich gefunden und war eigentlich mit meinem Leben zufrieden. Am Wochenende besuchte ich weiterhin diesen Verein, dort wurde hauptsächlich über die Heimat und den Freiheitskampf gegen das Regime gesprochen. Sie organisierten Demonstrationen, Feste und andere Aktivitäten, was mir sehr gefiel. Irgendwann hörte ich davon, dass ein junger Mann, Ali, im Krieg gegen das feindliche Regime gekämpft hatte und so schwer verletzt wurde, dass er nun in Deutschland in Behandlung war und im Rollstuhl sitzen musste. Ich habe mich dann, so gut wie möglich, um ihn gekümmert. Er hat sogar drei Monate bei uns gelebt, bis er eine eigene Wohnung bekam. Ich mochte ihn sehr. Er war ein ruhiger, sympathischer Mann und guter Freund. Im Verein hatte Ali dann ein junges Mädchen aus Syrien kennengelernt und sich verliebt. Das war jedoch gegen die Moralvorstellungen der Leute im Verein. Ali galt als Kriegsversehrter und politischer Aktivist, der geschworen hatte, nur für seine Organisation zu leben. Eine Liebesbeziehung kam aus Sicht der Organisation nicht infrage. Er hatte damit die Ehre der Märtyrer und seiner Organisation verletzt. Eigentlich hätten wir alle dankbar sein müssen, dass er sich verliebt hatte und die junge Frau sich fürsorglich um ihn kümmerte. Ich habe die beiden einmal aus der Ferne gesehen. Sie schob seinen Rollstuhl mit der einen Hand und mit der anderen Hand umschloss sie die Hand von Ali.

Im Verein wurde viel über das Paar gesprochen, natürlich nichts

Gutes. Ich kümmerte mich nicht darum, vermied aber den Kontakt zu Ali. Ich wollte keine Probleme mit der Organisation haben.

Nach ca. drei Monaten wurde ich, zusammen mit weiteren Personen, von der Organisation aufgefordert, Ali und seine Freundin abzuholen. Man wollte wohl mit ihnen reden, und die Beziehung sollte beendet werden. Der Vater der jungen Frau warf der Organisation immer wieder vor, dass sie seine Tochter missbrauchte, was gegen den Ehrenkodex der Organisation sei. Von Liebe wollten weder er noch die Organisation etwas wissen.

Dann passierte es! Wir sollten die beiden mit dem Auto zu einem abgelegenen Ort fahren. Ich wollte nicht, aber sie drohten mir. Ich musste das machen, was die Organisation sagte, ansonsten konnte mir und meiner Familie Schlimmes passieren. Den Hintergrund des Geschehenen und die Planung verstehe ich immer noch nicht. Ich weiß nicht, warum es dazu gekommen ist. Gut, wir haben sie abgeholt, aber warum wurden wir dazu gezwungen, so etwas zu machen? Sie haben doch Hunderte, Tausende von Anhängern … Warum ich?

Ich habe nichts gemacht, aber ich war dabei und habe zugesehen, wie die beiden jungen Menschen grausam ermordet wurden. Sie wehrten sich, hatten aber nie eine Chance.

In der Organisation redeten sie immer von der »Ehre« des Landes. Patrioten müssen sich für die Ehre aufopfern, und wer die Ehre der Organisation verletzt, muss die Rechnung bezahlen. Ich habe daran geglaubt, und jetzt sitze ich hier im Gefängnis. Die beiden mussten sterben, weil sie sich geliebt haben.«

Bei diesem Fall scheinen meines Erachtens die Angst davor, selbst von der Organisation bestraft zu werden, sowie die Angst vor einem Ausschluss von der Organisation zwei wichtige Faktoren für die Beteiligung an den Ermordungen gewesen zu sein. Ein Ausschluss aus einer Gemeinschaft und das Gemiedenwerden durch die Mitglieder der Gemeinschaft kann für manche Menschen zu einem Gefühl von Gesichtsverlust, zu einer tiefen Unzufriedenheit, Demütigung und Zerrissenheit führen. Gleichzeitig waren offenbar die Treue und der Glaube an die Organisation sowie die Akzeptanz ihrer Werte und Regeln sehr stark. Daher war der Interviewte letztlich auch bereit, an dieser Tat teilzunehmen. Inwiefern er im Nachhinein die Tat bereut, ist vielleicht für die Forensik von Relevanz; es ändert aber nichts daran, dass er an der Ermordung zweier junger Menschen beteiligt war, deren einzige »Schuld« ihre Liebe zueinander war.

Das Leben zweier Menschen wurde ausgelöscht, da ihre Liebe zueinander nicht zu den kulturellen Normen dieser Gemeinschaft passte. Es scheint also, dass Kultur und Gewalt keine Gegensätze sind, denn Kultur bringt die Gedanken in eine Form. Sie gibt dem Menschen die Fähigkeiten, die Welt innerhalb des kulturellen Rahmens zu verstehen und sich darin zu bewegen. Durch die Kultur bzw. die Kulturen gewinnt das Leben eine langfristige Stabilität, und der Mensch kann dadurch neue Erfahrungen sammeln, neue Ideen entwickeln und sich und seine Gemeinschaft immer wieder neu produzieren. Die Voraussetzung hierfür ist eine ausreichende Resilienz, Selbstvertrauen, Neugier und Offenheit gegenüber anderen Menschen, ganz gleich, was für einen Glauben oder ob sie überhaupt einen haben oder woher sie kommen.

Gründe für die politisch-terroristische Gewaltbereitschaft

Es ist offensichtlich, dass die Bereitschaft zur politisch-terroristischen Gewalt ein vielschichtiges Problem ist. Sie zieht immer wieder, auch in Deutschland, viele Menschen in ihren Bann, die jedoch weder nach soziodemografischen noch nach psychologischen Gesichtspunkten leicht einzuordnen sind. Es gibt wenig konkrete Hinweise darauf, dass politisch-terroristische Gewalt strukturell bedingt ist, also dass äußere Faktoren wie soziale Klasse, wirtschaftliche Verhältnisse und ethnische Hintergründe allein eine schlüssige Erklärung bieten. Statt nach »Typen« von Individuen zu suchen, die in politisch-terroristische Gewalt involviert sind, könnte es sinnvoller sein zu versuchen, die Motive der einzelnen Menschen herauszufinden. Dabei ist klar, dass es schwierig ist, die Gründe und Motivation Einzelner zu verallgemeinern.

Eine der naheliegenden Möglichkeiten, um eine Antwort darauf zu finden, warum junge Menschen z. B. paramilitärischen Organisationen oder Guerillabewegungen beitreten, ist, die damit verbundenen Vorteile für diese zu untersuchen. Zunächst mag es bei einigen Organisationen materielle Vorzüge geben. Für diejenigen, die beispielsweise der Nazibewegung im besetzten Europa angehörten, konnte dies mehr Geld, mehr Nahrungsmittel, ein Auto, aber auch das Aufheben der Bedrohung durch eine Deportation nach Deutschland bedeuten. Auch heute kann in verschiedenen Regionen der Welt die Zugehörigkeit zu einer paramilitärischen Organisation bzw. Miliz materielle Vorteile bringen. Die Kämpfer von radikalen Organisationen im Irak, in Syrien, Afghanistan und anderen Ländern werden in allen Angelegenheiten bevorzugt, u. a. bei der Versorgung mit Nahrungsmitteln und anderen Gütern. So können die islamistisch-terroristischen Organisationen in Nordwestsyrien oder Rojava, wie es die Kurdinnen und Kurden nennen, einfach in ein Haus hineinstürmen und sich nehmen, was sie wollen. Sie verbrennen Felder, zerstören tausend Jahre alte Olivenbäume und nehmen Autos und andere Wertsachen in ihren Besitz. Es wird immer wieder beobachtet, dass wohl mit einer Mitgliedschaft in diesen radikalen Organisationen ein gewisser Prestigegewinn, vielleicht sogar »Glanz«, verbunden wird. Hier stehen dann ideelle Interessen und das Ansehen vor materiellen Dingen. Dies mag besonders für junge Leute wichtig sein. Nur durch diese Vorteile sehen die Kämpfer neben nationalen oder ideologischen Einstellungen, die während eines langen Kampfes verloren gehen können, letztlich einen positiven Sinn darin, Mitglied bzw. Kämpfer dieser Organisation oder Partei zu sein. Im Gegenzug sind aber die meisten Mitglieder dieser Organisation bereit, für ihre Ideale zu foltern, zu vergewaltigen, zu töten und, wenn es sein muss, selbst im Kampf zu sterben.

Bei der palästinensischen Hamas z. B. ist die intergesellschaftliche Solidarität der Sympathisanten und Mitglieder besonders von Bedeutung für die Zunahme der Mitglieder. Nur so sind sie in der Lage, ihren Kampf gegen Israel so lange durchzuführen. Natürlich spielen auch andere Faktoren, wie die finanzielle Unterstützung durch verschiedene Länder, eine Rolle. Aber ohne die Unterstützung durch einen Teil der Bevölkerung könnten die Kämpfer der Hamas kaum ihren Kampf gegen Israel führen. Junge Leute schließen sich der Hamas an und bringen aus patriarchalischer Sicht auch ihre Familie als Unterstützer mit ein. Eltern von getöteten Kämpfern werden fast wie Heilige oder Oberhäupter behandelt. Sie genießen großen Respekt, und dies wird auch offen gezeigt. Wenn einer der Kämpfer stirbt, dann besuchen Hunderte von Hamas-Mitgliedern (noch vor dem Krieg, der am 7. Oktober 2023 begann), deren Sympathisanten, allgemein Gegner Israels, Verwandte und Bekannte die Eltern, um ihnen ihr Beileid auszusprechen und ihnen Respekt zu zollen. Große Zelte werden aufgeschlagen, und die Menschen besuchen die Familie über mehrere Tage. Dabei werden politische Reden gehalten, und es wird verkündet, dass der getötete Sohn nun ein Märtyrer sei und damit unsterblich und ins Paradies kommen wird. Die Familie und andere Menschen sind von solchen Zeremonien und Darstellungen so sehr beeindruckt, dass sie die Hamas noch mehr unterstützen, dass weitere Jugendliche sich ihr anschließen und die Bevölkerung, leise und im Hintergrund, weiter hinter der Hamas steht. Um die Ehre des Getöteten wiederherzustellen, sollen jüdische Soldaten und deren Unterstützer getötet werden.

Die Mitgliedschaft einer Person in einer solchen Organisation bedeutet die Einbindung der ganzen Familie. Wenn »das Blut des Sohnes« fließt, dann glaubt die Familie aus patriarchalisch-religiöser Sicht, dass er gerächt werden muss, und das geht nur durch noch größere Unterstützung der Organisation, der der Sohn (oder die Tochter) angehörte. Die Familien bekommen Anerkennung durch die Organisation und werden bei bestimmten Positionen oder auch Versorgungssituationen bevorzugt. Schließlich ist ihr Sohn oder ihre Tochter für eine »heilige Sache« gestorben, und die Eltern und Familienmitglieder sollen hierfür honoriert werden. Es ist aber auch eine Art »Marketing«, damit andere Familien ihre Unzufriedenheit unter Kontrolle halten, auch wenn sie nicht einverstanden sind mit ihrer Politik und ihre Kinder bei ihnen kämpfen.

Ein Teil des Prestiges rührt zweifellos aus dem Machtgefühl her, das mit der Mitgliedschaft in einer Organisation verbunden sein kann. Besonders für junge Leute, Kinder und Jugendliche, besteht die Möglichkeit, über Erwachsene, z. B. Lehrer und sogar Eltern, Macht auszuüben. Unter der Naziherrschaft wurden Kinder in der Tat aufgefordert, über abtrünnige Lehrer oder Eltern zu informieren. So auch in der Sowjetunion, Kambodscha oder anderen totalitären Systemen, wo Kinder ihre Eltern absichtlich oder unbewusst verraten konnten und wo eine Angst vor Kindern nicht unbekannt war. Die Kämpfer der radikalen Organisationen, die meistens nicht älter als achtzehn Jahre alt sind, haben beispielsweise ihre traditionellen Umgangsformen gegenüber älteren Menschen sprachlich geändert. Während es üblich ist, dass ältere

Menschen mit dem Titel »Onkel« angesprochen werden, werden sie heute von vielen jungen Kämpfern als »Freund« oder »Glaubensbruder« angesprochen. Auch der Umgang mit anderen Personen in der Gesellschaft hat sich geändert. In vieler Hinsicht erscheinen die Kämpfer der eigenen Bevölkerung gegenüber zwar sehr freundlich, aber auch sehr bestimmend. Sie bleiben so lange freundlich und sehen die Bevölkerung als die Umma, als eine Glaubensgemeinschaft, wie sie auch ihre Regeln und Befehlen folgen. Sie glauben, alles zu wissen, und wollen das Volk belehren, was zum Teil auch ihre »Mission« ist. Wenn sie nicht so angehört und behandelt werden, wie sie es wünschen, wird die Macht der Gewalt direkt oder indirekt demonstriert. Auf diese Weise kann in bestimmten Gesellschaften die Machtstruktur innerhalb von Familien auf den Kopf gestellt werden. Beispielsweise wurden in Simbabwe Kinder in die nationalen Kämpfe als Botschafter zwischen den Dorfbewohnern und den Freiheitskämpfern einbezogen. Diese privilegierte Position war jedoch offen für Missbrauch, da Kinder durch die Androhung des Denunzierens Macht über Erwachsene ausüben konnten.

Der Krieg kann für Kinder aufregend sein, und zu dieser allgemeinen Aufregung könnte der Reiz hinzukommen, zu einer Geheimorganisation oder einer bewaffneten radikalen Organisation zu gehören, möglicherweise mit Waffen umzugehen, geheimen Treffen beizuwohnen, eine Ausbildung zu genießen und an Aktionen teilzunehmen. Der englische Soziologe Burton (1979) wohnte in den frühen 1970er-Jahren in einem Teil von Westbelfast, wo die IRA aktiv war. Er beobachtete, dass Langeweile für die jungen Männer dieses Stadtteils ein großes Problem war. Die Mitgliedschaft bei der IRA war ein Weg, dieser Langeweile zu entkommen. Dazu stellt sich das positive Gefühl ein, zu einer Gruppe Gleichgesinnter zu gehören.

Manche würden sagen, dass dies ein zu rosiges Bild vom Leben einer jungen Person in einer paramilitärischen Organisation oder bewaffneten radikalen Organisation zeichnet. Sie würden argumentieren, dass andere Erklärungen gesucht werden müssen, um das Verhalten junger Menschen zu verstehen, die bereit sind, ein normales Leben, ja, sogar das Leben selbst, aus politischen Gründen zu opfern. Weist man die Idee zurück, dass die Mitgliedschaft in einer solcher Gruppe Vorteile gewährt, oder weist man zumindest die Idee zurück, dass dies der Grund ist, der junge Leute dazu bringt, einer solchen Organisation anzugehören, dann beinhaltet eine alternative Erklärung eine Form von politischer Sozialisation, die auf alle Gruppen in einem Land bezogen wird.

Als wichtige interne und externe Faktoren für die Motivation zur Gewaltbereitschaft in paramilitärischen Gruppen lassen sich zusammenfassen:

- patriotische Gefühle und Emotionen, die vom gesellschaftlichen Umfeld übernommen werden
- direkt durch das Militär bzw. den Staat erlebte Unterdrückung
- Verbote von Feiertagen, Versammlungen, der Muttersprache etc. aufgrund ethnischer Zugehörigkeit
- Gefühl von Ungerechtigkeit und fehlende Fairness
- Steigerung des Selbstwertgefühls durch Mitgliedschaft und Beteiligung an politischer Gewalt
- Steigerung von Prestige und Zugehörigkeitsgefühl durch die Mitgliedschaft
- Führer werden als international bekannte Medienpersönlichkeiten betrachtet und verehrt
- in manchen Kreisen Anerkennung und Respekt als »Held«
- Versorgung der Familie im Fall des Todes als Märtyrer gesichert
- Aussicht auf »Unsterblichkeit« und Annehmlichkeiten im Himmel durch Märtyrertod

Nation, Blut und Ehre

»Mein Name ist Turan, und ich bin 22 Jahre alt. Ich bin in einer Großstadt in Deutschland geboren. Meine Eltern kommen aus der Türkei. Mein Vater und meine Mutter leben nicht wie strenggläubige Muslime, doch Tradition und Türkischsein sind wichtig für sie. Ich bin der Drittgeborene von sechs Geschwistern. Ich habe hier die 10. Klasse besucht und eine Ausbildung zum Maler gemacht. Ich wollte nicht studieren, sondern arbeiten und schnell Geld verdienen.

Schon als Kinder haben wir mit den Eltern einen türkischen Verein besucht. Es war ein Verein, der sich für das Türkischsein engagierte und stolz war, dass alle Mitglieder Türken sind. Meine Eltern sind an den Wochenenden immer dort gewesen. Irgendwann bin ich in die Jugendorganisation eingetreten, und wir haben Fußball gespielt. Die Vereinsmitglieder und einige Leute, die von draußen kamen, haben uns immer wieder die türkische Geschichte und Mythologie gelehrt. Es ging darum, dass für die Türken Stolz, Ehre und Nation wichtiger sind als das eigene Leben und dass jeder Türke bereit sein müsse, gegen die Feinde zu kämpfen. Sie erzählten uns, dass wir von einem Wolf abstammen und daher immer diesen »grauen Wolfsgruß« machen müssten als Zeichen, dass wir dazugehören.

In meiner Schule gab es sehr viele Türken, aber auch Kurden, die wir nicht mochten und denen wir aus dem Weg gingen; einige von denen schlugen wir auch immer wieder. Ich war immer mit Freunden aus dem Verein zusammen und fühlte mich dort wohl. Wenn es Demonstrationen von Kurden gab, dann waren wir die Ersten, die mit der türkischen Fahne auftauchten, sie beschimpften und Streit begannen, bis die Polizei kam. Die Kurden und Armenier sind für uns alle Terroristen, die unser Land spalten und uns Türken schlechtmachen wollen. Wenn ich jemanden richtig beschimpfen und beleidigen möchte, dann sage ich ›Armenier‹ oder ›Kurde‹ zu ihm. Wir blieben immer als Türken untereinander, mit den Deutschen hatten wir wenig zu tun. Ich hatte das Gefühl, dass meine Freunde aus dem Verein mich verstanden und das Gleiche empfanden wie ich. Ich spürte aber auch viel Aggression und Wut gegen türkische Liberale, die wir ›Weicheier‹ nannten, und natürlich gegen Kurden. Ich lernte, stolz auf die Türkei zu sein, und fühlte mich in meiner nationalen Ehre gekränkt, wenn etwas Schlechtes über die Türkei gesagt wurde. Ich konnte in einem solchen Augenblick die Kontrolle verlieren und um mich schlagen.

Während wir draußen unter uns Freunden fast hyperaktiv waren, lief das Leben zu Hause eigentlich ziemlich ruhig ab. Mein Vater hat mich nie geschlagen, er ging selten in die Moschee, war aber nicht sehr religiös. Für ihn war es jedoch wichtig, dass wir uns unserer türkischen Identität bewusst und dass wir darauf stolz sind. Wir waren Muslime, aber mein Vater trank gern Raki und Bier. Er war ruhig, aber bestimmend. Auch im Verein war er derjenige, der politisch dachte und gegen Gewalt war. Er hatte auf der Arbeit viele Kollegen, die Kurden waren und mit denen er gut auskam. Nur die kurdischen Radikalen mochte er nicht. Meine Mutter war ganz klar eine echte Nationalistin, die immer schimpfte, wenn in der Türkei die Türkische Nationalistische Partei kritisiert wurde. Sie sagte immer, wir sind seit Generationen Anhänger der Türkischen Nationalistischen Partei, die auf Türkisch kurz MHP genannt wird. Sie arbeitete in der gleichen Fabrik wie mein Vater, und wir verbrachten unseren Urlaub immer in der Türkei.

Ab meinem 15. oder 16. Lebensjahr spürte ich einen inneren Drang, noch aktiver bei der Jugendorganisation zu werden, und übernahm auch Verantwortung bei der Organisation von Veranstaltungen. Ich besuchte jedes Seminar, das im Verein angeboten wurde. Meine Geschwister waren bei den allgemeinen Veranstaltungen mit meinen Eltern gelegentlich dabei. Sie interessierten sich aber nicht für Politik. Sie hatten deutsche Freunde, waren gute Schüler und waren voll in der Gesellschaft integriert.

Schnell bemerkten die Leute im Verein, dass ich sehr motiviert war, und sie nahmen mich auch zu illegalen Aktionen mit, die ich hier nicht erwähnen möchte. Jedenfalls spürte ich, wie aus meiner Wut nur noch Hass und ich selbst immer aggressiver wurde. Es eskalierte dann so weit, dass ich mit einigen Jungs auf Kurden einschlug und einige von ihnen ins Krankenhaus mussten. Ehrlich gesagt, bin ich mir im Nachhinein gar nicht sicher, ob sie Kurden oder türkische Kommunisten waren, aber das war mir in dem Augenblick auch egal. Ich wollte nur meine Aggression loswerden und jemanden schlagen. Dann landete ich im Gefängnis wegen schwerer Körperverletzung. Im Moment mache ich eine Psychotherapie und bin im zweiten Jahr in Ausbildung. Ich sehe mich immer noch als einen guten Nationalisten und grüße meine Freunde mit dem Zeichen des »grauen Wolfs«. Ich möchte keine Gewalt mehr anwenden, aber mich noch stärker politisch für die Türken in Deutschland einsetzen, dafür, dass wir unsere Identität hier wahren. Inzwischen verstehe ich mich gut mit einigen Deutschen aus der rechten Szene, da uns Nation, Blut und Ehre verbindet.«

Die Grauen Wölfe sind eine nationalistische türkische Organisation, die gezielt Gewalt gegen Andersdenkende in Deutschland einsetzt und immer wieder kriminell auffällt. Sie haben zahlreiche Vereine in Deutschland mit unterschiedlichen Namen und sind auch auf sozialen Netzwerken aktiv, vor allem mit gewaltverherrlichenden Videos und Parolen gegenüber Andersdenkenden, insbesondere gegen Kurden und Kurdinnen. Gruppierungen wie die Motorradklubs und Rockergruppen »MC Turkos« oder die »Turan«, die mit Wolfsemblem auftreten und vor Gewalt nicht zurückschrecken, gehören inzwischen in Deutschland zum Alltag.

Wie bei Turan oben dargestellt, versuchen extremistische Gruppierungen die Bedürfnisse von Jugendlichen nach Zugehörigkeit, Geborgenheit, Orientierung und Sinn aufzugreifen und instrumentalisieren diese für ihre politischen Zwecke. Bei wiederkehrenden Frustrationserlebnissen, mangelnden alternativen Beziehungsangeboten und fehlenden Perspektiven kann ein Radikalisierungsprozess genährt werden, der schlussendlich zu Gewaltbereitschaft führen kann.

Im Falle von Turan war es so, dass er in seinem Herkunftsland der Mehrheitsgesellschaft angehört und sich, durch eine nationalistische Ideologie geprägt, radikalisiert hat. Wir beobachten aber auch in der Welt, dass sich Mitglieder von ethnischen und religiösen Minderheiten radikalisieren, die in ihren Ländern unterdrückt, verfolgt und gefoltert werden und sich immer wieder auf der Flucht befinden. Auch hier werden Begriffe wie Ehre und Würde benutzt, um den Kampf gegen die Unterdrückung psychologisch-organisatorisch zu legitimieren, um mehr Gefolgschaft zu mobilisieren und diese für einen Kampf zu motivieren.

So erzählte mir Mediya, dass sie sich der kurdischen Bewegung in Syrien anschloss, um gegen den »Islamischen Staat« (IS) zu kämpfen. Mediya war 18 Jahre alt, als sie die schrecklichen Bilder aus dem Irak und aus Syrien sah, wie der IS Menschen öffentlich köpfte und Frauen versklavte und vergewaltigte; daraufhin beschloss sie, sich den kurdischen Kämpferinnen und Kämpfern anzuschließen.

Sie kommt aus einer warmherzigen Familie, alle teilen alles miteinander. Sie kennt von ihrem Vater die Verfolgungsgeschichte ihres Volkes, dennoch hatte sie nie vor, in den Krieg zu ziehen. Ein Bruder von ihr war ebenfalls Kämpfer geworden, und sie kannte viele Familien, die irgendwie für die Rechte ihres Volkes kämpften. Sie wollte aber studieren und dem Patriarchat entfliehen. Dann kam der IS, und sie fühlte sich verpflichtet, etwas zu tun. Besonders die schrecklichen Geschichten von vergewaltigten Mädchen und Frauen setzten ihr sehr zu. Mediya war entsetzt darüber, wie ältere Männer über den IS sprachen. Die Frauen wurden von den Terroristen versklavt und vergewaltigt und sollten nun, so sagten diese, »am besten dort bleiben, wo sie sind«, da sie ihre »Ehre« verloren hätten. Dabei konnten sie nichts für das, was ihnen angetan wurde. Das machte sie wütend auf ihre eigenen Landsleute, und gleichzeitig festigte es ihren Entschluss, noch mehr gegen den IS zu kämpfen. Mediya beteiligte sich über ein Jahr an dem Kampf, wurde verletzt und konnte in letzter Sekunde von einer Einheit befreit und gerettet werden.

Sie mochte nun nicht mehr kämpfen, sondern wieder zu ihrer Familie zurückkehren, um Zeit zu haben, mit all den Erlebnissen zurechtzukommen. Gleichzeitig sah sie, wie der IS weiterhin Grausamkeiten verübte, und war wütend. Neue junge Frauen und Männer kamen aus der ganzen Welt, um gegen den IS zu kämpfen. Sie selbst konnte nicht mehr, war schwer traumatisiert und wollte nur nach Hause. Ihre Einheit bestand jedoch darauf, dass sie bleibt. Immer wieder wurde ihr vorgehalten, dass der Kampf gegen den IS, der Kampf für die Freiheit der Frauen, fortgeführt werden müsse. Sie wollte – und konnte nicht mehr. Schnell wurde sie dann von den anderen Mitkämpfern als »ehrlos«, als »Verräterin der patriotischen Ehre« und »unwürdig« beschimpft. Sie drohten ihr, und aus Angst, nun vor den eigenen Leuten, entschloss sie sich zu fliehen. Sie lebte lange im Untergrund, bis es ihr gelang, ins Ausland zu flüchten.

In kollektiven Gesellschaften kann Gewalt an oder der Tod von Bekannten oder Landsleuten aufgrund ihrer ethnisch-politischen Zugehörigkeit zu einem Teil des Narrativs dieser Gruppe werden und als eine gesellschaftliche Bürde oder Verpflichtung verstanden werden, sich am »Feind« zu rächen, um die »Ehre« wiederherzustellen. Dies gilt insbesondere bei Vergewaltigungen durch Soldaten oder im Gefängnis. Dabei sind nicht politische Überzeugungen oder Ideologien wichtig, sondern das Gefühl von Kränkung und Demütigung, das die Gruppe u. a. durch sexualisierte Gewalt erfährt. Gleichzeitig müssen die Menschen den Verlust und das Leid akzeptieren und sich weiterhin mit der aggressiven und sie schädigenden Wirklichkeit auseinandersetzen.

Mediya verfügt über eine ausreichende Reflexion. Sie erkannte trotz einer starken emotionalen Bindung an ihre Landsleute und trotz dessen, was ihnen widerfahren ist, dass sie an ihrer Grenze angelangt war und sich von dem kriegerischen Ort und den Menschen dort distanzierten musste. Ein Selbstschutz, um zu überleben. Wir wissen, dass Tausende von mutigen Frauen im Kampf gegen den IS gestorben sind. Mediya hatte große Schuldgefühle, da der Kampf weiterging, da ihr Volk seit Jahrhunderten schreckliche Kriege erlebt hatte und die Mächtigen ihnen das Gefühl gaben, selbst Schuld daran zu haben, gefoltert oder vergewaltigt worden zu sein. Aber dies war nicht der Weg von Mediya.

Kriminelle und ihre »Ehre«

In kriminellen Organisationen wie der Mafia in Italien, Kolumbien, der Türkei oder Russland herrschen eigene Gruppendynamiken und Organisationsstrukturen. Neben dem Profit entwickelt sich durch zunehmende Kontakte und Beziehungen eine Art »Lebensweise«. Regeln von Solidarität, Loyalität und ein »Wir-Gefühl« greifen in die Familien über. Vorstellungen von »Ehre« bekommen zunehmend Bedeutung, da sich auch Beziehungen zwischen Menschen entwickeln und diese sich als Gruppe definieren. Der Angriff auf ein Mitglied dieser Gruppe durch eine andere Bande oder Organisation wird als ein Angriff auf die »Ehre« der gesamten

Gruppe verstanden, was Gegenreaktionen hervorruft. Im Kalkül des Profits ist die »Erhaltung der Ehre« auch eng mit Macht, Herrschaft und Anerkennung der anderen Gruppen verknüpft. Schwache Banden oder Organisationen sind keine attraktiven Handelspartner in den verschiedenen kriminellen Bereichen. Daher sind diese Gruppen immer wieder gefordert, Gewalt anzuwenden, um ihr »Revier« zur verteidigen und ihre Macht zu demonstrieren. Junge Menschen können durch das Konzept der »Ehre«, die damit verbundene Gruppenidentifikation und die Stärkung des eigenen Selbstwertgefühls relativ schnell regelrecht zu Gewalttaten »verführt« werden.

Die radikal-politischen und kriminellen Organisationen haben den Begriff Ehre als ein genormtes Muster, das aus ihrer Sicht zur Einhaltung von Regeln und Normen notwendig ist, von den patriarchalischen Gesellschaften übernommen und neu für sich definiert. Die meisten Mitglieder dieser kriminellen Organisationen in Italien, Russland, den USA, aber auch in Deutschland stammen selbst aus diesen patriarchalischen Gesellschaften. Daher ist die Vermittlung dieser Werte an die Mitglieder in den organisierten kriminellen Gruppen einfach, und diese Werte werden sogar als universell und unabhängig von den durch sie legitimierten Taten wie Raub und Mord gesehen. Die inhaltliche Ebene verändert sich mit der Zeit und mit der gesellschaftlichen Veränderung des religiösen und kulturellen Hintergrunds, aus dem die Mitglieder dieser Gruppen stammen. So spielen bei einigen kriminellen Gruppen aus dem mediterranen Raum noch feudale Strukturen eine Rolle, bei der die Zugehörigkeit zu einem bestimmten Stamm bestimmt, ob überhaupt einem Mitglied oder Boss vertraut wird oder nicht. In vielen dieser Regionen spielt wiederum die Unterscheidung zwischen der männlichen und der weiblichen Ehre eine entscheidende Rolle. Diese kriminellen Organisationen können z. B. bei einem Ehebruch eines ihrer Mitglieder zu dem Ergebnis kommen, die »Ehrverletzer« zu bestrafen. Dies bedeutet, dass bei einem Teil dieser kriminellen Organisationen, die sich auf die Begriffe »Ehre« stützen, die Zugehörigkeit zu einer Verhaltens- und Lebensform geworden ist. Sich »ehrenhaft« gegenüber dem Boss, den anderen Mitgliedern und deren Familien zu verhalten bedeutet, Respekt zu zeigen und gleichzeitig, wenn es darauf ankommt, Mut zu haben, Grausamkeiten anzuwenden und smart Raub und Betrug für die eigene Gemeinschaft zu begehen. Durch diese Verhaltensweisen versuchen sie auch, Kontrolle über ihr soziales Umfeld, aber auch über Politiker*innen zu gewinnen, und nötigen diese, ihre Verhaltensweisen anzunehmen oder zumindest zu akzeptieren.

Wenn Mitglieder dieser kriminellen Organisationen diese Verhaltensweisen entwickeln und annehmen, dann glauben sie, stark, unabhängig und selbstbewusst zu sein und Macht zu besitzen. Sie entwickeln ein narzisstisches Selbstvertrauen mit geringer Empathie anderen gegenüber und sind auf sich und ihre Organisation fixiert. Sie entwickeln aber gleichzeitig auch eine Persönlichkeit, die gegenüber dem Stärkeren, Mächtigeren devot, abhängig und zurückhaltend ist, und zugleich den Schwächeren gegenüber anmaßend, grausam und despotisch, allwissend und allmächtig reagiert. Durch Gewalt, Drohungen und Machtausübung wird Respekt erzwungen. Wie in allen gewalttätigen radikalen Organisationen wird Gewalt als Mittel der Kontrolle eingesetzt. Diese Denkweise im Zusammenhang mit der ständigen Angst, die Ehre zu verlieren, führt aber auch dazu, dass sie bei einer möglichen Verletzung ihrer »Ehre und Würde« bereit sind, zu töten und getötet zu werden.

Viele der kriminellen Organisationen haben enge Beziehungen zur Politik und zu Regierungen entwickelt. In diktatorischen und halbdiktatorischen Ländern übernehmen sie auch geheime Attentate und halbmilitärische Operationen, um z. B. die Opposition zu schwächen oder zu vernichten. Daher missachten diese Mafiagruppen auch ganz öffentlich die Gesetze und wissen sich dem Zugriff der Justiz und Verwaltungsmaschinerie zu entziehen, da ein Teil des Staates sie schützt oder duldet. Führer von türkischen Mafiaorganisationen werden beispielsweise von Parteiführern, wie denen der Nationalistischen Partei, eingeladen und lassen sich auf Fotos ablichten. Andere wiederum berichten, nachdem sie mit dem Staat gebrochen haben, wie sie gegen viel Geld an verschiedene Minister ihren Drogengeschäften problemlos nachgehen konnten.

Der Mensch kann immer töten

Wie kann es passieren, dass Männer, zuvor noch »normale«, vielleicht liebevolle Familienväter, offene und liberale Brüder und Freunde, plötzlich unmenschliche Grausamkeiten begehen? Die Terroristen, die ich in den Gefängnissen in Deutschland und im Nahen und Mittleren Osten gesprochen habe, waren mehrheitlich in ihrer Jugend weder als Gewalttäter noch durch grausame Handlungen aufgefallen. Sie hatten keine Tiere gequält und auch keine Mitschüler in der Schule bedroht oder geschlagen. Warum töten sie dann ohne einen scheinbaren Anlass und Grund andere Menschen? Warum bereiten die IS-Kämpfer oder die Kämpfer der Hamas den Opfern gezielt grausame Qualen, anstatt sie zu erschießen?

Gewalt als Teil des menschlichen Zusammenlebens

In dem obigen Fallbeispiel hatte Hasan kaum Kenntnisse über den Koran gehabt, er hatte auch nicht in einem islamischen Umfeld gelebt. Wie wurden er und andere Terroristen zu überzeugten Gegnern der westlichen Welt? Hasan hatte von niemandem persönlich den Auftrag erhalten, Ungläubige zu töten. Nicht immer handeln Attentäter also auf Befehl, wenn ja, dann müssten sie auch die befohlene Form der Gewalt ausführen, z. B. Kinder ermorden oder junge Mädchen von zehn Jahren vergewaltigen. Nach allem, was wir über die Täter des islamisierten Terrors wissen, sind sie weder Sadisten noch Monster. Viele hatten Familien, eigene Kinder, um die sie sich gekümmert und gesorgt hatten. Und gleichzeitig töteten, folterten und vergewaltigten sie jeden Tag Menschen auf grausamste Art und Weise.

Es gibt junge Mädchen, die in ständiger Angst vor der Bestrafung durch die Familie leben und sogar um ihr Leben fürchten, weil sie sich verliebt haben und eine heimliche Beziehung führen. Vorher waren der Vater und die Brüder mögliche Instanzen von Vertrauen und Sicherheit. Sie gaben das Gefühl, behütet und geliebt zu sein, und die Sicherheit, dass die Familie hilft und schützt, was auch immer passiert. Dies kann sich auf einen Schlag ändern. Die, die schützen sollten, werden zu einer Bedrohung, einer ständigen Gefahr, gedemütigt, bestraft und verletzt zu werden. Wurden die Regeln der »Ehre« verletzt – und dies ist der einzige Grund –, wird der Vater möglicherweise zu einem Mörder. Er löscht dem eigenen, zuvor noch so sehr geliebten Kind, für das er vorher, ohne mit der Wimper zu zucken, sofort gestorben wäre, kaltblütig das Leben aus.

Gewalt war schon immer eine Möglichkeit, sich Aufmerksamkeit zu verschaffen und Macht durchzusetzen. Gleichzeitig ist der Mensch in der Lage, durch seinen Verstand Kultur und Gesellschaft zu entwickeln, Gedichte von Liebe und Zärtlichkeit zu entwerfen und Ideen zu entfalten, wie Menschen gemeinsam in Frieden leben. Es ist ein Teil unserer Existenz, eine Idee von morgen zu entwickeln und zu hoffen, dass das Leben besser wird. Doch zur Existenz gehören auch das Wissen um Schmerz, Leid, Hunger und das Wissen um den eigenen Tod, der uns jederzeit einholen kann, ohne Ankündigung oder Warnung. Auch dieses Wissen ist ein Teil unseres Verstehens der Welt, das unser soziales Handeln formt. Gewalt ist eine scheinbar attraktive Handlungsoption, wenn sich Räume öffnen, in denen sie sich entfalten kann.

Gewalt gehört zu unserem menschlichen Schicksal. An allen Orten und zu allen Zeiten haben Menschen einander verletzt und getötet. Deshalb müssen wir uns realistischerweise die Frage stellen, ob wir nicht akzeptieren müssen, dass Gewalt ein Teil des menschlichen Zusammenlebens ist, zumindest noch für sehr, sehr lange Zeit. Diese Realität können und dürfen wir nicht verleugnen, nur weil sie uns nicht gefällt. Wir müssen uns natürlich mit den Ursachen der Gewalt beschäftigen, aber auch mit Gewalt selbst. Gewaltanwendung lediglich zu pathologisieren greift offenbar zu kurz, auch wenn es unserer Seele guttut, zu argumentieren, dass nur Psychopathen zu solchen Taten fähig sind, wie z. B. die Kämpfer des islamisierten Terrors oder Menschen mit anderen faschistischen Ideologien, Werten und Normen.

Wer raubt, schlägt, mordet oder vergewaltigt, findet immer Legitimationen für sein Verhalten. Mit diesen Rechtfertigungen versuchen die Täter, uns und vielleicht auch sich selbst zu manipulieren, so lange, bis sie ihre Argumentation selbst glauben. Die Grenzüberschreitung des Erlaubten wird von Generation zu Generation über alle Kulturen und Gesellschaften hinweg weitergegeben. Und bewusst oder unbewusst versuchen wir, einen Grund dafür zu finden, warum die Täter gewalttätig geworden sind. So sind es »die anderen«, die Gewalt ausüben, oder es liegt an Armut, einer von Gewalt geprägten Kindheit, dem Aufwachsen in einer »Kultur der Gewalt« oder an unendlich vielen weiteren Gründen, die Gewalt scheinbar verständlich machen.

Terroristische Organisationen versorgen die Öffentlichkeit schnell mit Motiven und legitimieren ihre Gewalt als Gegenwalt, als Verteidigung in einem Existenzkampf, in dem sie keine andere Option als ebendiese Gewalt hätten. Dass Gewalt als Lösung eines politisch-gesellschaftlichen Problems eingesetzt wird, ist aus der Vergangenheit hinreichend bekannt. Dennoch haben wir Menschen einen freien Willen, und die Täter könnten sich auch dazu entscheiden, keine Gewalt anzuwenden.

Keiner der Terroristen und keiner der Täter, die aus geglaubter Ehrverletzung ihre Tochter oder Schwester auf offener Straße erschießen oder erstechen, sie in den Wald bringen und erdrosseln oder sie als vorgetäuschten »Unfall« mit einem Auto so lange überfahren, bis sie nicht mehr lebt, muss dies tun. Sie könnten sich alle auch dazu entscheiden, ihre »Kultur der Gewalt« und die »geforderte« Gewalttat abzulehnen. Es ist also ihre persönliche Entscheidung, trotz gesellschaftlichem und internal-kulturell gewachsenem Druck.

Der soziale Kontext und die »Kultur« sind weder eine Ursache noch eine hinreichende oder notwendige Bedingung für Gewalt. Der erste Schlag ins Gesicht, der Tritt in den Bauch, der Messerstich in den Rücken, der erste Schuss, der den Körper trifft und das Blut herausströmen lässt, verändert alles – das Opfer, den Täter und die Gesellschaft selbst. Denn Gewalt kommt immer aus der Mitte der Gesellschaft. Die Gesellschaft muss sich immer wieder fragen, wie es sein kann, dass ein junges Mädchen von einem Täter in den Wald verschleppt, vergewaltigt und erwürgt wird. Was sagen solche Taten über uns als Gesellschaft aus? Gewalt ist möglich! Gewalt führt zu einem Vertrauensverlust der Menschen in diese Gesellschaft und in den Menschen an sich.

»Ehre« als gemeinschaftliches Ordnungssystem

Menschen tauschen ihre individuelle Freiheit gegen Ordnung und Sicherheit ein, dazu gehört auch die Übernahme und Akzeptanz einer Kultur, die als ein Ordnungssystem in (patriarchalischen) Gesellschaften verstanden werden kann, weil durch sie auch Gewalt begrenzt und Ordnung geschaffen wird. Gerade in traditionellen Gesellschaften des Nahen und Mittleren Ostens bis nach Afghanistan und in einigen afrikanischen Ländern repräsentieren die vorhandenen Staatssysteme mit ihren Gesetzen nicht wirklich die dort lebende Gesellschaft. Es handelt sich um Diktaturen. Die traditionellen Gemeinschaften dort praktizieren ihre seit Jahrhunderten gewachsenen und von der Mehrheit der Gemeinschaft akzeptierten Normen und Regeln. Solange sich alle an diese religiös kulturellen Werte und Normen halten, herrscht im Allgemeinen Frieden. Dies gilt im Kontakt mit externen Gruppen, aber auch für das interne gemeinschaftliche Zusammenleben.

Wer gegen die Regeln verstößt, muss mit Konsequenzen rechnen, die von einer (Ver-)Warnung über Ausgrenzung aus der Gemeinschaft bis hin zur physischen Vernichtung reichen können. Das Töten ist auch in den meisten dieser traditionellen Kulturen nicht erlaubt; nur wenn die Regeln und Normen verletzt werden, dann kann die Gemeinschaft einen solchen Entschluss genehmigen. Auch, um andere abzuschrecken, eine solche Regelüberschreitung nachzuahmen, und um letztlich die religiösen und traditionellen Werte und Regeln nach außen und innen zu schützen.

Ein solches Ordnungssystem ist auch das Konzept der »Ehre«. Solange sich alle entsprechend dieser Vorstellung vom Besitz anderer fernhalten und diesen respektieren, herrscht Frieden zwischen den Familien und Gruppen. Als Besitz werden hier wohlgemerkt auch die Mädchen und Frauen gesehen, die, wie bereits diskutiert wurde, nach klaren, strengen Vorgaben leben müssen. Im Verband sind die Überlebenschancen größer als auf der Flucht, daher ist die strikte Einhaltung der gemeinschaftlichen Regeln, Werte und Normen aus Sicht dieser Gruppe überlebensnotwendig.

Wenn solche Vorstellungen von »Ehre« sich über Jahrhunderte verinnerlicht haben, ein Teil des gemeinschaftlichen Narrativs geworden sind und von Generation zu Generation weitergegeben wurden, dann sind sie auch in einem anderen kulturellen Umfeld, beispielsweise in Deutschland oder anderen westlichen Ländern, noch wirksam. Sie wirken dann nicht mehr kognitiv und bewusst, sondern emotional und unbewusst.

WICHTIG

In der Migration muss zwar nicht mehr um das Überleben gekämpft werden, dennoch sind die emotionalen Informationen im kollektiven Gedächtnis gespeichert, und manche Personen können sich in bestimmten Situationen angehalten fühlen, danach zu handeln, obwohl sie es nicht müssten. Diese Vorstellungen von Ehre sind so stark internalisiert, dass sie auch ohne reale Gefahr starke emotionale Reaktionen und den Druck, danach zu handeln, auslösen können.

Als sei etwas gespeichert, das dann aktiviert wird, wenn eine sogenannte Ehrverletzung vorliegt, werden nette und liebevolle Frauen und Männer plötzlich emotional und aggressiv; sie überlegen, wie sie die als verletzt geglaubte sogenannte Ehre wiederherstellen können. Manchmal sind die Spielräume groß, und Menschen nutzen sie, um zu zerstören und zu töten – nicht, weil sie es müssen, sondern weil sie es können und dürfen und dadurch zu Macht über andere Menschen gelangen. Die Einhaltung der Regeln und Normen der Gemeinschaft bezüglich »Ehre« zählt in diesen Fällen mehr als ein Menschenleben, Schuld- und Schamgefühle werden ausgeblendet. Im Gegenteil, es werden Gerüchte verbreitet über die Bösartigkeit und die vermeintlichen Übeltaten der Opfer, die bestraft werden müssten. Die sogenannten Ehrenmörder glauben vor ihrer Tat, im Recht zu sein oder es tun zu müssen, weil die Gemeinschaft es so möchte. Das Kollektiv ist immer bedeutsamer als das Individuum, und ist die Gewalt erst einmal ein Teil gesellschaftlichen Handelns und geschehen, wird daraus Gewohnheit und dann Normalität.

»Kultur der Gewalt«

Es gibt vielleicht keine Kultur der Gewalt und auch keine Gewalt der Kultur. Wenn Menschen jedoch lange genug unter bedrohlichen Situationen und Gewaltanwendung leben, dann können sie sich daran gewöhnen, und Gewalt kann zur Normalität werden. Diese Kultur der Gewalt wird, wenn die Bedrohung und die Gewalt über Generationen andauern wie im Nahen und Mittleren Osten, nicht mehr hinterfragt. Nein, Gewaltanwendung wird dann vielmehr als eine primäre Lösungsstrategie betrachtet, und die Menschen sehen kein ethisches oder moralisches Problem, wenn dadurch die Tötung von Menschen, aus welchen Gründen auch immer, legitimiert wird. Menschen, die über lange Zeit mit Gewalt leben müssen, gewöhnen sich an den Anblick von Leichen, Verwundeten und Gezeichneten. In manchen Gesellschaften wird Gewalt nicht als Unordnung und Chaos, sondern als Normalität wahrgenommen, als Mittel der Lebenssicherung und Einnahmequelle oder zur Einhaltung der Ordnung, wenn z. B. ein Mensch die »Ehre« der Familie, des Führers oder des Landes verletzt hat. Gewohnheit und Sozialisation machen es möglich, dass Menschen Menschen töten, die »andere Gruppe« entmenschlichen und jede Form von unmenschlicher Gewalt gegen »die anderen« ausüben.

WICHTIG

Kultur integriert also Gewalt und gibt sogar genaue Regeln für Gewalt vor, je nach abgesprochenen Strafen für die Verletzung der kulturellen Regeln und Normen. Insofern kann behauptet werden, dass Kultur Gewalt formt, aber auch Gewalt die Kultur formt.

Gewalt in verschiedensten Formen wird auch weiterhin existieren. Noch reicht der Wunsch nach Frieden und Freiheit, nach Respekt vor jedem Menschenleben nicht aus, dass Menschen keine Gewalt mehr anwenden. Die Angst, dass durch Gewalt Sicherheit, Ordnung und Wohlstand verloren gehen, führt zur Einhaltung des staatlichen Gewaltmonopols, das moderne Gesellschaften erreicht haben, das aber dennoch sehr zerbrechlich ist. Diktaturen schaffen durch unbegrenzte Gewalt Sicherheit und Ordnung für die eigenen Anhänger und sich selbst, aber nicht für das Volk, was zu Gegengewalt oder Aktivitäten führt, um diese Diktatur abzuschaffen. Es scheint, dass die moderne Gesellschaft trotz ihrer Zerbrechlichkeit und der Bedrohung durch radikale Gruppen die größte Errungenschaft der letzten Jahrhunderte war. Sie hat das Gewaltmonopol dem Staat übergeben mit dem Ziel, nur in Ausnahmen und nach bestimmten Regeln Gewalt anzuwenden, und mit dem eigentlichen Auftrag, durch verschiedene Mechanismen Gewalt insgesamt zu reduzieren und eine gewaltlose Gesellschaft zu ermöglichen. Diese ist in der Tat noch eine Illusion, aber es ist lohnenswert, sich dafür einzusetzen.

6. ANSÄTZE ZUR PRÄVENTION

Mein Körper – seine »Ehre«

Mein Name ist Daria Hasanpour, ich bin 36 Jahre alt. Ich bin aufgrund meiner Ängste, die mir mittlerweile körperliche Beschwerden verursachen, zur Beratungsstelle gekommen. Freunde haben sie mir empfohlen. Seit Jahren habe ich Albträume, sehe immer wieder erlebte Gewaltszenen und kann mich nicht davon distanzieren. Mein Leben ist eine einzige Katastrophe. Es verläuft vollkommen monoton, ist einseitig und wird eigentlich von meinem Mann bestimmt. Ich weiß nicht, wie es weitergehen soll. Ich möchte nicht mehr so leben. Bei Aufregung bekomme ich Atemnot, und mein Herz rast so schnell, als würde es explodieren. Ich habe Angst um meine Zukunft, mich beschleicht das Gefühl, keine gute Mutter und Ehefrau zu sein. Ich möchte arbeiten, aber mein Mann macht Probleme. Er will, dass ich zu Hause bleibe. Sein Argument, »ich verdiene doch genug Geld, und du solltest dich um die Kinder kümmern«. Dabei sind sie schon 14 und 16 Jahre alt. Es kränkt mich, welche Rolle mein Mann mir in der Familie gegeben hat, und eine noch viel schlimmere Demütigung und Kränkung ist die Gewalt, die ich seit Beginn meiner Ehe erlebe.

Ich war schon sehr oft bei den Ärzten, habe aber nicht über die Gewalt gesprochen und immer wieder etwas erfunden, wenn ich z. B. blaue Flecke auf dem Arm oder an den Beinen hatte.

Ich komme mit meinem Ehemann einfach nicht mehr zurecht, würde ihn am liebsten verlassen, was aber gegen unsere kulturellen Vorstellungen ist. Mein Mann spricht von »Ehr- und Gesichtsverlust« für die gesamte Familie, wenn ich mich von ihm trennen sollte. Ich dürfte ihn nicht verlassen. Er sagt immer wieder, »du bist meine Frau und trägst meine Ehre. Du kannst sie schützen und ruinieren.« Als er mich einmal geschlagen hat, wurde ich so wütend, dass ich ihn angeschrien habe: »Wenn ich deine Ehre bin, warum verletzt du dann meinen Körper, das ist doch deine Ehre.« Er antwortete nicht und wurde noch wütender (Daria weint und benötigt eine Pause).

Meine Eltern und seine Familie seien sicher auch nicht mit einer Trennung einverstanden. Mein Mann droht mir im Falle einer Scheidung, alle Mitglieder meiner Familie zu töten. Ich glaube nicht, dass er so etwas machen kann. Meine Eltern leben allerdings im Iran, und mein Mann hat gute Beziehungen zum Regime in Teheran und könnte ihnen bestimmt das Leben schwer machen. Das möchte ich auf keinen Fall.

Meine Kindheit war wirklich sehr schön. Ich habe aber schon mit 19 Jahren geheiratet und bin zu meinem Mann nach Deutschland gekommen. Mein Mann ist in Deutschland aufgewachsen. Ich bin traditionell verheiratet worden, das heißt, bis auf ein kurzes Treffen vor der Heirat kannte ich meinen Mann nicht. Unserer Eltern kennen einander schon sehr lange. Ich bin mir sicher, dass mein Mann mich mit anderen Frauen betrügt, aber das ist mir nicht mehr so wichtig. Ich bin eigentlich froh, dann lässt er mich wenigstens in Ruhe. Mit meinen Kindern verstehe ich mich sehr gut, sie geben mir Halt und lassen mich all dieses Leid ertragen.

Meine erste sexuelle Erfahrung habe ich mit meinem Ehemann gemacht. Ich darf, denn das ist tabu, keine Freundschaften zu Männern haben. Obwohl mein Mann in Deutschland aufgewachsen ist, sind die Leute in einem iranischen Dorf viel offener und liberaler als unser iranisches Umfeld hier in Deutschland. Mein Mann und ich verstehen einander nicht, wir haben »kulturelle Konflikte«, so wurde es mir gesagt, weil ich ganz anders aufgewachsen bin und andere Vorstellungen vom Leben habe als er. Tatsächlich ist es so, dass wir uns nicht gut verstehen, und diese Gewalt, die er mir gegenüber zeigt, kenne ich auch nicht von meiner Familie. Ich habe nie gesehen, dass mein Vater meine Mutter geschlagen hat.

Aktuell suche ich eine Halbtagsstelle, bisher ohne Erfolg. Mein

Mann will nicht, dass ich arbeite. Ich brauche aber meine Freiheit und möchte nicht mehr von ihm in jeglicher Form abhängig sein. Ich möchte mein eigenes Geld verdienen und kann sein Argument, »ich ernähre euch«, nicht mehr hören.

Die Beraterin berichtet, dass Daria bei den Gesprächen anfangs etwas distanziert und vorsichtig wirkte: »Ich bin mir nicht sicher, ob Sie mir helfen können. Sie verstehen bestimmt meine Kultur nicht, und es ist so schwierig für mich, alles zu erklären. Vielleicht denken Sie dann komisch über mich, wenn ich über meine Kultur und Religion berichte. Ich verstehe es manchmal selber nicht. Aber es ist so. Ich halte die Situation zu Hause nicht aus, was soll ich nur machen?«

Daria nimmt die wöchentlichen Beratungsangebote wahr und berichtet immer wieder über ihre Konflikte; mit der Zeit entwickelt sie Vertrauen und kann sich öffnen.

In der Beratung wird Daria über ihre Rechte, über das Sorgerecht und die Folgen von Gewalt informiert. Im weiteren Verlauf wird konkret und detailliert über die Lebensvorstellungen Darias, über ihre Wünsche und die Konsequenzen im Fall einer Trennung aus ihrer Perspektive, des Ehemannes, der Familie und ihrer Gemeinde gesprochen. Alle möglichen Szenarien (Gewalt, Sorgerecht für die Kinder, Reaktion der Eltern, der Gemeinde, Wohnortwechsel etc.) werden besprochen. Ein Gespräch mit dem Ehemann und den Kindern wird diskutiert.

Bereits in dieser Phase – Information über ihre Rechte und Schutz gegen Gewalt – beginnt die Prävention, um ihr Leben zu verstehen und ihre Möglichkeiten auszuloten, wie es weitergehen könnte. Im weiteren Prozess wird es dann um Entscheidungen gehen mit dem minimalen Ziel, keine Gewalt mehr zu erleben und zuzulassen. Dies ist Empowerment und Prävention zugleich.

In einem weiteren Gespräch sagt dann Daria: »*Das ist doch ein Idiot. In was für einer Welt lebt er denn. Merkt er nicht, dass ich ihn nicht liebe? Seit einigen Wochen schon habe ich nicht mit ihm geschlafen und fühle mich jedes Mal vergewaltigt. Er schlägt mich und tut in der Gemeinde so, als sei er ein friedlicher und liebender Ehemann. Ich will es auch nicht mehr. Er redet von Familie, Kultur und Tradition, doch mich nervt das Ganze nur noch. Immer das Gleiche. Mir reicht es. Er versteht mich einfach nicht. Ich könnte explodieren.*« Sie beginnt zu weinen …

Ganzheitliche Gewaltprävention

Gewaltprävention muss nicht nur am Verhalten einzelner Personen und Gruppen ansetzen, sondern auch an den gesellschaftlichen Verhältnissen, die das Entstehen von Gewalt verursachen bzw. ermöglichen. Damit einzelne Präventionsmaßnahmen nachhaltig wirken können, müssen die Verhältnisse in einer Gesellschaft so gestaltet sein, dass sie grundsätzlich eine Legitimierung, Verharmlosung oder gar Verherrlichung von Gewalt eindämmen. Hierfür bietet es sich an, von den Gegebenheiten im Quartier oder Sozialraum ausgehend passgenaue Maßnahmen für die Veränderung von Einstellungen und Strukturen zu initiieren.

Ziel muss die Verhinderung und Reduzierung von Gewalt sein, wie z. B. häusliche Gewalt, Gewalt im Namen der »Ehre«, aber auch im speziellen Fall von islamistischem Extremismus. Der islamistische Extremismus ist sogar im »Nationalen Präventionsprogramm gegen islamistischen Extremismus« politisch verankert, erfährt von Bund und Ländern vermehrt finanzielle Förderung und ist zunehmend bedeutender Forschungsgegenstand (Freiheit et al. 2021). Dabei ist die indizierte Prävention in den Blick zu nehmen, denn die Anzahl von Personen, die sich in islamistischen Kreisen radikalisieren bzw. kurz vor einer Radikalisierung stehen, ist im Zeitraum von 2017 bis 2020 ausgehend von 25 810 Personen um etwas mehr als 11 % auf 28 715 sukzessive gestiegen (Bundesamt für Verfassungsschutz 2021).

Allgemein wird Prävention auf drei Ebenen angesetzt mit dem Ziel, Gewalt ganz zu reduzieren, was in der Realität nicht immer einfach ist. Die erste Ebene der Prävention wird **universelle Prävention** genannt. Universelle Prävention richtet sich an alle Menschen in einer Gesellschaft, die an sich von Machtstrukturen durchzogen ist, die Gewalt begünstigen. Alle Menschen innerhalb der Gesellschaft sind bestimmt durch diese Strukturen und bestimmen diese selbst mit. Im Rahmen der universellen Prävention geht es darum, über die Zusammenhänge von Macht und Gewalt aufzuklären, negative Machtverhältnisse aufzuzeigen und ein Bewusstsein für Bedingungen von Selbstbestimmung zu entwickeln.

Ein ganzheitlicher Ansatz zur Gewaltprävention umfasst:

- Information und Kampagnen zur Sensibilisierung, die sowohl Formen und Folgen von Gewalt als auch Schutzmaßnahmen thematisieren
- Schaffen von Rahmenbedingungen (Gesetze) für selbstwirksames Handeln in der Gemeinschaft, Anpassung gesetzlicher Regelungen zum Schutz vor Gewalt (»im Namen der Ehre«)
- Sensibilisierung und Schulung von Fachkräften sowie Aufbau von Schutzmöglichkeiten in Organisationen wie Kitas, Schulen und Behörden
- Schaffen sicherer Räume
- Arbeit im Gemeinwesen zum Aufbau sozialer Netzwerke innerhalb eines Quartiers: Schaffen von Begegnungen, Implementieren unterschiedlicher Ansätze der Gewaltprävention

Die universelle Prävention ist also noch sehr allgemein; man hofft, z. B. durch verschiedene Kampagnen, Menschen zu überzeugen, keine Gewalt anzuwenden, und ein solches Bewusstsein zu schaffen, dass weniger Gewalt angewendet wird.

Bei der **selektiven Prävention** wird es etwas konkreter, da sich diese Maßnahmen an sogenannte »Risikogruppen« wenden, also an Personen, die eher von Gewalt betroffen sein könnten als andere. Das sind bei Gewalt »im Namen der Ehre« insbesondere Mädchen und Frauen in traditionellen patriarchalischen Gemeinschaften. Präventive Ansätze zielen auf die Stärkung von Schutzfaktoren, wie z. B. Selbstwirksamkeit, Selbstwertgefühl, aktive Problemlösungskompetenz, Fähigkeit zur Distanz, soziale Beziehungen. Dabei muss im Blick behalten werden, welche möglichen Konsequenzen sich aus der Stärkung der Schutzfaktoren für die Betroffenen ergeben, beispielsweise in Bezug auf das Zusammenleben in der Familie.

Auf der dritten Ebene sprechen wir von der **indizierten Prävention,** bei der es sich um professionelle Interventionen wie Beratung und Behandlung von Betroffenen handelt wie bei unserem obigen Fallbeispiel mit Daria. Der präventive Charakter liegt darin, Schutzfaktoren zu stärken, um erneute Gewalterfahrungen zu verhindern. Auch hier muss eine Analyse der möglichen Folgen vorgenommen und mit den Betroffenen besprochen werden. Dies gilt auch für die Bearbeitung von Traumafolgestörungen, die stets mit dem Ziel der sozialen Stabilisierung erfolgt und damit tragfähige soziale Netzwerke unterstützt und nicht nur im therapeutischen Kontext stattfindet.

Bei der indizierten Extremismusprävention geht es u. a. darum, die extremistische Ideologie des Klienten aufzudecken; der

Klient soll die Dysfunktionalität erkennen, was nicht immer sehr einfach ist, wenn es mit lange verinnerlichten psychosozialen, kulturellen und religiösen Elementen verknüpft ist. Sehr oft höre ich in Gesprächen mit radikalisierten Jugendlichen Sätze wie. »Im Koran steht, dass man Ungläubige bestrafen soll und dass der Islam der einzige wahre Glaube ist und jeder ihm zu folgen hat. Wer unseren Propheten und unsere Religion beleidigt, muss bestraft werden …«

Bei der indizierten Prävention sind Personen, die schon erste Anzeichen von Extremismus in ihrer Haltung oder ihrem Verhalten zeigen oder bereits in bestimmten Zirkeln aktiv sind, Zielpersonen, an die man sich früh wenden und die man in bestimmte Programme integrieren sollte. Daher ist die Trennschärfe zwischen indizierter Prävention und Intervention nicht immer eindeutig.

Verhaltens- und Verhältnisprävention

Auf allen drei Ebenen der Prävention sollte sowohl verhaltens- als auch verhältnispräventiv gearbeitet werden. Im Fokus der Verhältnisprävention stehen die Verhältnisse, in denen Menschen leben. Sie bilden den jeweiligen Kontext, in dem Menschen durch Präventionsmaßnahmen erreicht werden können. Daher sollte Gewaltprävention auf die Lebenswelt der Menschen abgestimmt sein. Sie fokussiert die sozialen, kulturellen, ökonomischen, organisatorischen und strukturellen Bedingungen des Lebensumfelds.

Verhältnisprävention setzt auch an den Einstellungen zu Gewalthandeln in der Gesellschaft an:

- Gewalthandeln wird identifiziert, benannt und konsequent verfolgt.
- Gewaltfreie Sprache wird eingesetzt und gefördert.
- Gesetze, die Gewalthandeln legitimieren, werden verändert.

- In Organisationen (z. B. Schule/Gemeinschaftsunterkünfte) werden Machtverhältnisse und Schutzmöglichkeiten analysiert und transparent gemacht.

Im Rahmen der Verhaltensprävention geht es darum, Handlungsspielräume zu erschließen und ggf. zu erweitern. Ein positives Selbstwertgefühl als Schutz der eigenen Person beinhaltet eine positive Einschätzung der eigenen Persönlichkeitsattribute (Stärken und Schwächen sowie der Umgang damit). Auch ein starkes Selbstwirksamkeitsempfinden trägt zum Schutz vor Gewalt bei. Darüber hinaus führt ein positives Selbstwertgefühl dazu, sich nach einem Gewalterleben Hilfe und Unterstützung zu suchen. Die Einstellung, »Ich bin es wert, dass mit mir wertschätzend umgegangen und mir geholfen wird«, kennzeichnet ein positives Selbstwirksamkeitsempfinden und hilft, Gewalt zu verhindern bzw. mit ihren Folgen besser umzugehen.

Bezogen auf die Person selbst, ist ein Ziel der Gewaltprävention, Menschen dabei zu unterstützen, ein Gefühl für sich selbst zu entwickeln, zu empfinden, wann es ihnen gut geht, und zu spüren, wenn dies aus bestimmten Gründen nicht der Fall ist. Aufbauend auf das Selbstempfinden, kann eine Selbstwirksamkeit in Bezug auf die Personen im eigenen Umfeld erfahren werden. Dabei geht es darum, sich gegenseitig deutlich zu machen, unter welchen Bedingungen eine positive Entwicklung und Selbstverwirklichung möglich sind und wann nicht. Das heißt auch, dass jedes Individuum innerhalb seines sozialen Nahraums (Familie, Partnerschaft und andere) vermitteln kann, wann die Grenzen anderer überschritten werden und diese damit in ihrer Selbstverwirklichung beeinträchtigt sind.

WICHTIG ....

In welchen Bereichen, wann und wie Menschen sich selbst verwirklichen, ist abhängig von ihnen selbst und den Umständen, in denen sie leben. Das bedeutet, dass strukturelle (auch gesellschaftliche) Bedingungen und das Handeln von Personen einschränkend auf die Selbstverwirklichungsmöglichkeiten eines Menschen wirken können. Daran setzen sowohl verhaltens- als auch verhältnispräventive Konzepte an.

Prävention von Gewalt »im Namen der Ehre«

Es ist relativ schwierig, Lösungsvorschläge anzubieten, wenn patriarchalische Gesellschaften und ihre Angehörigen als in sich geschlossene, nach außen abgeschottete Gruppe leben und äußere Einflüsse als Angriffe gegen ihre Traditionen, Normen und Werte und damit gegen ihre Identität verstehen. Die unreflektierte eurozentrische Sichtweise der sogenannten Mehrheitsgesellschaft wiederum – und die damit verknüpfte Idee einer »höherentwickelten westlichen Kultur« – kann leicht als Herabsetzung und Respektlosigkeit aufgefasst werden. Minderheitengesellschaften haben oft das Gefühl, durch die »Mehrheitsgesellschaft« nicht anerkannt bzw. in ihren Werten und Normen angegriffen oder belehrt zu werden. Im Allgemeinen ist für eine gesellschaftliche Veränderung natürlich eine gewisse Offenheit gegenüber anderen Gruppen wie auch gegenüber der Mehrheitsgesellschaft notwendig, die Kommunikation muss dabei aber von beiden Seiten auf Augenhöhe passieren. Ausgrenzen, Verurteilen und Ablehnen sind schlechte Lösungsversuche und können als Ausdruck der eigenen Hilflosigkeit und Unfähigkeit verstanden werden. Außerdem darf man nicht vergessen, dass auch in der deutschen Mehrheitsgesellschaft noch Sexismus, Homophobie und patriarchalische Strukturen bestehen.

Jegliche Form von Gewalt zu verurteilen ist einfach. Wie aber können wir Menschen mit anderen Biografien erst annehmen, um gemeinsam eine friedliche Lebensperspektive zu entwickeln und Menschen die Möglichkeit der Integration, nicht der Assimilierung, zu geben?

So schildert mir eindrücklich bei einem Forschungsprojekt zum Rassismus eine junge kroatische Frau:

»Ich erinnere mich an eine Situation, da haben wir kroatisch gesprochen miteinander. Das war sogar noch im Kindergarten. Da hat mich ein Kind gefragt, ob ich zwei Zungen hätte. Und dann musste ich irgendwie den Mund aufmachen und auch zeigen, dass ich keine zwei Zungen habe. Es war eine kuriose Situation. […] Und ich weiß noch, dass daraufhin meine Mutter gesagt hat – mein Vater hat primär viel gearbeitet –, wir werden in der Öffentlichkeit nicht mehr kroatisch sprechen, das ist unsere ›Zu-Hause-Sprache‹ oder eben die Sprache in unserer eigenen Community.
Mein Mann hat in Potsdam, also nahe Berlin, Politikwissenschaften und Philosophie studiert und mit dem Magister abgeschlossen. Als er anschließend einen Job gesucht und bestimmt ein halbes Jahr nichts gefunden hat, dachte ich: Komm, wir gehen mal zu einer Personalberatung und lassen ihn coachen. Vielleicht liegt es an den Unterlagen, man weiß es ja nicht. Das Erste, was der Typ gesagt hat […], war: ›Wissen Sie was? Sie müssen Ihren Namen ändern.‹ Zu meinem Mann. Damit war das Gespräch für mich eigentlich beendet. Ein Name ist ja Identität.
Dann erinnere ich mich in meiner Kindheit an einen wirklich krassen Nazi, den wir als Nachbarn hatten. Er war wirklich ein richtiger Nazi im Dorf. So weiß ich zum Beispiel noch genau, dass er natürlich immer wieder auch übergriffig und beleidigend wurde, meine Mutter sogar bedrohte. […] er hat sich zum Beispiel einen Spaß daraus gemacht – zwischen unserem Haus und seinem Haus wuchs

so eine Weinhecke –, uns absichtlich mit Pflanzengift zu besprühen. Das sprühte er in voller Absicht so durch die Hecke, dass wir aufpassen mussten, nichts davon abzukriegen usw. [...] Das ist auch so eine Kindheitserinnerung, insofern habe ich den Typen auch als gewaltvoll erlebt, er war für mich eine bedrohliche Person. Außerdem hat er immer wieder, wenn wir kroatisch gesprochen haben, zum Beispiel im Hof und im Garten, von drüben herübergebrüllt und Beschimpfungen rübergerufen. Das war sehr präsent.«

Eine andere türkische Interviewpartnerin schildert auf sehr beeindruckende Weise ihre Erfahrungen zum Islam oder zur Sexualität:

»Das ist unglaublich, wie übergriffig und grenzüberschreitend auch deutsche Menschen sein können. Zum Beispiel gerade beim Thema Sexualität. Ich glaube nicht, dass irgendeine andere deutsche Frau oder ein junges Mädchen so oft nach Jungfräulichkeit gefragt worden ist wie ich. Irgendwie war es den Menschen immer sehr wichtig, wie ich es mit Sex vor der Ehe halte. Was geht es andere eigentlich an? Also, was geht andere meine Sexualität an? Die Nachbarstochter fragt man das ja auch nicht. Da wäre es sexuelle Belästigung. Aber bei mir nimmt man das in Anspruch, weil man daran festmacht, ob ich konservativ bin oder nicht bzw. wie ich erzogen werde. [...] das geht einfach niemanden etwas an. Zu still und auch zu hoch. Unglaublich private Fragen. Ich finde, Migrakids oder einfach Menschen mit Migrationsbiografien werden sehr viele persönliche Fragen gestellt, und auch grenzüberschreitende Fragen.

Und dazu kommt noch der Islam. Es wird immer pauschal über ›den Islam‹ gesprochen und geurteilt. Es geht irgendwie die ganze Zeit um den medialen Islamismus, Islamiten, islamischer Staat, Frauen im Iran, Terroranschläge. Fast jeden Tag negative Berichterstattung, was irgendwann einfach nervt. Ich bin Muslimin, habe aber nichts damit zu tun … also bei mir ist es so, wenn ich Terrorist höre, ich krieg keinen blonden, blauäugigen Mann im Auge. Die Leute sehen halt anders aus, wie Osama bin Laden, sehen eher aus wie ich, sehen eher aus wie du …«

Neben der zum Teil gescheiterten Integration von Migrant*innen in den Residenzländern ist die Ursache für das Vorkommen von Terror und Gewalt im Namen der »Ehre« meines Erachtens auch in den Herkunftsländern zu sehen. Der Nahe und Mittlere Osten – im ersten Kapitel wurde der historische Hintergrund beschrieben – mit den verschiedenen Staaten, den unterschiedlichen Ethnien und Religionen ist noch sehr weit entfernt von einer Demokratisierung, trotz der Protestbewegungen des »Arabischen Frühlings«. Politische Interessen und Machtkämpfe der Eliten verhindern in diesen Gebieten nach wie vor eine stabile positive Entwicklung in diese Richtung. Der Kurdenkonflikt in der Türkei, im Irak, Iran und in Syrien, der Konflikt zwischen Israel und Hamas, Afghanistan, Ukraine, die Frauenbewegung im Iran, die die Ayatollahs herausfordert und jetzt schon Tausende junge Mädchen und Frauen getroffen hat, die ihr Leben verloren oder in den Gefängnissen gefoltert und im Namen Gottes vergewaltigt wurden, sind nur einige jüngere Beispiele, wie gewalt- und konfliktbehaftet bestimmte Regionen seit Jahrhunderten sind. Natürlich profitieren viele andere historische und aktuelle internationale und regionale Hegemonialmächte von diesen nie endenden Konflikten; ihnen ist die Entwicklung einer gesunden Gesellschaft gleichgültig.

Dennoch bin ich davon überzeugt, dass die Demokratie mit den universalen Menschenrechten für alle Gruppen, Ethnien und Religionen annehmbar ist. Sie sind für jede dieser Gruppen, wenn sie verinnerlicht sind, mit ihrer Lebensweise vereinbar. Sollte dies nicht der Fall sein, dann müssen diese Gruppen ihre Traditionen,

Normen und Werte auf den Prüfstein stellen. Dazu gehört Mut, Ehrlichkeit und der wirkliche Wunsch, die eigene Gesellschaft für das Leben in einer guten und würdigen Zukunft in der immer kleiner werdenden Welt vorzubereiten.

Auf meinen Reisen in fast allen Staaten des Nahen und Mittleren Ostens und in anderen arabischen Ländern hatte ich nie das Gefühl, auch nicht in den entlegensten Dörfern in der Steppe oder im Gebirge, dass die Menschen dort »rückschrittlich und wild« sind. Es waren immer warmherzige und gastfreundliche Menschen mit einer logischen und humanen Vernunft. Sogar die »Ehrenmörder«, die ich in den letzten Jahren begutachtet und gesprochen hatte, waren, bis auf wenige Ausnahmen, keine Killer und hatten keine »Verbrecherkarriere« hinter sich. Es waren Ehemänner, Väter, Brüder oder Onkel, die in der Regel in ihrer Gesellschaft anerkannt, »Ehrenmänner« und solidarische Menschen waren. Diese Tatsache führt mich letztendlich zum Schluss, dass diesen Menschen vor der Tat politisch, kulturell und religiös eine Alternative gegeben werden muss, um solche Taten zu verhindern. Das kann und muss sowohl die Gesellschaft im Herkunftsland wie auch die im Migrationsland durch ihre Institutionen leisten. Erste Organisationen mit verschiedenen Kampagnen, z. B. in der Türkei gegen häusliche Gewalt und für die Unterstützung von Frauen mit solchen Konflikten, geben Hoffnung auf eine Veränderung und können vielleicht dafür sorgen, dass sogar ein »Ruck« durch die Gesellschaft geht.

Mir ist bewusst, dass die Kritiker mich als Idealisten abstempeln, weil die Konflikte in der Welt zunehmen und wir, wenn wir nicht diese Entwicklung irgendwie stoppen, in einer Regression von individuellem Egoismus und Empathielosigkeit verfallen. Die Islamisten werden mir sofort vorwerfen, dass meine Idee von Demokratie und Freiheit verwestlicht sei und die kollektive Freiheit über der individuellen Freiheit stehe, dass die Demokratie nicht die einzige Staatsform sei und das Leben nach den Vorgaben der Scharia eine Alternative bilde. Autokraten wie Putin, Erdogan und sogar Trump träumen von einem autoritären Staat, in dem ein »Mann« nach seinen Vorstellungen und Fantasien ein Land regiert, im Interesse des Staates Opfer vom Volk verlangt, eine Opposition nicht zulässt und Freiheit immer nur die Freiheit der Diktatoren ist. Dennoch dürfen wir die Hoffnung nicht verlieren. Wir haben als Menschen das Potenzial und die Energie zu unvorstellbaren Grausamkeiten, aber auch das Potenzial und die Energie zu Liebe und Empathie. Daher gehe ich langfristig davon aus, dass sich die Menschheit trotz Regressionen, die wir in unserer Geschichte immer wieder beobachten, positiv entwickelt. Gerade in den moslemischen Ländern findet ein innerer Krieg um Veränderungen, individuelle Freiheit und im Gegenzug ein Kampf zurück ins 7. Jahrhundert statt. Dieser Konflikt, der eigentlich in Richtung Selbstfindung, Emanzipation von Mann und Frau, allgemeine Frauenrechte im Islam, Anpassung von Regeln etc. geht, befindet sich in einer Übergangsphase. Gesellschaftliche Veränderungen, die ich hier Übergangsphasen nenne, sind immer stark behaftet mit inneren und äußeren Krisen.

Konfliktlösung bzw. -begrenzung in der »Übergangsphase«

Es ist davon auszugehen, dass mit zunehmender Zeit und gesellschaftlicher Entwicklung im Herkunfts- und Residenzland dieses Phänomen der »Ehrenmorde« insbesondere bei den nachfolgenden und integrierten Generationen nur noch selten oder gar nicht mehr auftritt. Dies lässt sich als »Übergangsphase« bezeichnen.

Eine Vorhersage, über wie viele Generationen dieses Phänomen noch aufrechterhalten bleiben wird, ist schwierig. Die politische und gesellschaftliche Entwicklung im Herkunftsland hat direkten oder indirekten Einfluss auf die Diasporagemeinden in Europa. Die von uns hier diskutierten Ideen einer Konfliktlösung bzw. Konfliktbegrenzung sind, neben der Information über die Art und Weise des Umgangs mit Konflikten, als eine Hilfe für verschiedene Institutionen gedacht. Es gibt dennoch nicht die Gewähr, dass sich die einzelnen Personen daran halten bzw. diese für sich akzeptieren, zumal in der Diaspora durchaus von »Mischwerten« der beiden Gesellschaften, der Herkunfts- und Residenzgesellschaften, gesprochen werden kann.

Die Methoden der Konfliktlösung bzw. -begrenzung sind vielfältig. Sie reichen von zeichenhaften Handlungen (Verbalien, Einsetzen von Frauen, deren Tun »inoffiziell« ist und doch gleichzeitig den Konflikt deeskaliert) bis hin zur Delegation der Konfliktbereinigung an Dritte. Als Dritte kommen dabei sowohl staatliche Instanzen (Polizei, Staatsanwaltschaft und Gericht) wie auch anerkannte Schlichter (Persönlichkeiten aus der Gemeinschaft, Mediatoren und Psychotherapeuten) infrage. Die Kenntnisse über Methoden, mit deren Hilfe man Konflikte reduzieren kann, können auch bei Familienkonflikten sehr hilfreich sein. So könnten bestimmte Konflikte wie Generationskonflikte, »Zwangsheirat«, Erbrecht, Scheidung, Sorgerecht für die Kinder etc. mit den Mitteln und den Erkenntnissen der Konfliktforschung auf einer gewaltfreien Ebene gelöst werden.

Als eine konkrete Lösungsmöglichkeit möchte ich mich an dieser Stelle mit Möglichkeiten einer gewaltfreien Konfliktregelung am Beispiel der patriarchalischen Gesellschaften beschäftigen und versuchen, dazu ein (noch) theoretisches Modell darzustellen.

Möglichkeiten der Vermittlung und Schlichtung durch Dritte

Grundsätzlich ist das Erkennen und Verstehen der Konflikte für alle Beteiligten, insbesondere für die Vermittler bzw. Schlichter, die Grundvoraussetzung, um den Konflikt lösen zu können. Die an dem Konflikt beteiligten Personen müssen relativ schnell ausreichende Informationen zur Verfügung gestellt bekommen, damit sie nicht vorschnell, aus der Reaktion heraus handeln und dadurch eine friedliche Lösung unmöglich machen. Sollte z. B. die Polizei durch einige Fortbildungen ausreichend sensibilisiert sein, könnte sie beim Erkennen eines »Ehrenkonflikts« selbst handeln oder entsprechende Vermittler einschalten. Die Polizei könnte z. B. als eine Präventivmaßnahme beide Parteien aufsuchen oder zu sich einladen und das Gespräch suchen. Solche Gespräche sollten idealerweise vor einer Tat stattfinden. Zur Wahrung der Sicherheit und zur Prävention ist meines Erachtens ein solches Gespräch legitim. Das Wissen der Polizei als staatliche Instanz über einen möglichen Konflikt kann Personen abschrecken. Es kann auch dazu führen, dass man sich um eine friedliche Lösung bemüht.

In einer der meistverkauften türkischen Tageszeitungen wurde am 15.07.2005 ein Metzger zum Hauptthema auf der Titelseite. Der 61-jährige Sait Sanli aus Diyarbakir wurde von der Nachrichtenagentur AFP für den Friedensnobelpreis vorgeschlagen, da er innerhalb von fünf Jahren 397 feudale Konflikte zwischen Familien und Stämmen friedlich gelöst hatte. Der Vermittler Sait Sanli berichtete der Zeitung, dass er für eine Konfliktlösung manchmal bis zu sieben Monate lang tätig sein musste. »Neben Blutrache und Ehrverletzungen gibt es auch zahlreiche kleinere Konflikte zwischen den Familien und Gruppen. Es fängt damit an, dass eine Kuh auf einer fremden Weide grast und der Besitzer der Weide daraus einen ernsthaften Konflikt macht. Ich versuche hier zu vermitteln. Immer wieder habe ich auch mit Zwangsheirat zu tun. Ein junges Mädchen soll gegen ihren Willen verheiratet werden. Diese kleinen Fälle zu lösen ist einfach.«

Der Vermittler Sanli hat laut dem Bericht für sich einige Grundregeln festgelegt: Sollte ein Mord vorliegen, muss sich der Täter den staatlichen Behörden stellen. Die Familie der geschädigten Person soll, wenn es finanziell möglich ist, ein Haus bekommen. Sollte die finanzielle Lage dies nicht möglich machen, dann soll Geld gesammelt werden, damit die Familie der ermordeten Person finanziell ausreichend entschädigt wird.

Nach Möglichkeit sucht der Vermittler oder Schlichter nach einer argumentativen Konfliktlösung, durch die alle Missverständnisse und Missstimmungen geklärt werden können. Um dieses Ziel zu erreichen, ist es notwendig, dass die Konfliktparteien bis zum Abschluss der Gespräche auf eine verbale und physische Auseinandersetzung verzichten. Beide Parteien müssen dafür den Vermittler bzw. Schlichter und das Verfahren akzeptieren und sich an die Regeln halten. Für eine tragfähige Lösung muss erreicht werden, dass beide Parteien grundsätzlich bereit sind, bei der Planung ihres Handelns auf die Handlungswünsche und Handlungsgründe aller Betroffenen (auch derer, die an der Beratung selbst nicht teilnehmen können) Rücksicht zu nehmen. Ist dies gegeben, wird der Frieden gewahrt. Frieden in diesem Sinne bedeutet nicht einen Zustand konfliktfreier Harmonie, sondern einen bestimmten Modus der Konfliktbearbeitung. Dieser steht nicht nur im Gegensatz zu jeder Form einer gewaltsamen Konfliktaustragung, bei der die Konfliktparteien ihre jeweiligen Ziele gegeneinander durchzusetzen versuchen, sondern auch zur Konfliktverleugnung, bei der die Konfliktparteien der Auseinandersetzung aus dem Wege gehen, indem sie die Unvereinbarkeit ihrer Handlungen und/oder Handlungswünsche nicht zur Kenntnis nehmen.

Voraussetzungen für Vermittler bzw. Schlichter

In patriarchalischen Gesellschaften müssen die Vermittler bzw. Schlichter eine Reihe von Voraussetzungen erfüllen, damit sie von beiden Seiten anerkannt werden. Bei Konflikten innerhalb der Familie muss in erster Linie das älteste männliche Familienmitglied diese Aufgabe übernehmen. Bei Auseinandersetzungen zwischen Familien, die derselben Großfamilie zuzurechnen sind, die aber durch kein gemeinsames lebendes Mitglied mehr verbunden sind, kann das Oberhaupt der Großfamilie, das heißt die älteste oder angesehenste Persönlichkeit der politisch führenden Familie, mit der Entscheidung beauftragt werden. Stehen der Wahl eines solchen Schlichters etwaige Vorbehalte oder Spannungen entgegen, die sich aus dem Konkurrenzverhältnis zwischen den einzelnen Parteien ergeben, so werden sich die Konfliktparteien um einen »neutralen« Schlichter bemühen, von dem man annimmt, dass er an den internen Streitigkeiten nicht beteiligt ist. In den Herkunftsländern wurden früher in erster Linie lokale religiöse oder außerhalb der Hierarchie der betroffenen soziologischen Gruppen angesiedelte Persönlichkeiten als Schlichter gewählt. In Südostanatolien beispielsweise ist diese Rolle sehr oft einem Sheikh (religiösem Führer), dem Agha (Großgrundbesitzer), einem Offizier oder einer Persönlichkeit aus der Politik zugefallen. Auch türkische Staatspräsidenten oder Abgeordnete wurden manchmal bei großen Stammesfehden als Schlichter tätig. Heute kann eine solche Aufgabe von Ärzten/Therapeuten, Richtern, Polizisten, Vereinsvorsitzenden, Politikern etc. wahrgenommen werden.

Für die Auswahl des Schlichters und für das Schlichtungsverfahren ist entscheidend, dass keine der vom Schlichtungsspruch betroffenen Parteien eine (weitere) Statuseinbuße erleidet. Der Schlichter sollte unabhängig sein und beide Konfliktparteien gleich behandeln. Die Frage der Schuld steht nicht zur Diskussion. Vielmehr geht es um den Versuch, eine Annäherung der beiden Konfliktparteien zu erreichen. Weitere Voraussetzungen für eine erfolgreiche Schlichtung wären möglicherweise die Fähigkeit eines Schlichters zur Kommunikation, Problemlösungskompetenz sowie gute kulturelle und religiöse Kenntnisse. Es ist nicht unbedingt Voraussetzung, dass der Schlichter der Kultur der Konfliktparteien angehört, allerdings sollte er die grundlegenden Rituale und Normen kennen bzw. zuvor von jemandem darüber informiert werden. Hierbei ist es wichtig, dass der Schlichter bereits Erfahrungen mit Schlichtungen hat und dabei auf die Einhaltung der üblichen Rituale achtet. So sollte ein Schlichter wissen, dass sich in Ostanatolien Solidargemeinschaften immer noch über den urtümlichen Ritus gemeinsamen Essens und Trinkens begründen und durch die zeremonielle Aufrechterhaltung dieses Ritus die Gemeinschaft bzw. eine Bindung stabil gehalten oder neu etabliert wird. Die Zusammensetzung der Essgemeinschaft und die Art des Essens demonstrieren die Einheit der Solidarverbände und die Hierarchie der gegenseitigen Bindungen und Verpflichtungen. Dies gilt für das gemeinsame Essen in der Kleinfamilie bis zum – fast rituellen – gemeinsamen Essen von Teilen oder der gesamten Dorfgemeinschaft. In der ostanatolischen traditionellen ländlichen Gesellschaft wird die Solidargemeinschaft grundsätzlich durch das Angebot des gemeinsamen rituellen Teetrinkens zum Anfang und zum Abschluss des Beisammenseins begründet bzw. demonstriert. Die Funktion dieses Ritus wird von Menschen aus diesem Gebiet auch in Deutschland weiterhin eingehalten und bewahrt. Bei einem ersten Treffen von zwei Konfliktparteien kann davon ausgegangen werden, dass ein gemeinsames Essen nicht stattfindet, um keine Bindung oder Verpflichtung einzugehen.

Die einzelnen Mitglieder der Solidargruppen (auch der Schlichtergruppe) sind im Interesse ihrer eigenen Lebensführung und ihres eigenen Lebensstandards nicht immer bereit, sich den Verpflichtungen zu unterwerfen, durch deren Anerkennung und Befolgung die Gemeinschaft organisiert wird und am Leben erhalten werden soll. Jedes Mitglied der Gemeinschaft hat auch ein eigenes politisches und ökonomisches Interesse. Es besteht grundsätzlich die Gefahr, dass dieses Interesse bei einzelnen Mitgliedern der Gemeinschaft gegenüber dem Interesse der Solidargemeinschaft überwiegt oder dem Interesse der Solidargemeinschaft zuwiderläuft. Daher sind die Mitglieder der Gemeinschaft dazu gezwungen, ihre Gemeinsamkeit immer wieder zu demonstrieren. Die Aufgabe fällt generell in einer Dorfgemeinschaft den religiösen Führern und dem Ältestenrat zu. Diese Struktur verliert in der Diaspora in Deutschland immer mehr an Bedeutung. Jedoch ist auch in Europa immer wieder zu beobachten, dass der Ältestenrat aus dem Herkunftsland immer noch bei bestimmten Konflikten eingesetzt wird. So kann z. B. ein Verdacht, ein Gerücht oder auch eine Tatsache erst durch das von einer verbindlichen Autorität ausgesprochene Urteil, dass die Vorwürfe unberechtigt sind, beseitigt werden.

Gleichbehandlung aller Beteiligten

Erwartungsgemäß werden Schlichtungen erfolglos bleiben, wenn nicht tatsächlich auch alle konfliktrelevanten Handlungswünsche und -begründungen der Konfliktparteien in die Beratungen einbezogen werden. Voraussetzung dafür ist die Gleichbehandlung aller Konfliktparteien. Dabei sind auch Kenntnisse und Einhaltung der patriarchalischen Rituale von besonderer Bedeutung, wie die Begrüßungsrituale, das gemeinsame Essen und möglicherweise auch religiöse Riten, z. B. das gemeinsame Gebet. Beiden Parteien müssen der gleiche Respekt und die gleiche Anerkennung gezeigt werden. In der Regel werden beide Konfliktparteien in den Gesprächen (zunächst) durch einen Repräsentanten, den Haushaltsvorstand, Stammesführer etc. vertreten. In patriarchalischen Gesellschaften kann es auch vorkommen, dass keine Familienangehörigen die Konfliktparteien repräsentieren, sondern Persönlichkeiten aus dem Dorf. Diese sind dann sozusagen Vermittler zweiten Grades, die die Parteien über den Stand der Verhandlungen auf dem Laufenden halten. Gleichzeitig können diese natürlich einen wichtigen Einfluss auf die Verhandlung ausüben.

Sollte es zu Lösungsvorschlägen kommen, sollten keine Sanktionen befürchtet werden müssen. Ansonsten kann kein echtes, lösungbringendes Gespräch zustande kommen. Es muss dafür auch gewährleistet sein, dass das Besprochene vertraulich bleibt und die Öffentlichkeit zunächst nichts davon erfährt. Es kommt allerdings auch vor, dass bewusst Informationen an die Öffentlichkeit (Dorfbewohner) weitergegeben werden, um deren Reaktionen zu beobachten und entsprechend diese oder jene Lösung anzunehmen oder zu verwerfen. Allerdings bringen meist schon die Berücksichtigung, Anerkennung und Respektierung fremder Handlungswünsche und -begründungen, als Grundvoraussetzung für konstruktive Verhandlungen, erhebliche Schwierigkeiten mit sich, die oft nicht ohne Hilfe eines Konfliktvermittlers bewältigt werden können.

Durch die äußeren gesellschaftlichen Verhältnisse und persönliche biografische Erfahrungen und Verletzungen geprägt, sind wir ohne fremde Hilfe oft nicht in der Lage, einen friedlichen und herrschaftsfreien inneren Dialog mit uns selbst zu führen, wie er notwendig wäre, damit wir unser eigenes Konfliktverhalten reflektieren und Konflikterfahrungen konstruktiv aufarbeiten können. Eine auf den Prinzipien der personenzentrierten Gesprächsführung nach Carl Rogers (Akzeptanz, Kongruenz und Empathie) basierende Kommunikation, z. B. innerhalb einer Klient-Therapeut-Dyade, kann helfen, einen solchen herrschaftsfreien Selbstdialog zu erlernen (Rogers 1977). Diese Prinzipien hatte Carl Rogers in den letzten Jahren seines Lebens auf Gruppenprozesse zwischen Konfliktparteien übertragen, u. a. im nordirischen Konflikt und im israelisch-palästinensischen Konflikt. Dabei konnte Folgendes gezeigt werden: Wenn feindliche Gruppen bereit sind, einander im selben Raum zu treffen und miteinander zu sprechen, und wenn geschickte Vermittler anwesend sind, die die unterschiedlichen feindseligen, angstvollen Einstellungen verstehen und akzeptieren können, ist die Entwicklung eines besseren gegenseitigen Verständnisses und von konstruktiveren Handlungen fast unweigerlich die Folge.

Voraussetzungen für eine gewaltfreie Konfliktlösung durch Kommunikation

Die Voraussetzung für eine friedliche Konfliktlösung ist, dass beide Parteien zunächst gewillt sind, miteinander oder zunächst über den Vermittler in Kommunikation zu treten. Ohne die grundsätzliche Bereitschaft, eine gewaltfreie Lösung zu finden, ist eine Verhandlung zum Scheitern verurteilt. Sollten gravierende Machtunterschiede zwischen den Konfliktparteien bestehen, sind die Gleichbehandlung und eine gewaltfreie Konfliktlösung eher schwierig. Ein Machtausgleich könnte durch das Einschalten bestimmter öffentlicher Persönlichkeiten hergestellt werden, indem diese sich für eine Lösung einsetzen und sehr deutlich zum Ausdruck bringen, dass sie eine Gleichbehandlung wünschen. So könnte z. B. der religiöse Dorfpriester im Namen der Religion seinen Einfluss geltend machen und eine Gleichbehandlung einfordern, da es sonst nicht im Sinne der Religion wäre. Sollten beide Konfliktparteien religiös gebunden sein, wovon man in der Regel ausgehen kann, werden diese sich in der Öffentlichkeit nicht gegen die Wünsche des Priesters stellen. Dies könnte sonst einen größeren Gesichtsverlust zur Folge haben. Es kann aber vorkommen, dass die schwächere Partei sich ihrer Unterlegenheit nicht bewusst ist und zu hohe Forderungen stellt. In einem solchen Fall sollte der Vermittler durchaus die schwächere Partei auf ihre Handlungsmöglichkeiten aufmerksam machen, derer sie sich vielleicht nicht bewusst ist. Es kann aber auch erforderlich werden, die stärkere Partei (oder beide) unter Druck zu setzen, um sie überhaupt erst zur Verhandlungsbereitschaft zu bewegen.

Für eine gute Verhandlung bzw. Schlichtung ist es notwendig, dass die Verhandlungsführung durch Vertreter der Konfliktparteien akzeptiert und deren Mitarbeit kontinuierlich gewährleistet ist; dass die Vertreter fähig sind, innerhalb des Rahmens zu verhandeln, der von ihrer Gruppe gesetzt wurde, dass die Rückkoppelung zur vertretenen Gruppe gewährleistet ist sowie schließlich, dass ein gewisses Maß an Vertrauen in den Verhandlungsprozess und in die Verhandlungsfähigkeit der Verhandlungsteilnehmer vorhanden ist. Dabei kommt es freilich nicht nur auf das (subjektive) Vertrauen an, das die Konfliktparteien in die Bedingungen und den Prozess der Verhandlungen setzen, sondern die genannten Voraussetzungen müssen auch objektiv (das heißt als soziale Wirklichkeit) realisiert sein.

Die entwickelten Rahmenbedingungen für eine Konfliktlösung müssen natürlich den kulturellen und sozialen Realitäten entsprechen. Eine Lösung hat nur eine langfristige Perspektive, wenn diese auch von der Mehrheit der Gemeinschaft angenommen wird. Andererseits müssen und können die erforderlichen Bedingungen z. B. in der Diaspora erst hergestellt werden. Dabei muss auch berücksichtigt werden, dass man nicht (mehr) im Herkunftsland lebt und die eigenen Gemeinschaftsangehörigen sich ebenfalls verändert haben. Hier könnte zum Beispiel eine Abschwächung des »Ehrbegriffs« erreicht werden.

Mittelaustausch und Einschalten einer höheren Hierarchie

Selbst wenn die Voraussetzungen einer gewaltfreien Konfliktlösung gegeben sind, so sind deren Erfolgschancen wesentlich davon abhängig, was in den Verhandlungen ausgehandelt wird. In den patriarchalischen Gesellschaften ist ein Mitteltausch immer ein Bestandteil der Konfliktlösungen gewesen. In besonders schwierigen Konflikten, bei denen schon Menschen ums Leben gekommen waren, wurden über die »Macht des Blutes« zwei Personen aus beiden Parteien miteinander verheiratet, um eine familiäre Bindung zu schaffen. Geld- oder Bodenabgaben gehören heute noch zu möglichen Konfliktlösungen zwischen zwei Parteien. In Europa ist bekannt, dass bei Konflikten viele durch Geldabgaben versuchen, eine Lösung herbeizuführen.

Auch wenn ein Konflikt kooperativ bearbeitet wird, ist eine Konfliktlösung durch Mittelaustausch oft nicht möglich, da den Konfliktparteien keine Handlungsweisen zur Verfügung stehen, mit denen sie ihre Intentionen verfolgen können, ohne einander in ihrer Zielerreichung zu behindern. In solchen Konflikten scheint es auf den ersten Blick keine andere Möglichkeit zu geben, als dass die Konfliktparteien – zumindest teilweise – ihre Intentionen aufgeben und sich mit einer Kompromisslösung zufriedengeben.

In bestimmten Konfliktkonstellationen ist nicht einmal dies möglich, weil den Konfliktparteien selbst bei Intentionsänderung keine miteinander verträglichen Handlungsweisen verfügbar sind. In solchen Fällen sollte, falls vorhanden, eine höhere Hierarchie in die Verhandlung eingreifen. In der Türkei haben wir immer wieder erlebt, dass verschiedene Stämme und Großfamilien sich auch nach Jahrzehnten bekämpften und nicht bereit waren, ihren Streit beizulegen. Erst durch das Einschreiten des türkischen Ministerpräsidenten konnte eine Lösung erzielt werden. Auch kämpfende Befreiungsorganisationen werden immer wieder als Vermittler eingesetzt. Die Macht dieser Organisationen ist meistens stärker als die der Konfliktparteien, und bei Nicht-Einhaltung der Vorgaben können diese Organisationen selbst in das Geschehen eingreifen. Ihnen wird dann in der Regel nicht widersprochen bzw. sie werden gerne als Vermittler genommen, da sie über eine höhere Macht verfügen und damit die Einhaltung des »Vertrags« gewährleisten können. Da unser Ansatz die gewaltfreie Lösung war, wollen wir hier auf Lösungen verzichten, die natürlich auch durch Kampf und Krieg gesucht werden.

Therapeutische und psychosoziale Hilfe

Menschen, in der Regel Frauen und Mädchen, die von Gewalt »im Namen der Ehre« (innerhalb der Familie, aber auch in kriegerischen/terroristischen Auseinandersetzungen) betroffen sind, leiden durch die körperlichen, aber auch die existenziellen psychisch-emotionalen Verletzungen oft an langfristigen Folgen. Eine für die Dynamiken und Folgen von Gewalt »im Namen der Ehre« sensibilisierte therapeutische und/oder psychosoziale Begleitung kann für den Schutz der Betroffenen sowie für die Linderung und Aufarbeitung dieser Folgen sehr hilfreich sein.

Bei Gewalt im familiären System

Mädchen und Frauen, die in familiären Gewaltsystemen »im Namen der Ehre« aufwachsen oder leben, versuchen oft, ihre Situation auszuhalten, da sie meist keinen anderen Ausweg für sich sehen. Die erlittene Gewalt wird geleugnet oder verharmlost, um sie für sich ertragbar zu machen. Viele haben auch Angst vor einer Verschlimmerung der Gewalt, wenn die Familie erfährt, dass mit Außenstehenden über die Situation gesprochen wird, und suchen sich deshalb keine Hilfe. Gleichzeitig sind Hilfe und Unterstützung der Betroffenen bei Gewalt »im Namen der Ehre« extrem wichtig, da bei einem Verlassen der Familie oft der Kontakt zur gesamten Familie komplett abgebrochen werden muss und schlimmstenfalls die Ermordung droht, weshalb sorgfältige Schutzmaßnahmen erforderlich sind. Nicht alle Anlaufstellen und Fachkräfte des deutschen Hilfesystems, z. B. Ärzt*innen, Polizei oder auch Beratungsstellen, sind ausreichend für die Dynamiken und das Gefahrenpotenzial von Gewalt »im Namen der Ehre« sensibilisiert. Daher ist die Einbeziehung von bzw. die Vermittlung an spezialisierte Beratungsstellen, die erfahren und gut vernetzt sind, sehr wichtig.

Betroffene haben aufgrund der Abschottung der Familie bzw. Gemeinschaft gegenüber der »Mehrheitsgesellschaft« nur sehr wenig Wissen über Hilfemöglichkeiten und Anlaufstellen. Es kann wichtig sein, sie über die Hilfeverfahren, z. B. auch die gesetzliche Schweigepflicht, zu informieren. Gleichzeitig kann die ethnisch-religiöse Zugehörigkeit der Beratungskraft sehr wichtig sein, damit Betroffene das Vertrauen haben können, dass diese nichts an die Gemeinschaft oder Familie weitergibt.

Ist eine Flucht erforderlich, sollte diese, sofern möglich, sorgfältig und mit ausreichend zeitlichem Vorlauf vorbereitet werden, damit die Betroffenen sich auch emotional auf das Kommende, auch auf die Zeit nach dem Verlassen der Familie einstellen können. Organisatorisches ist zu klären, etwa ob die Einbeziehung des Jugendamts erforderlich ist (je nach Alter) oder auch wie die eigenen Papiere mitgenommen werden können, die nicht selten unter Verschluss gehalten werden. Schutzmöglichkeiten wie Frauenhäuser oder Mädchenzuflucht-Einrichtungen sollten möglichst weit entfernt vom Wohnort der Familie liegen und möglichst für Gewalt »im Namen der Ehre« sensibilisiert sein. Eine Anonymisierung mit Schutznamen und eine Auskunftssperre bei allen behördlichen Stellen müssen veranlasst werden, damit die Betroffenen unter keinen Umständen ausfindig gemacht werden können.

Nach der Flucht ist eine gute psychosoziale oder auch psychotherapeutische Begleitung der Betroffenen wichtig. Diese müssen sich in ein völlig neues Leben und eine neue Identität einfinden. Um die Anonymität zu wahren, müssen sie sich an einen fremden Namen gewöhnen; sie dürfen die Namen ihrer Familienangehörigen nicht erwähnen und müssen sich auch eine neue Familiengeschichte zurechtlegen. Selbst die Zugehörigkeit zu ihrer religiösen oder ethnischen Gemeinschaft müssen sie verleugnen, da das Risiko sonst zu groß wäre, dass sie erkannt und gefunden werden. Die Betroffenen müssen also ohne ihre Familie, ihr soziales Umfeld und ohne die eigene Kultur und Religion zurechtkommen, was eine große Einsamkeit mit sich bringt, insbesondere da Betroffene meist gelernt haben, dass die Gemeinschaft der Familie über allem steht und sie ohne diese »nichts« sind. Insbesondere in der Zeit direkt nach der Flucht ist oft auch die existenzielle Angst, doch gefunden zu werden, sehr groß. Meist versucht die Familie, auf unterschiedlichsten Wegen Kontakt aufzunehmen, z. B. auch über soziale Medien. Sie wird an die Schuldgefühle appellieren, um die Betroffene dazu zu bewegen, zur Familie zurückzukehren. Die Sehnsucht nach Rückkehr ist, trotz der erlittenen Gewalt, oft sehr groß, in den meisten Fällen jedoch (lebens-)gefährlich.

Leider wird die Dringlichkeit von Ehrenmorddrohungen von deutschen Behörden und Fachkräften, z. B. Lehrer*innen, (Schul-) Sozialarbeiter*innen oder Mitarbeiter*innen des Jugendamts, nicht immer adäquat eingeschätzt. Zum Teil werden diese auch selbst durch Familienangehörige bedroht und haben Angst. Hier sollte es unbedingt mehr Sensibilisierung und Fortbildung geben, damit diese angemessen Verantwortung für die Unterstützung und den Schutz von Betroffenen übernehmen können.

Bei Ehrverletzung durch sexualisierte Gewalt

Immer wieder haben Beratungsstellen, Arztpraxen, psychiatrische Krankenhäuser etc. mit Menschen, meist Frauen und Mädchen, zu tun, die in ihrem Herkunftsland durch militärische oder paramilitärische Kräfte vergewaltigt worden sind. Sexualisierte Gewalt wird als eine perverse Kriegswaffe eingesetzt, um die gegnerische »Gemeinschaft zu entehren«, sie zu Passivität zu zwingen und innerlich zu zerstören, indem die Gemeinschaft in ihren Normen und Werten einen Bruch erleidet. Meistens versuchen diese Frauen und Mädchen, mit niemandem über das Erlebte zu sprechen, in der Hoffnung, niemand würde davon erfahren. Sie haben Angst, aufgrund der »Entehrung« auch von ihrer eigenen Familie abgelehnt oder gar getötet zu werden. Das unvergessene Erlebte entwickelt sich jedoch zunehmend zu einer Belastung, die schließlich sogar in eine posttraumatische Belastungsstörung münden kann. Die Betroffenen benötigen dann dringend eine medizinisch-psychotherapeutische Behandlung oder eine traumapädagogische Begleitung. Dabei sind ethno-psychologische Kenntnisse über die verinnerlichten Formen, Normen und Regeln zu Sexualität, Ehre und Scham wichtige Grundsteine. Geringe Kenntnisse dieser Strukturen, Verhaltens- und Handlungsprogramme können die Therapie bzw. Begleitung unmöglich machen und sogar Konflikte verschärfen und verheerende Folgen nach sich ziehen.

Die Behandlung und Begleitung von Menschen mit psychischem Leiden infolge erlebter sexualisierter Gewalt ist besonders herausfordernd. Die Betroffenen kommen über ihre alltäglichen Grenzen und möglicherweise ihre gelernten Verhaltensweisen und Normen sowie Vorstellungen über Menschen hinaus. Sie werden mit einer strukturellen Gewalt konfrontiert, die sie bisher nicht kannten. Die Infragestellung der Menschlichkeit und die tiefen Abgründe der menschlichen Psyche können unbewusst zu einem inneren Dialog führen, bei dem jedoch keine Antworten auf die aufgeworfenen Fragen gefunden werden. Die individuellen und gesellschaftlichen Verhältnisse können manchmal das Geschehene und das daraus folgende Leiden nicht ausreichend erklären. Dies kann dazu führen, dass das Leiden abgekapselt wird und die Opfer solcher Erfahrungen über das Erlebte schweigen. Die Folgen können sich dennoch, selbst Jahre später, aufgrund verschiedener Auslöser bemerkbar machen.

»Wieder ein Teil dieser Welt werden? Wie kann man aber wieder ein Teil des Ganzen werden?« Opfer von sexualisierter Gewalt, Menschen, die in ihrer Ehre tief verletzt wurden, haben eine Enthumanisierung, eine Entmenschlichung durchgemacht. Sexualisierte Gewalt macht einen Menschen zu einem »Nichtmenschen«. Nach solchen Erlebnissen fühlen sich die Geschädigten vollkommen fremd in der Welt. Sie fühlen sich abgetrennt und andersartig. Man(n) hat sie verändert. Ein Opfer kann nur dann wieder ein Teil dieser Welt, der Gemeinschaft, werden, wenn es aus dem Griff der Täter befreit wurde. Das Entscheidende dieser Traumatisierung ist, dass sie von Menschen absichtlich zugefügt wurde (man-made-disaster), um zu zerstören. Jeder Eingriff in die persönliche Integrität, die Anwendung von Gewalt durch Menschen, vor allem sexualisierte Gewalt, führt zu einer schweren physischen und psychischen Wunde, die ihre Narben hinterlässt. Gefühle von Schuld, Scham, seelischer und körperlicher Beschmutzung und Ehrverletzung werden immer wieder von Betroffenen beschrieben. Daher ist die Anamnese bezüglich der erfahrenen traumatischen Erlebnisse von größter Bedeutung. Manchmal kann eine zu direkte Thematisierung, aber auch eine zu vorsichtige Herangehensweise Gefühle von Bedrohung oder des »Nicht-ernst-genommen-Werdens« auslösen. Ein geeigneter erster Schritt kann beispielsweise ein indirektes Ansprechen sein, indem man das Thema im Allgemeinen anspricht. Wie ein möglicher Dialog in einem Therapie- oder Beratungsgespräch ablaufen könnte, haben Sie auf Seite 182 gelesen.

Hierdurch wäre ein erster Ansatz geleistet, indem zunächst indirekt über das Thema gesprochen wurde. In einer weiteren Phase würde man mit der Patientin ihr persönliches Schicksal besprechen. Danach wären detailliert die Schamgefühle zu erörtern mit dem Ziel, diese zu reduzieren.

Zur besseren Erläuterung möchte ich hier ein Fallbeispiel bringen:

Frau Demir wurde aufgrund einer posttraumatischen Belastungsstörung in einem Traumazentrum in Süddeutschland behandelt. Da die ambulanten Maßnahmen nicht ausreichten, wurde sie zur stationären Behandlung in eine psychosomatische Klinik mit muttersprachlichen Ärzten und Therapeuten überwiesen.

Frau Demir berichtete bei der Aufnahme, dass sie 1993 von Soldaten, nicht weit von ihrem Heimatdorf, vergewaltigt worden sei. Damals habe sie sich mit mehreren Frauen nicht weit von ihrem Dorf aufgehalten, als sie plötzlich von Soldaten umringt wurden. Dabei seien sie von den Soldaten geschlagen worden, und sie sei unter anderem dann vergewaltigt worden. Da sie sich gewehrt habe, habe ein Soldat mit einem Gewehrkolben auf ihren Oberschenkel geschlagen, was zu einem Bruch führte. Aus Angst habe sie nicht gewagt, sofort in ein Krankenhaus zu gehen, sondern habe sich dort erst nach einem Monat behandeln lassen. Die ganze Zeit habe sie die Schmerzen ertragen müssen. Am Bein sei eine tiefe und lange Narbe zurückgeblieben, weswegen sie sich sehr schäme. An diesem Bein verspüre sie immer wieder starke Schmerzen. Insgesamt sei sie mit ihrer Familie aufgrund der bestehenden Konflikte immer wieder zwischen die Fronten geraten und habe erhebliche Repressalien und Schikanen durch das Militär erleiden müssen. Sie habe auch viele Bekannte und Familienmitglieder, die in diesem Krieg getötet, verhaftet oder gefoltert worden seien. Auch ihr Ehemann sei öfter verhaftet und gefoltert worden. Seit dieser Zeit habe sie erhebliche Ängste, fühle sich verfolgt und mache sich große Sorgen um die Zukunft der Familie, da sie immer noch nicht als politische Flüchtlinge anerkannt wurden. Es bestehe jeden Tag die Gefahr, dass sie in ihr Herkunftsland abgeschoben werden. Diesen Zustand und diese Ungewissheit könne sie einfach nicht aushalten.

Weiterhin berichtet die Patientin über Ein- und Durchschlafstörungen, sie träume immer wieder davon, dass die Soldaten sie festnehmen und vergewaltigen würden. Sie leide unter Angstzuständen, ziehe sich allgemein von Menschen zurück und könne sich anderen gegenüber nicht öffnen und mitteilen, *»weil niemand verstehen kann, was ich erlebt habe«*. Auch sei sie nicht in der Lage, über ihre Vergewaltigung mit jemandem zu sprechen, obwohl viele Verwandte und Bekannte davon wüssten. Dieses Thema sei in der Familie tabuisiert. Jedes Mal, wenn sie ihre Verwandten oder Bekannten treffe, denke sie sofort, dass die Leute jetzt über ihre Vergewaltigung nachdenken und sie deswegen nicht akzeptierten. Nach der Vergewaltigung 1993 habe sie immer wieder starke Suizidgedanken gehabt und wollte sich umbringen, sei aber immer wieder davon abgehalten worden. Der Sinn ihres Lebens bestehe heute eigentlich nur darin, für ihre Kinder da zu sein. Sie fühle sich depressiv und abgeschlagen, habe düstere Gedanken und könne sich an den alltäglichen Dingen nicht mehr erfreuen. Sie leide unter einer ständigen Anspannung und Erschöpfung. Die seit mehr als einem Jahr vorhandenen Kopfschmerzen würden die Situation noch verschlimmern. Des Weiteren könne sie sich nicht mehr gut konzentrieren und sie habe Erinnerungslücken bezüglich des traumatischen Erlebnisses. Sie sei damals auch in Ohnmacht gefallen, könne sich nicht einmal mehr an die Gesichter der Vergewaltiger erinnern. Gleichzeitig drängten sich, auch tagsüber, plötzlich Bilder dieser Situation auf, dann sehe sie Blut, und die Gesichter von Menschen verwandelten sich in die der Vergewaltiger. Dabei werde ihr übel, und sie bekomme panische Angst, sie könne dann nichts mehr unternehmen.

Die ungeklärte Aufenthaltssituation in Deutschland verstärkte die Symptomatik, da sie auf keinen Fall wieder in ihre Heimat zurückkehren möchte. Lieber möchte sie in Deutschland sterben, als wieder in ihr Dorf zurückkehren zu müssen, wo alle wissen, dass sie vergewaltigt worden sei. Beim Gedanken an eine Rückkehr sei sie sehr unruhig, habe massive Angstzustände und halte sich die meiste Zeit im Wohnheim auf. Sie habe auch große Angst vor Personen in Uniform und vor Menschen, die sehr laut und autoritär auftreten. Sie fühle sich gedemütigt, entehrt und beschmutzt. Sie müsse sich jeden Tag mehrmals waschen, weil sie immer das Gefühl habe, dass ihr Körper beschmutzt sei. Einige Verwandte hätten ihren Ehemann aufgefordert, sie zu töten oder abzulehnen, da *»ich entehrt bin. Deswegen wollte ich mich selber töten. Ich schaffe es einfach nicht. Mit dieser Schande kann ich nicht leben. Ich schäme mich* (weint) *… es ist meine Schuld, hätte ich nur nicht … was soll ich nur machen?«*

Scham und sexualisierte Gewalt

Scham, die Überzeugung, die »Ehre verloren« zu haben, sowie die daraus resultierenden erheblichen Schuld- und Minderwertigkeitsgefühle lassen sich nicht allein mit dem Verstand verringern. (Rationale) Erklärungen reichen meist nicht aus. Allerdings können oft Informationen über die Zusammenhänge das Gefühl völliger Hilflosigkeit zumindest reduzieren. Außerdem vermitteln sie häufig die Erfahrung, »endlich einmal verstanden zu werden«. Die Weitergabe von Zahlen, Fallbeispielen und Hintergrundinformationen zu den Themen »Ehrverletzung«, »Sexualität« und »patriarchalische Vorstellungen« kann außerdem zu einer Relativierung des Erlebten und damit zu einer gewissen Entlastung führen.

Für Menschen mit solch schweren Traumata ist es besonders bedeutsam, die Wertschätzung der eigenen Person und des eigenen Erlebens durch den Therapeuten/die Therapeutin bzw. den Berater/die Beraterin (»Ansehen genießen«) zu erfahren. Dabei gilt es, dass sie auch lernen, sich selbst wertzuschätzen (»wie man nun ist«). Weiter sollte die Erfahrung ermöglicht werden, Gefühlszustände mit anderen teilen zu können (gemeinsame Trauer, Freude, Ärger usw. – dies hilft, wieder Vertrauen in das eigene Wahrnehmungsvermögen und in Beziehungen zu entwickeln). Auch die häufige Erfahrung, dass man sich gefahrlos zeigen und geben kann, wie man ist (ohne dass neue Katastrophen – insbesondere Abwertungen – eintreten), z. B. wenn man schwimmen geht, andere besucht oder etwas Neues lernt, sollten nach einer Stabilisierungsphase ein Teil der Behandlung bzw. Begleitung sein.

Das Erlernen von Techniken, wie man sich Rückmeldungen (Feedbacks) einholt (statt sich immer nur selbst zu fragen: »Was denkt die andere Person wohl von mir?«), und die Erfahrung, Frustrationen (Enttäuschungen) bewältigen zu können, ohne dass die Welt zusammenbricht und man sofort mit dem Gedanken an

Selbstmord spielt (denn nicht immer kann man der »Sieger« sein), können helfen, den Teufelskreis der Depression zu durchbrechen. Hier können, im therapeutischen Setting, verhaltenstherapeutische Maßnahmen nützlich sein (beispielsweise Rollenspiele, die der Selbstsicherheit dienen). Zugleich kann es sinnvoll sein, dass sich Therapeut*innen oder Berater*innen ausnahmsweise etwas mehr »zeigen«, als es üblich ist, insbesondere indem sie (beispiel- oder vorbildhaft) auch eigene »Schwächen« enthüllen. Das Einüben von Sozial- bzw. Beziehungskompetenz (zum Beispiel durch Rollenspiele) erleichtert es, eine vielleicht schon eingetretene Isolation aufzuheben und schamfördernde Verhaltensweisen zu verändern.

Kognitive Therapie kann die teilweise religiös vermittelte Annahme relativieren, dass man sich auch für seine Gedanken schämen muss (bis hin zu den Träumen). Eine solche Annahme sorgt sonst für dauerhafte Ohnmachtserlebnisse, weil Gedanken nur schwer (und Träume überhaupt nicht) beherrschbar sind. Hier ist es hilfreich zu erkennen, dass »Gedanken frei sind« und »dass wir an unseren Taten gemessen werden«. Methoden der Kognitiven Therapie können auch dazu verhelfen, krank machenden Gedanken (»Was andere wohl über mich denken?«) ein entschiedenes »Stopp« entgegenzuhalten. Außerdem kann man mithilfe dieses Verfahrens erkennen, dass man sich die »Hölle auf Erden« durch ungünstige Gedanken und Bewertungen oft selbst bereitet.

Als typische »Denkfehler« bei Schuld- und Schamgefühlen nennt Ehlers (1999):

- Interpretation der Situation im Nachhinein, unter Einschluss von Informationen, die vorher oder während des Ereignisses nicht verfügbar waren
- Übertriebene Wahrnehmung, für das Ereignis verantwortlich zu sein, selektive Auslassung anderer Aspekte, die das Trauma mitbedingten

- Übertriebenes Verantwortungsgefühl für Handlungen anderer
- Doppelstandards: strengere Maßstäbe für das eigene Verhalten als für andere Menschen
- Überzeugung, das eigene Verhalten sei nicht gerechtfertigt gewesen, selektive Auslassung von Gründen, die dazu führten
- Übertriebene Bewertung des eigenen Verhaltens als falsch
- Emotionale Schlussfolgerung: »Ich fühle mich schuldig, also muss ich schuldig sein«

Als konkrete Technik hat sich das »Tortendiagramm« als hilfreich erwiesen. Es dient ebenfalls verbal und vor allem nonverbal (was vor allem für Analphabet*innen wichtig ist) dazu, die vorhandenen dysfunktionalen Kognitionen zu relativieren und der Fixierung auf das Trauma entgegenzuwirken. Bei der Technik »Tortendiagramm« wird die betroffene Person zunächst gebeten einzuschätzen, wie groß der eigene Anteil daran war, dass es zu dem Ereignis/zu dem schlimmen Ausgang des Ereignisses kam (in %). Hier werden im Allgemeinen hohe Zahlen zwischen 50 und 100 % genannt. Dann wird die Person aufgefordert, andere beteiligte Ursachen zu nennen und auch den Anteil dieser Ursachen prozentual einzuschätzen. Hier kommt man dann schnell auf über 100 %. Das Tortendiagramm wird entsprechend verändert. Weiterhin wäre zu fragen: »Wie wäre es, wenn Ihrem Sohn, Ihrer Frau, einem Freund … dieses Ereignis zugestoßen wäre, wenn alle Umstände gleich gewesen wären, was meinen Sie, wie groß wäre von allen Ursachen der Anteil Ihres Sohnes/Ihrer Tochter etc. gewesen?« Wenn deutlich andere Prozenteinschätzungen für andere Personen abgegeben werden, deutet dies auf doppelte Maßstäbe hin, die dann ihrerseits diskutiert werden (z. B. »Was ist das Besondere an Ihnen?« »Warum sollten Sie weniger Fehler machen als andere Menschen?«).

Unterschiedliche Formen der Gesprächstherapie oder Beratung bei einfühlsamen Therapeut*innen bzw. Berater*innen erlauben es, sich einmal »stressfrei« zu zeigen, wie man ist, und dabei erstmals schwierige (schamerzeugende) Situationen der eigenen Lebensgeschichte zu besprechen. Besonders Gruppensettings mit Personen, die ähnliche Schicksale und Erfahrungen gemacht haben, können durchaus effektiv sein. Gruppensettings helfen besonders, Schamgefühle zu überwinden und soziale Kompetenzen zu gewinnen. In diesem Zusammenhang kann man auch üben, sich gegenseitig hilfreiche (abwertungsfreie!) Rückmeldungen zu geben (»Feedback-Kompetenz«). Zugleich tritt häufigere Fremdbeobachtung an die Stelle der meist übertriebenen Selbstbeobachtung und -abwertung, und man kann lernen, eigene Gefühle mit denen anderer abzustimmen.

Bei familiär begründeter Scham hilft eine systemische, familientherapeutische Sichtweise (Arbeiten mit dem Stammbaum, »Familienaufstellungen«):

1. Sie befreit von der Vorstellung, mit einer (vermeintlichen) Absonderlichkeit allein bzw. für diese ausschließlich verantwortlich zu sein.
2. Sie verbindet die von Scham betroffene Person wieder mit ihrer Familie und überwindet so das Gefühl, ausgeschlossen zu sein. Für diejenigen, die Scham erzeugt oder weitergegeben haben, kann Mitgefühl entstehen, da erkennbar wird, dass sie auch nur ein kleines Rädchen in einer oft langen Geschichte sind.

Kreative und gestaltungstherapeutische Angebote, z. B. Einladungen zum Märchenerzählen, können durch Scham gedämpfte Freude und Lust wiederbeleben. Außerdem gilt es, dieses chronische Gefühl von Ohnmacht zu verändern und Betroffene aus der selbstzerstörenden Passivität zu befreien. Die Lebensumstände werden oft als Schicksal oder eine Art Bestrafung durch Gott oder eine andere Macht hingenommen. Dafür helfen Erlebnisse und Erfahrungen, bei denen man sich selbst positiv und effektiv erlebt.

In der Therapie oder Begleitung geht es auch oft darum, gesellschaftliche Wertvorstellungen zu bearbeiten, mit dem Ziel diese zu relativieren (Ehre und Ehrverletzung, Beschmutztsein, Wertlosigkeit etc.). Gerade bei Menschen, die Erfahrungen mit sexualisierter Gewalt gemacht haben, zeigen sich deutliche körperliche Missempfindungen. Sie spüren ihren Körper nicht mehr, und der »Hass gegenüber diesem beschmutzten und verletzten Körper« kann sogar zur Selbstschädigungen führen. Daher ist es wichtig, als ein Teil der Therapie bzw. Begleitung zu versuchen, »Vertrauen« in den Körper zu entwickeln. Dies kann z.B. durch Bewegungstherapie und Entspannungsübungen erfolgen. Diese Entspannungsübungen sollten zunächst unter kontrollierten Bedingungen gemacht werden, damit die betroffene Person keine Angst entwickelt, wenn sie z.B. die Augen schließt. Unsere Erfahrungen zeigen, dass die Progressive Muskelrelaxation (PMR) nach Jacobson mit geöffneten Augen bei vielen Betroffenen sehr gut funktioniert. Künstlerische Therapien oder Übungen, die die Selbstwahrnehmung fördern und die mit angenehmen Gefühlen verbunden sind, können ebenfalls als Bestandteile der Therapie bzw. Begleitung hilfreich sein.

Allgemeine therapeutische und traumapädagogische Interventionen bei sexualisierter Gewalt

Zu Beginn des Hilfe- bzw. Behandlungsprozesses scheint es angemessen, die Sitzungen so zu gestalten, dass unterstützende, beruhigende und stabilisierende Interventionen im Vordergrund stehen. Förderlich sind Interventionen, die Sicherheitsgefühl, Vertrauen und Kontrollmöglichkeiten der Betroffenen stärken.

Die Vermittlung grundlegender Informationen und psychoedukativer Aufklärung zu Unterstützungs- und Behandlungsmöglichkeiten, zum Setting und zur Planung der nächsten Schritte, die nur gemeinsam und im Konsens mit der betroffenen Person vorgenommen werden sollten, beansprucht Geduld und Zeit, ist jedoch sehr wichtig. Angesichts der vielfältigen Symptomatiken und Komorbiditäten infolge einer schweren Traumatisierung, bis hin zu Persönlichkeitsveränderungen, fühlen sich viele der Betroffenen ohnmächtig und hilflos ausgeliefert und glauben, sie seien verrückt bzw. für alle Zeit zerbrochen. Oft verbirgt sich hinter einer höflichen, devoten und überangepassten Fassade eine versteckte Suizidalität.

Die möglichen Symptome einer Traumatisierung, wie Zustände von Hyperarousal (Übererregung) und Erstarrung, Misstrauen und Angst, Vermeidungsverhalten und Verstummtheit, sowie die herausfordernden somatoformen Schmerzen aufseiten der Betroffenen lassen aus der Sicht des Therapeuten/der Therapeutin bzw. des Beraters/der Beraterin den Therapie- bzw. Hilfeprozess oft als blockiert, erstickt oder stagnierend erscheinen. Die psychisch-emotionalen Traumafolgen sind außerdem häufig in vielfältige soziale Probleme eingebettet, die die Problemlage schnell unübersichtlich erscheinen lassen können.

Das klassische Setting, in dem die hilfesuchende Person und die Fachkraft Auge in Auge einander gegenübersitzen, kann Blockaden in der Interaktion verstärken. Wenn quasi ein Kanal der Interaktion blockiert ist, bietet sich ein Wechsel der Ebene an, indem beispielsweise die Fachkraft sich neben die betroffene Person setzt und vorschlägt, gemeinsam eine Szene auf einer gedachten Leinwand zu imaginieren (Reddemann, 2001). Auch eine angeleitete Entspannungs- bzw. Trancereise zu einem angenehmen Ort der Kindheit und Jugend (»ein sicherer Ort der Ruhe und der

Kraft«) oder eine Reise in einen entspannten und ruhigen Ort in der Fantasie oder Realität in der Hypnose kann hilfreich sein. Der Wechsel der Ebene bedeutet auch Erlösung aus Erstarrung und zumeist auch Reduktion der Erregung, einhergehend mit größerer Kontrolle der betroffenen Person über die Situation.

Unsere Erfahrung zeigt, dass gerade Menschen mit einem religiösen Hintergrund auch in der Psychotherapie oder Begleitung von der Behandlung religiöser Themen profitieren können. Bei Angststörungen, nächtlichen Panikattacken etc. können z. B. gemeinsam ausgesuchte und in sensu (in der Vorstellung) geübte Koranverse beim Auftreten von Panikanfällen, erheblicher Unruhe und Nervosität sehr hilfreich sein. Auch verschiedene religiöse Symbole (Gebetskranz, Steine zur Abwehr des bösen Blicks, Metalle gegen Abwehr von Geistern und Stimmen etc.) können als Hilfsmittel benutzt werden.

Männerarbeit und Vorstellungen von Männlichkeit

»Es war normal zu schlagen«

Mein Name ist Mazen. Ich bin 30 Jahre alt und komme aus der Stadt Deir ez-Zor in Syrien. Ich habe acht Geschwister, von denen zwei noch in Syrien leben. Meine Familie – meine Eltern, meine Ehefrau und sechs Geschwister – hat aufgrund des Krieges das Land 2013 verlassen. Die Reise war beschwerlich und voller Gefahren, aber wir haben es geschafft! Zunächst wohnten wir vier Jahre in einem kleinen Dorf in Süddeutschland. Die ganze Familie, insgesamt elf Personen, haben damals in einer 60-m²-Wohnung gelebt. Wir haben einen Asylantrag gestellt und subsidiären Schutz bekommen.

Wir waren in Sicherheit, aber die Enge und ständige Konflikte meiner Ehefrau mit meinen Eltern waren für mich sehr belastend. Ich wusste nicht, was ich machen sollte. Meine Eltern schimpften mit meiner Frau, die keine Sklavin von ihnen sein wollte, und mich beschimpften sie, warum ich nicht meine Frau zur Ruhe bringen kann. Meine Frau wiederum drohte mir, mich zu verlassen, wenn wir nicht bald ausziehen.

Deswegen war ich kaum in der Wohnung und habe mich so oft wie möglich draußen aufgehalten. Die Ausbildung zum Anlagemechaniker war für mich eine echte Entlastung. So konnten wir auch ausziehen, da die Firma an einem anderen Ort war. Ich muss aber gestehen, dass ich meine Frau öfters in Gegenwart meiner Eltern schlug, als sie sie beschimpften. Es war falsch, aber ich habe es getan. Ich habe gehofft, dass sie mir vergibt. Ich weiß, was Gewalt ist. Ich habe es am eigenen Leib erlebt. Syrische Soldaten haben mich monatelang im Gefängnis gefoltert, weil ich angeblich gegen das syrische Regime war. Ich werde nie diese Demütigung vergessen, wie sie jeden Tag auf meinen nackten Körper einschlugen, alles Mögliche einfuhren und mich verletzten. Es hat mich erschrocken, wie ich meine Frau schlagen konnte. Auch wenn es wie eine Ausrede klingt, als ich sie schlug, verlor ich die Kontrolle, und ich wusste nicht mehr, auf wen ich da einschlug, bis meine Mutter mich zur Seite stieß. Meine Mutter beruhigte mich und sagte: »Mach dir keine Gedanken, ich bin auch oft von deinem Vater geschlagen worden. Das ist normal. Die Ehefrau muss ihre Ehre gegenüber dem Ehemann und den Schwiegereltern bewahren. Es ist ehrlos, sich gegen uns zu wehren.« Doch meine Frau war anders. Sie war gebildet, und ich wusste, dass ich sie verletzt hatte. Insbesondere die Gewalt und Demütigung in Gegenwart meiner Eltern und Geschwister konnte sie nicht vergessen.

Nach dem Umzug hat es nicht einmal sechs Monate gedauert, dann war meine Frau verschwunden. Über das Beratungszentrum erfuhr ich, dass sie aus der Ehe herauswollte. Aus Angst vor mir und meiner Familie hat sie ihre Kinder genommen und ist weg.

Ich weiß, dass sie jetzt in Norddeutschland lebt, und versuche, zu ihr einen Kontakt aufzubauen, aber sie möchte nicht mehr.

Mazen ist der älteste Sohn. Er hat hier schnell Deutsch gelernt, war aber von Anfang an für die gesamte Familie verantwortlich. Die Mutter wich nicht von seiner Seite, und er hatte keine Möglichkeit, mit seiner Ehefrau eine Beziehung aufzubauen. Sie war eher eine Person wie die Geschwister.

Mazen war immer gut in rechtlichen und finanziellen Angelegenheiten informiert, hatte in Syrien studiert und war im Kontakt höflich und zuvorkommend. Er ist überzeugt, das Unglück anzuziehen, und versucht, auch damit seinen Studienabbruch und die Trennung der Ehefrau für sich zu erklären. Sein Ego schwingt zwischen fordernd und mangelndem Selbstwert. Die Trennung hat zu einem deutlichen Bruch geführt, und er kommt damit nicht zurecht. Bei Mazen sind in Verbindung mit der Familie multiple Interdependenzen, patriarchalische Strukturen zu beobachten. Er ist bemüht, dass es seiner Familie, Eltern und Geschwistern, gut geht, opfert sich und sieht es als seine Pflicht. Mit der Loyalität und Aufopferung zu seiner Großfamilie zahlt er einen hohen Preis. Er verzichtet auf die eigenen Wünsche und Interessen, zieht sich immer mehr zurück und hat die eigene Kernfamilie verloren. Seine Kriegs- und Fluchterfahrungen, die familiären Belastungen und die Gewaltanwendung gegen die Ehefrau benötigen eine Beratung und ein traumapädagogisches Setting, um seinem Leben wieder eine Struktur zu geben, mit dem Trauma umzugehen und keine Gewalt mehr anzuwenden.

Prävention von Gewalt gegen Frauen, wie sie Gewalt »im Namen der Ehre« in den meisten Fällen ist, wird klassischerweise als

Thema und Aufgabe von Frauen betrachtet. Dies hängt damit zusammen, dass viele Ansätze dazu aus der Initiative von Frauen als (potenziell) Betroffene hervorgegangen sind. Für eine wirksame Prävention muss es hier einen Paradigmenwechsel geben: Gewalt an Frauen ist ein gesellschaftliches Problem, das Männer und Frauen gleichermaßen betrifft. Es kann leicht als Problem von Frauen dargestellt werden, weil Frauen diese geschlechtsspezifische Gewalt alltäglich befürchten oder erleiden. Um Gewalt an Frauen wirkungsvoll zu bekämpfen, müssen jedoch die Männer anerkennen, dass dieses Problem auch sie angeht, da es mit gesellschaftlich verbreiteten Vorstellungen von Männlichkeit (und Weiblichkeit) untrennbar verknüpft ist. Um es zu lösen, ist es daher Aufgabe der Männer, sich aktiv gegen Gewalt an Frauen, auch im Kontext der tradierten »Ehrvorstellungen«, zu stellen.

Für die Prävention rückt dabei nicht nur die Aufklärung über und Bekämpfung von direkter physischer, psychischer oder sexueller Gewalt in den Vordergrund. Sie muss schon viel früher beginnen, nämlich da, wo die Identifikation mit einem bestimmten gewaltfördernden Männlichkeitsideal zu einer erhöhten Toleranz gegenüber Gewalthandeln führt. Damit verbunden ist die weitverbreitete Bagatellisierung von erfahrener (sexueller) Gewalt und sexueller Belästigung gegenüber Frauen, die die Rückseite dieses Männlichkeitsideals bildet. Das Verstehen dieser destruktiven Dynamik für beide Geschlechter kann ein wichtiger Baustein in der primären Gewaltprävention sein. Auf diesem Weg kann ein gesellschaftliches Klima entstehen, das (sexuelle) Gewalt gegen Frauen nicht länger befördert bzw. verharmlost. Es müssen Bedingungen geschaffen werden, unter denen Frauen darauf vertrauen können, dass sie nicht vorverurteilt und beschämt werden, wenn sie erlebte Gewalt öffentlich machen und einen mutmaßlichen Täter benennen. Die kritische Männlichkeitsforschung hat hierzu in den letzten Jahren verschiedene fruchtbare theoretische Ansätze und Forschungsergebnisse vorgelegt.

Gewaltprävention mit zugewanderten Männern

Die kritische Männerarbeit in Deutschland hat in den letzten Jahrzehnten wertvolle Erfahrungen in der praktischen Bildungs- und Präventionsarbeit geleistet. Diese können auf verschiedene Gruppen von Männern übertragen werden, wenn das gemeinsame Problem vorherrschender Männlichkeitsentwürfe in den Blick genommen wird, anstatt »kulturelle« Unterschiede ins Zentrum zu stellen. In diesem Zusammenhang ist eine Reflexion der eigenen Perspektive auf Männer mit Migrationserfahrung und möglicher Pauschalurteile über hier vorherrschende Männlichkeitsbilder und Gewaltpotenziale notwendig. Die individuelle Wahrnehmung und Bewertung von Gewalt, die andere Menschen ausüben oder die ihnen widerfährt, wird auch von erfahrenen Fachkräften nicht immer vorurteilsfrei vorgenommen: Sie ist abhängig von gesellschaftlichen Strukturen sozialer Ausgrenzung und kursierender Wissensbestände, die einen großen Einfluss darauf haben, wie »wir« über Gewalt sprechen oder uns zu dem Thema Gewalt verhalten. Primäre Gewaltprävention, die prinzipiell alle Menschen ansprechen soll, heißt immer auch, eigene Einstellungen zu hinterfragen. Dazu gehört die eigene Wahrnehmung, was wann in welchem Kontext überhaupt als Gewalt gilt und wie stark jeder Einzelne die individuelle Verantwortung hat, zu einem gewaltfreien Miteinander beizutragen.

Die Kenntnis dieser Strukturen und Gesetzmäßigkeiten bildet eine hilfreiche Grundlage, um dieses hochsensible Thema angemessen zu verstehen und präventiv zu intervenieren.

Gewalt und Männlichkeit im Kontext von Migration

Die Prävention von Gewalt »im Namen der Ehre« braucht ein Verständnis von Gewalt, indem sie in allen ihren Formen weder in dieser Weise relativiert wird noch zur Stigmatisierung von Minderheiten verwendet werden kann. Dies ist besonders in Zeiten wichtig, in denen die extreme Rechte mit Drohbildern »fremder« Sexualstraftäter versucht, verstärkt Frauen und Familien zu mobilisieren (vgl. Berg, Goetz & Sanders 2018). Diese Perspektive kann erreicht werden, wenn anstatt der »kulturellen« Unterschiede die Gemeinsamkeiten in bestimmten, gewalttolerierenden Männlichkeitsbildern zwischen deutscher Mehrheitsgesellschaft und zugewanderten Männern in den Vordergrund der universalen Präventionsarbeit gerückt werden.

Damit tritt das asymmetrische Geschlechterverhältnis als gleichzeitig gewaltförderndes und -verharmlosendes Strukturelement zutage, das unter Berücksichtigung verschiedenartiger Ungleichheiten kontextualisiert werden muss. Bei der Analyse und Bekämpfung der Gewalthandlungen männlicher Migranten ist zu berücksichtigen, dass sie mit ihrer Ankunft in Deutschland mit einer Situation konfrontiert sind, in der sie in gleich zweifacher Weise in ihrem gewohnten sozialen Status herabgestuft werden: Erstens durch ihre soziale Position als Migranten, in der sie in der deutschen Mehrheitsgesellschaft Diskriminierungserfahrungen machen, die z. B. in aufenthalts- und arbeitsrechtlichen Beschränkungen Ausdruck finden – und zweitens entsteht die soziale Herabstufung durch die unbestreitbar wesentlich geringeren Machtunterschiede zwischen den Geschlechtern in Deutschland im Vergleich zum Herkunftsland.

Die rechtliche Gleichstellung und die strukturell größeren Chancen der Frauen in Deutschland auf soziale und finanzielle Unabhängigkeit von Männern können das bisherige Selbstverständnis, dem zufolge männliche Vorherrschaft gegenüber Frauen der natürlichen Ordnung entspricht, ernsthaft herausfordern. Verunsicherung und Orientierungslosigkeit sind oftmals die Folge. Viele zugewanderte Männer finden sich – angekommen in Deutschland – in einer Situation der Dequalifizierung und Depotenzierung wieder (Uslucan 2008). Als Schutz- und Orientierungsfunktion in diesen Krisensituationen können die habitualisierten Werte und Verhaltensweisen der Herkunftsgesellschaft eine tragende Rolle bekommen.

Ein derart gelagertes Verständnis von Gewalt und ihren Bedingungen bietet Raum für eine notwendige Anerkennung der Besonderheiten in der Lebenssituation zugewanderter Männer bei gleichzeitiger Anschlussfähigkeit an bereits existierende Ansätze in der Gewaltpräventionsarbeit mit Männern.

Die Kategorie Geschlecht als Bezugspunkt in der Männerarbeit

Eine der wohl größten erkenntnistheoretischen Errungenschaften der Frauen- und Geschlechterforschung ist die kritische Hinterfragung essentialistischer und biologistischer Vorstellungen von Zweigeschlechtlichkeit, die sich im Laufe der Moderne entwickelt haben. Diese Konstruktionen – in naturwissenschaftliches Gewand gehüllt – haben eine Selbstverständlichkeit von einer »natürlichen« männlichen und weiblichen Geschlechtsidentität produziert, die nur schwer zu hinterfragen ist (vgl. Honegger 1991). Jede und jeder meint zu wissen, was eine »richtige« Frau und was ein »richtiger« Mann ist. Da diese Bilder von vermeintlich echter Weiblichkeit und Männlichkeit unsere Wahrnehmung von Personen so selbstverständlich prägen, scheint die Alltagserfahrung sie immer wieder zu bestätigen. Ausnahmen der Regel können zwar von den meisten Menschen anerkannt werden, aber die seit frühester Kindheit eingelernten Verhaltens- und Einstellungsmuster sind nicht mehr gänzlich zu deprogrammieren. Anthropologische und naturwissenschaftliche Diskurse haben in der Moderne eine Autorität erhalten, die ihre Erkenntnisse als allgemeingültige Wahrheit erscheinen lässt. Damit erlangt diese Perspektive die Definitionsmacht für unser Verständnis von Geschlecht.

Um diese sich ausschließenden Bilder von dem, was vermeintlich männlich und was weiblich ist, aufzulockern, kann es helfen, sich zu fragen, ob sie nicht eher unserer Vorstellung von dem entsprechen, was sein soll oder sollte. Die Einordnung von Geschlecht als naturgegebene Eigenschaft hat die Entstehung eines ungleichen Geschlechterverhältnisses begünstigt, das Männern eine dominierende Stellung gegenüber Frauen garantiert. Männer gelten aufgrund ihrer scheinbar natürlichen physischen und psychischen Beschaffenheit als den Frauen überlegen. Mit der ideologiekritischen und dekonstruktivistischen Hinterfragung dieser biologisch begründeten Differenz der Geschlechter trat das soziale Geschlecht (Gender) zunehmend in den Vordergrund. Das Geschlechterverhältnis wird damit seiner biologistischen Begründung entkleidet, und es wird gezeigt, dass auch Männlichkeit und Weiblichkeit Teil einer herrschaftsförmigen symbolischen Ordnung sind.

Männer zahlen für die ihnen zugeschriebene Höherwertigkeit in diesem Herrschaftssystem jedoch auch einen Preis: Sie stehen unter einem permanenten sozialen Druck, sich dieser Überlegenheit auch als würdig zu erweisen. Das macht sie anfällig für soziale Kränkungserfahrungen, die in prekären Konfliktlösungsstrategien, also Gewalthandlungen, enden können.

Das Konzept der hegemonialen Männlichkeit

Aus der Perspektive einer kritischen Männlichkeitsforschung bietet in diesem Zusammenhang das Konzept der australischen Soziologin Raewyn Connell zur »hegemonialen Männlichkeit« einen Ansatzpunkt, um der fruchtlosen Diskussion über Verhaltensweisen von »den Männern« oder »den Frauen« in der Gewaltprävention zu entgehen. Mithilfe dieses Konzepts lässt sich mit der Zielgruppe gemeinsam erarbeiten, warum Männer ihre soziale Dominanz gegenüber Frauen aufrechterhalten, obwohl sie selbst unter rigiden und unerfüllbaren Männlichkeitsidealen leiden (können).

Das Konzept der »hegemonialen Männlichkeit« beschreibt eine gesellschaftliche Dynamik, durch die eine bestimmte Gruppe die Führungsposition im gesellschaftlichen Leben einnimmt und aufrechterhält. Sie ist damit »jene Form von Männlichkeit, die in einer gegebenen Struktur des Geschlechterverhältnisses die bestimmende Position einnimmt« (Connell 2005). Connell zufolge ist es nicht möglich, von »Männlichkeit« in der Einzahl zu sprechen, sondern nur von unterschiedlichen Formen bzw. Typen von »Männlichkeiten«, denn es handelt sich bei ihr nicht um ein kohärentes System (Connell 2005). Sie beschreibt mit ihrem Konzept eine doppelte Bezugnahme, in der sich Männlichkeit herstellt: Einerseits konstituiert sich Männlichkeit psychologisch betrachtet erst sekundär und in Abgrenzung zur Weiblichkeit und deren Unterordnung (Gildemeister & Wetterer 1992). Ein Mann zu sein bedeutet zuallererst einmal, keine Frau zu sein – nicht schwach und unterdrückt zu sein. Je nachdem, wie stark das reale Machtgefälle zwischen Männern und Frauen einer Gesellschaft ist, erwächst allein aus dieser Selbstpositionierung als »Nicht-Frau« bereits ein Angebot zur Erhöhung des individuellen männlichen Selbstwertgefühls. Diese individuell gelebte Männlichkeit muss jedoch stets von jeweils anderen Männern als solche anerkannt und bestätigt werden. Die Machtbeziehungen kommen innerhalb der männlichen Geschlechtsgruppe nicht zum Stillstand – einfach gesagt: Für die Teilhabe am männlichen Gruppencharisma (Norbert Elias) ist es eben nicht ausreichend, ein biologischer Mann zu sein, wenn man dabei wie ein »schwacher« Mann wirkt.

An »echte« hegemoniale Männlichkeit wird demzufolge eine Reihe von Verhaltenszuschreibungen und -anforderungen gerichtet, die ab dem frühen Jungenalter zu beständigen Status- und Rangkämpfen der heranwachsenden Männer untereinander führen: Wer gibt in der Gruppe den Ton an? Wer kann sich durchsetzen und andere dominieren? Härte gegen sich selbst und andere Männer, alles unter Kontrolle zu haben, die Demonstration von Stärke, Erfolg und Unabhängigkeit, Abwertung von Gefühlen wie Trauer, Schmerz oder auch Freude, risikoreiches Verhalten, Mutproben, Verfügungsmacht gegenüber Frauen und, milieuabhängig, auch die offene Androhung und Anwendung von Gewalt gegenüber Männern und Frauen sind die Verhaltensweisen, die in der Hierarche wahrer Männlichkeit ganz oben stehen. Komplementär dazu wird Empathie, Emotionalität und männliche Homosexualität als verweiblicht verstanden und abgewertet.

Die Abgrenzung zur Weiblichkeit ist es, die alle miteinander rivalisierenden Männer wieder miteinander vereint. In »homosozialen Männergemeinschaften« (Michael Meuser), also jenen Zusammenkünften von Männern, zu denen Frauen keinen Zutritt haben, können sich die Mitglieder als untereinander Gleiche identifizieren und gegenseitig aufwerten, indem sie sich von Weiblichkeit abgrenzen und diese abwerten. Ihre Vorbilder und Ausdrucksweisen finden sie u.a. in den Führungsebenen von Wirtschaft, Militär und Politik, aber auch in sportlichen Wettkämpfen oder in Actionfiguren in Spielfilmen – sie mögen kulturell verschiedene Ausprägungen haben, die Dynamik selbst zwischen und innerhalb der Geschlechter ist dabei aber kulturunabhängig.

Die Relation zwischen den verschiedenen Männlichkeitsentwürfen beruht letztlich auf dem Verhältnis, wie es zwischen Männlichkeit und Weiblichkeit vorzufinden ist: Männer, die das Ideal hegemonialer Männlichkeit nicht erfüllen können, gelten zunächst als verweiblicht. Ihnen werden jene Attribute zugeschrieben, die im dichotomen Modell der Geschlechter auch mit Weiblichkeit in Verbindung gebracht werden (2005). Gängige Definitionen von Männlichkeit stehen daher laut Connell vor dem Problem, dass nur sehr wenige Männer diesen Ansprüchen gerecht werden können, sodass Ohnmachts- und Abhängigkeitserlebnisse auch zu den alltäglichen Erfahrungen von Männern gehören. Dennoch können auch Männer von der Vorherrschaft dieser Männlichkeitsform profitieren, die nicht der Idealnorm von Männlichkeit entsprechen. Connell bezeichnet dies als »patriarchale Dividende« (Connell 2005). Mit diesem Begriff unterstreicht Connell, dass auch den Männern durch die Abwertung, Unterdrückung und Ungleichbehandlung von Frauen ein Vorteil erwächst, die selbst dem Ideal hegemonialer Männlichkeit nicht entsprechen (vgl. ebd.).

Unter die Kategorie der marginalisierten Männlichkeit fallen laut Connell dann die Männer, die z. B. von rassistischer Diskriminierung betroffen sind. Hierbei geht es also um die Verschränkung mit anderen Strukturmerkmalen wie Klasse, Ethnie oder Nationalität. Männer, die der Idealnorm weißer und ökonomisch starker Männlichkeit nicht entsprechen, wie es bei vielen Migranten der Fall ist, sind also explizit in dieses Konzept mit einbezogen. Diese sogenannte »patriarchale Dividende« begünstigt eine komplizenhafte Männlichkeit, in der auch die untergeordneten Männer sich eben nicht gegen die hegemoniale Männlichkeit positionieren, auch wenn sie selbst von den »Alpha-Männern« dominiert werden: Stellen sie sich beispielsweise gegen frauenabwertendes Sprechen und Handeln, riskieren sie ihre relativen Vorteile gegenüber Frauen – und gleichzeitig auch die erneute Herabwürdigung durch die Rudelführer. Denn aus der Perspektive männlichen Dominanzdenkens ist eine Solidarisierung mit dem vermeintlich schwachen Geschlecht ja selbst ein Zeichen von Schwäche.

Es kann als eine universale Gemeinsamkeit aller männlich dominierten Gesellschaften gelten, dass Männer unter dem Druck stehen, diesem Konstrukt idealisierter Männlichkeit zu entsprechen, wenn sie selbst nicht als schwach und abhängig gelten wollen. Durch die Installierung eines gesellschaftlichen »Leistungsprinzips« (Marcuse 1987), das auf Konkurrenz und Rivalität basiert, bleiben Männer aber dem ständigen Bedrohungsszenario ausgesetzt, ihre relative Macht in den »ernsten Spielen des Wettbewerbs« (Meuser 2006) und damit ihre Männlichkeit einzubüßen.

Diese starren Männlichkeitsideale können in der Realität von keinem Mann erfüllt werden. Jeder noch so bewunderte (oder gefürchtete) Mann kommt nicht umhin, seine Überlegenheit immer wieder aufs Neue unter Beweis stellen zu müssen. Schließlich ist auch er von der Anerkennung seiner vermeintlichen Größe durch andere Männer (und Frauen) abhängig. Jede Identifizierung mit einem Ideal ist letztlich zum Scheitern verurteilt, und zwar aus dem Grund, weil ein Ideal sich seiner Definition nach schon von der Wirklichkeit unterscheidet. Wäre das Ideal tatsächlich erfüllbar, wäre es keins mehr.

Minderwertigkeitsgefühle und Selbstabwertung sind eine zwangsläufige Folge der Identifizierung mit jedem unerbittlichen und letztlich destruktiven Ideal. Das Fatale ist, dass die bloße Identifizierung des Mannes mit diesem Männlichkeitsideal ihn gleichermaßen aufwertet und in ihm eine beständige Versagensangst auslöst. Die Identifizierung mit dem starren Männlichkeitsideal wird dabei von den darunter leidenden Männern nicht als ursächlich für ihre Spannungsgefühle erkannt. Die Frustration, die aus realen Kränkungserfahrungen erwächst, kann dann eine Situation entstehen lassen, in der die Anwendung von Gewalt dazu dient, ein Gefühl von Macht und Kontrolle wiederherzustellen. Gewalthandlungen können als ein Versuch verstanden werden, ein unsicheres männliches Selbstbild durch aggressive Handlungen zu kompensieren.

Insbesondere für die Betrachtung sexueller Gewalt gegen Frauen sind diese theoretischen Überlegungen aufschlussreich. Die Perspektive hegemonialer Männlichkeit und das zwangsläufige individuelle Scheitern an diesem Ideal bieten einen Ansatz zum Verständnis dieser Form von Gewalt als eine Abwertung und Misshandlung von Frauen speziell als Frauen. Sie dient damit der Rückversicherung männlicher Überlegenheit im Rahmen dieses prekären Konstrukts.

Förderung des gesellschaftlichen Wandels

Für die gewaltpräventive Arbeit mit (zugewanderten) Männern ergibt sich hieraus, dass eine ständige Diskussion und Reflexion der gesellschaftlichen männlichen Rollenbilder, aber auch der mit Männlichkeit verknüpften individuellen Vorstellungen, Wünsche und Selbstverständlichkeiten unerlässlich sind. Die hier vorgestellten Ansätze aus der Kritischen Männlichkeitsforschung bieten genügend Anknüpfungspunkte für die Arbeit im transkulturellen Kontext. Männlichkeit als soziale Konstruktion (Gender) ist in weiten Teilen der Erde eingebettet in gewaltförmige Geschlechterverhältnisse, die es Männern ermöglichen, Gewalt gegen Frauen auszuüben – oftmals, ohne dass dies strafrechtliche Konsequenzen für sie hat. Da es sich hierbei aber um ein soziales Konstrukt handelt, das nicht einfach natürlicherweise vorhanden ist, sondern be- und hinterfragt werden kann, besteht hier auch die Möglichkeit der Veränderung, um damit langfristig Gewalthandlungen gegen Frauen, aber auch gegen andere Männer entgegenzuwirken.

Diese Veränderung sollte möglichst früh mit einer gendersensiblen Erziehung ansetzen, da Geschlechterentwürfe bereits in der primären Sozialisation vermittelt werden. Dazu gehört es auch, Jungen Grenzen zu setzen, wenn sie ihrerseits die Grenzen der Mädchen missachten. Das beginnt schon bei Kleinigkeiten, wenn z. B. »Mädchen an den Haaren ziehen« als Zeichen von unbeholfener Sympathiebekundung des Jungen abgetan wird, die Mädchen sich gefallen lassen müssen. Gleichermaßen aber auch, wenn verletzliche Persönlichkeitsanteile von Jungen sanktioniert werden (»Du heulst wie ein Mädchen«). Es sind die vielen Kleinigkeiten, die sich in der Summe zu einem manifesten Bild »richtiger Männlichkeit« verdichten und eine angstfreie Persönlichkeitsentfaltung erschweren.

Auch die Verbreitung kritischer Diskurse zum Thema Gender, zum Beispiel der Einsicht, dass alle Menschen unabhängig vom Geschlecht »harte« und »weiche« Anteile in sich vereinen, ist hierfür hilfreich. Dieser gesellschaftliche Wandel muss bereits dabei ansetzen, die komplizenhafte Männlichkeit bei normalisierten Verhaltensweisen wie dem abwertenden Sprechen über Frauen zu durchbrechen. Männer, die sich gegen Gewalt an Frauen engagieren wollen, sollten also anderen vorleben, dass männliches Dominanzverhalten auch im »Kleinen« nicht geduldet wird. In einem langfristig angelegten Prozess des Erkennens, dass es zwischen Menschen als sozialen Wesen, die elementar aufeinander angewiesen und voneinander abhängig sind, keine wirkliche Unabhängigkeit geben kann, verliert jede Männlichkeitsideologie an Wirkmacht. Dann kann Verletzlichkeit als eine alle Menschen verbindende Eigenschaft gewürdigt werden, die zu zeigen kein Zeichen von Schwäche ist, sondern zum Menschsein dazugehört.

WICHTIG

Integration als Prävention

Die gesellschaftlichen Konflikte, die Migration mit sich bringt, wie auch die zu verurteilenden Gewalttaten gegen junge Frauen dürfen die Integration von zugewanderten Menschen nicht behindern. Dies würde eher den Einfluss verschiedener radikaler Gruppen stärken. Wenn junge Migrantinnen sich für ein anderes Leben entscheiden, als es ihre Eltern leben, dann ist dies ihr natürliches und menschliches Recht. Damit es nicht mehr zu solchen grausamen Taten kommt, muss man gerade die Integration vorantreiben: politisch, gesetzlich und gesellschaftlich.

Friedliches Zusammenleben durch demokratische Spielregeln

Seit über 60 Jahren, seit der Anwerbung von sogenannten »Gastarbeiter*innen«, leben verstärkt verschiedene ethnische Gruppen in Deutschland, die trotz vielfältiger Konflikte und Schwierigkeiten versuchen, eine selbstverständliche Alltagsnormalität eines multiethnischen und multikulturellen Zusammenlebens zu praktizieren.

Gerade in der letzten Zeit, in der nationalistische Parteien und Gedanken in Deutschland und Europa an Zuspruch gewonnen haben, werden die Migrationskonzepte und die positive Leistung und Bedeutung aller Bevölkerungsgruppen für ein gemeinsames Leben in Deutschland infrage gestellt (die gefährliche »Spitze« dieser Diskussionen stellt wohl die irrsinnige Debatte um »Re-Migration« dar). Selbstverständlich bestehen neben den üblichen Problemen des räumlichen Miteinanders von Menschen in unterschiedlichen Lebenssituationen und mit divergierenden Lebensvorstellungen nach wie vor auch starke Vorbehalte, Ängste und Abwehrhaltungen gegenüber Menschen »anderen« Aussehens, aus (vermeintlich) »anderen« Kulturkreisen und »anderen« Glaubens. Diese reichen von der alltäglichen, oft unbewussten Aus- und Abgrenzung als Fremde über bewusste Diskriminierung in Schule, Beruf und Alltagsleben und rechtliche Ungleichbehandlung bis zu Rassismus und Fremdenhass mit gewalttätigen Überfällen. Dies bedeutet allerdings nicht, dass die Idee der multikulturellen Gesellschaft nicht nach wie vor besteht und gelebt wird.

Die Vehemenz dieser Debatten macht deutlich, wie tief die Vorstellungen einer mehr oder weniger einheitlichen nationalen Kultur (einschließlich einer einheitlichen Religion, Lebensweise, Aussehen etc.) und die damit einhergehende Angst vor dem »Anderen«, dem »Fremden« in uns verwurzelt ist. Selbst nach Jahrzehnten des faktischen gemeinsamen Zusammenlebens von Menschen unterschiedlicher nationaler Herkunft, Kultur und Religion wird darüber gestritten, inwieweit Deutschland ein Einwanderungsland ist bzw. bleiben soll. Stattdessen sollten wir uns noch mehr der Frage zuwenden, wie das gemeinsame Leben miteinander auf der Grundlage der demokratischen Spielregeln besser, würdevoller und gerechter für alle gestaltet werden kann. Ich würde sogar so weit gehen zu behaupten, dass heute Demokratie die Grundlage für ein menschenwürdiges und gleichberechtigtes Zusammenleben der Menschen ist, in Deutschland, Europa und weltweit.

Migration und Vielfalt als Alltagsnormalität

Die Art und Weise, wie aktuell über Migration und Integration diskutiert wird, zeigt meines Erachtens, dass bei vielen ein wirkliches Bewusstsein über deren Bedeutung und die damit verbundenen Probleme und Thematiken nach wie vor nicht ausreichend entwickelt ist.

Schaut man etwas zurück auf die europäische Geschichte, dann wird schnell klar, dass Einwanderung und Auswanderung im letzten Jahrhundert beherrschende Themen waren. Während des 19. und der ersten Hälfte des 20. Jahrhunderts galt Europa noch ausschließlich als Auswanderungsgebiet. So verließen bis 1930 mehr als 50 Millionen Menschen den europäischen Kontinent, die meisten von ihnen übersiedelten in die Vereinigten Staaten. Erst nach dem Zweiten Weltkrieg und während der anschließenden Phase des Wiederaufbaus entwickelten sich einige der europäischen Staaten – allen voran Frankreich, Großbritannien und die Bundesrepublik – auch zu einem Zielgebiet transnationaler Migration. Die heutige Europäische Union besteht nunmehr nur noch aus Staaten mit einer positiven Wanderungsbilanz. Allerdings sind die Mitgliedsländer der EU, je nach ökonomischer, geografischer oder historischer Ausgangslage, durchaus in unterschiedlicher Weise von den Wanderungsbewegungen betroffen. Nach Deutschland (bis 1990 ins frühere Bundesgebiet) sind von 1950 bis 2022 mehr als 58 Millionen Menschen, Deutsche und Ausländer*innen, zugezogen. Mehr als 42 Millionen Menschen haben im gleichen Zeitraum das Land verlassen (Statistisches Bundesamt).

Der Blick auf die aktuelle Situation zeigt, dass mehr als 24,9 Millionen der in Deutschland lebenden Menschen im Jahr 2023 einen sogenannten Migrationshintergrund (im weiteren Sinne) hatten, was fast 29,7 % der Bevölkerung entspricht. Etwa 16,1 Millionen Menschen (ca. 19,2 %) sind selbst nach Deutschland zugewandert, mehr als 12,5 Millionen Menschen (ca. 14,9 %) in Deutschland haben eine ausländische Staatsbürgerschaft (Statistisches Bundesamt 2024).[26] Bei den Kindern und Jugendlichen (unter 18-Jährige) haben deutschlandweit mehr als 38 % einen sogenannten Migrationshintergrund (vgl. Statistisches Bundesamt 2021, S. 68). Die Anteile variieren stark nach Region. So gibt es Stadtviertel in manchen Großstädten, in denen mehr als 80 % aller Kinder im Kindergarten- oder Grundschulalter aus Familien mit Migrationshintergrund kommen.

Wenn man sich die Alltagsnormalität anschaut, dann erkennt man, dass der Alltag durch eine ethnisch vielfältige Zusammensetzung der Bevölkerungsstruktur mitbestimmt wird. Selbst wenn man Deutschland nicht als Einwanderungsland bezeichnen wollte: Deutschland ist ein Land, in das eingewandert wird, und in vielen Studien wie auch in den Debatten um die Zukunft der sozialen Sicherungssysteme wird davon ausgegangen, dass es allein angesichts der demografischen Entwicklung auch in Zukunft auf weitere Zuwanderung angewiesen sein wird.

Ganz gleich, wie die verschiedenen Gruppen die »Gesellschaft in Deutschland« definieren, das Gesicht Deutschlands hat sich in den letzten Jahren und Jahrzehnten verändert. Den verschiedengestaltigen Vorstellungen einer Homogenität der Bevölkerung der Bundesrepublik muss eine Absage erteilt werden. Die Forderung, dass die Rechte der zugewanderten Menschen öffentlich anzuerkennen sind, muss noch einmal unterstrichen werden. Da einerseits Diskriminierung und rechtliche Ungleichstellung von Migranten aufgehoben werden sollen und andererseits im Alltag Rechtsgüter von Migranten und »einheimischer« Bevölkerung in Konflikt geraten, geht es in den Überlegungen und Konzeptionen zur multikulturellen Gesellschaft sowohl um die Herstellung politischer Gleichheit als auch um die Organisierung und Regelung der alltäglichen Konfliktfelder, um die Organisation der Differenz ohne Diskriminierung, um klare und faire Spielregeln für alle Bevölkerungsgruppen in dieser Republik.

Diversität in der Demokratie

In den meisten Beiträgen zum politischen Konzept einer multikulturellen Gesellschaft werden immer wieder der Mut und das

Wagnis der multikulturellen Demokratie (vgl. Cohn-Bendit/Schmid 2000) ebenso wie die Schwierigkeiten von Migranten und Konflikte zwischen ihnen und der einheimischen Bevölkerung Gegenstand zahlreicher Diskussionen. Die Verletzung der Gesetze durch einige zugewanderte Menschen und die statistisch nicht ins Gewicht fallenden Ehrenmorde im Aufnahmeland führen zu einer hitzigen Debatte um Multikultur versus Einheitskultur. Die Befürworter einer sogenannten »Leitkultur« argumentieren beispielsweise, dass eine Gesellschaft mit unterschiedlichen Ethnien und Parallelgesellschaften die Kultur in Deutschland untergrabe und dass eine multikulturelle Gesellschaft eher schädlich sei. Sie befürworten eine Integration der Migranten unter dem Aspekt der Herausbildung eines für alle verbindlichen Wertekanons. Die Kritik an den Vorschlägen zum Zusammenleben in der multikulturellen Gesellschaft bezieht sich aber in der Regel weniger auf die konkreten Überlegungen und Konzepte, sondern meist auf – zudem häufig unterstellte – theoretisch-begriffliche Voraussetzungen. Oft wird ein Problem darin gesehen, dass mit der Übernahme des Begriffs und zentraler Verfahrensweisen der angloamerikanischen Multikultur-Politiken die unterschiedlichen Voraussetzungen in den klassischen Einwanderungsländern USA, Kanada und Australien sowie früherer Kolonialländer wie Großbritannien, Frankreich und Niederlande oder Portugal einerseits und der Bundesrepublik andererseits ungenügend reflektiert werden. So unterscheidet sich die Bundesrepublik Deutschland von anderen traditionellen Einwanderungsländern unter anderem dadurch, dass hier, bis auf die Sorben und eine kleine dänische Bevölkerungsgruppe, weder nationale Minderheiten noch eine durch eine eigene Sprache, Kultur und Traditionen abgegrenzte vorstaatliche Urbevölkerung leben und auch keine Bevölkerungsschicht aus ehemaligen Kolonien.

Von konservativer Seite wird, wie oben erwähnt, gegen Vorstellungen einer multikulturellen Gesellschaft eingewendet, dass sie die nationale und kulturelle Identität und die »Wertegemeinschaft des christlichen Abendlandes« untergraben würde und zu »Parallelgesellschaften« führe. Die Möglichkeit, dass ethnische Minderheiten über eine Kultur verfügen könnten, die nicht mit der Mehrheitskultur kollidiert oder deren Werte und Normen gefährdet, wird kaum diskutiert. Die Tatsache, dass international tätige Konzerne im eigenen Interesse dieses integrative Konzept umsetzen und in ihren Stäben Menschen unterschiedlicher Ethnien beschäftigen und weltweit einsetzen, wird ebenfalls außer Acht gelassen. Die Angst vor einer Überfremdung durch andere Kulturen wird im Sinne eines Kampfes gegeneinander statt eines Mit- und Füreinanders im Rassismusdiskurs besonders deutlich. Die Bedeutung der Identität von Menschen und Gruppen für ihr Zusammenleben wird eher oberflächlich oder kaum wahrgenommen.

Identität im Kontext kultureller Globalisierung

Auf die vielfältigen Annahmen und Ansätze, bezogen auf Identität und Identitätsbildung im Rahmen des psychologischen und soziologischen Fachdiskurses, kann an dieser Stelle nicht näher eingegangen werden. Es sei aber angemerkt, dass die Anerkennung der Herkunftsidentität im Residenzland als grundlegende Voraussetzung für die Entwicklung einer neuen Identität kaum diskutiert wird. Der Bildung von Identität muss im Kontext kultureller Globalisierung mehr Beachtung zuteilwerden.

Unter Identität wird im Allgemeinen etwas dem Wesen des Menschen Eigenes verstanden, das sich im Verlauf der Individuation herausbildet und entweder ein sehr starres Konstrukt sein kann oder aber über die Lebensspanne hinweg in einem stetigen Entwicklungsprozess wandelbar ist. Identität für die einzelne Person ist das Wissen darum, wer sie ist, was sie ausmacht, wohin sie sich persönlich entwickeln möchte. Identität ist die Quelle von Sinn und Erfahrung für die Menschen, die von der Gegenwart aus der Vergangenheit reproduziert wird. Identität ist dabei ein Prozess, das heißt, die erlebten Migrationserfahrungen werden Teil der Identität. Dieser Prozess des Aushandelns zwischen dem Selbstbild, das der oder die Einzelne von sich entwirft, und dem Bild, das sich die sozialen Handlungspartner*innen in wechselnden Zusammenhängen von ihm bzw. ihr machen, hat auch einen Einfluss auf das Leben im Migrationsland. Dabei ist zu differenzieren zwischen personaler und sozialer Identität. Personale Identität meint, dass der Sinn, den eine Person für sich entwickelt, an Werten und Merkmalen orientiert ist, die sie für sich internalisiert hat. Diese Werte und Merkmale dienen der Person dazu, ihr Leben zu gestalten und sich damit in Einklang zu bringen. Eine Person kann ihr Leben dann beispielsweise nach internalisierten religiösen, ethnischen oder individualistischen Zielsetzungen ausrichten.

Soziale Identität meint, dass eine Person ihr Leben auch an Kriterien ausrichtet, die dazu dienen, dass der Einzelne in einer sozialen Gemeinschaft leben kann. Auch hier kann es sich beispielsweise um religiöse, ethnische oder individualistische Merkmale handeln. Wichtig dabei ist jedoch, dass viele Menschen in einer Gemeinschaft ähnliche Kriterien haben, an denen sie sich orientieren. Dadurch entsteht eine sinnstiftende soziale Identität, die einen wichtigen Beitrag für den Zusammenhalt in einer Gemeinschaft, einer Gesellschaft leistet. Insbesondere aufgrund der kulturellen Globalisierung sind die kulturellen Attribute innerhalb einer Gesellschaft so vielfältig, dass es sowohl auf personaler als auch auf sozialer Ebene zur Herausbildung pluraler Identitäten kommen kann. Insofern ist es ein Trugschluss, wenn konservative Politiker von einer »Leitkultur« sprechen, ohne wirklich zu wissen, was hinter diesem Begriff steckt. Allein der Begriff »deutsche Identität« wirft so vielfältige Fragen auf, dass wir von den verschiedenen Standpunkten aus zu verschiedenen Ergebnissen kommen. Der Prozess der Identitätsbildung und -entwicklung ist sowohl im personalen als auch im sozialen Bereich ein schwieriges und komplexes Unternehmen. Identität ist immer Ressource, Spannung und Widerspruch zugleich. Hier liegen also, genauer betrachtet, viele Chancen und Gefahren kultureller Vielfalt in einer globalisierten Welt, weil Identitätsbildung sich mit dem Fortgang der Globalisierung und der Migrationsbewegung in einem riesigen Spannungsfeld vollzieht. Die erfolgreiche Herausbildung einer personalen und sozialen Identität wird deshalb wesentlich mit dazu beitragen, wie sich ein lebbares interkulturelles Miteinander von Menschen künftig entwickeln wird.

Sind die Akteure im Rahmen dieses Prozesses unflexibel und beharren auf ihren starren Positionen, versucht die Herrschaftskultur, ihre »Identität« aufzuzwingen, wird es unter Umständen zu aktivem und passivem Widerstand kommen. Versteckter Widerstand ist gefährlich, weil offiziell kein Widerstand geleistet wird und in der Illegalität »Kulturen« entstehen, die nichts mit der eigenen Herkunfts- und Residenzkultur zu tun haben. Dies bildet den Nährboden für radikale Gruppen. Um diesen Entwicklungen entgegenwirken zu können, müssen alle ethnischen Gruppen angenommen, anerkannt und respektiert werden. Dies ist natürlich keine Einbahnstraße: Auch die ethnischen Minderheiten müssen sowohl einander als auch die Wertesysteme und die Rechtsprechung der Residenzkultur anerkennen und respektieren. Ich gehe noch einen Schritt weiter: In einem Land zu leben heißt auch, in diesem Land seinen Beitrag zu leisten – sei es im politischen, sozialen oder wirtschaftlichen Bereich. Das bedeutet, auch die Zuwanderer sind aufgefordert, ihren Beitrag zu leisten und sich an die demokratisch-pluralistischen Spielregeln zu halten. Offene

Aushandlungsprozesse könnten zu einer lebendigen, pluralen gemeinschaftsfördernden und integrierenden Gesellschaft beitragen.

Das Kulturverständnis im gegenwärtigen Diskurs entspricht in den Grundannahmen weitgehend einem »ethnisierenden« (Gross 2003). Damit einher geht eine Zuschreibung von kollektivkulturellen Stereotypen und vermeintlichen Identitätsmerkmalen an die Menschen unterschiedlicher Herkunft in einer Gesellschaft. Selbst die bestgemeinten Ansätze von Multikulturalität sind dem verhaftet, sie denken »Kultur« eher im Sinne von Homogenität. Es gibt jedoch keine Mehrheitskultur der Aufnahmegesellschaft, die verschiedenen ethnisch definierten Einzelkulturen gegenübersteht. Hier vertrete ich den Standpunkt, dass eine langsame ethnische oder ethnisch definierte Identität sich über mehrere Generationen auflöst und eine neue Identität im Residenzland entsteht, die wiederum von den gegebenen Rahmenbedingungen im Residenzland abhängig ist. Betrachtet man allein die verschiedenen Generationen der zugewanderten Familien, so ist zwar immer noch von einer gemeinsamen Identität zu sprechen. Schaut man jedoch genauer hin, so unterscheidet sich die Identität der ersten Generation von derjenigen der zweiten und der dritten Generation, da jede eine andere Sozialisation durchlaufen hat. Die dritte Generation der Migranten in Deutschland hat beispielsweise viel mehr Werte und Normen des Aufnahmelandes angenommen und gestaltet ihr Leben danach. Insofern kann man das Konzept der Multikulturalität aus theoretischem Gesichtspunkt infrage stellen.

Ein vielmaschiges und inklusives, nicht separatistisches und exklusives Verständnis von Kultur könnte helfen, das Leben der verschiedenen Gruppen zu verstehen. Die Mehrheitskultur und ihre Gesellschaft sollten nicht ausgrenzen, sondern anknüpfen und Übergänge schaffen, um somit eine Integration der Identitäten zu ermöglichen. Die Grundlage für einen echten Schritt in die gemeinsam zu entwickelnde Kultur der Zukunft könnte es sein, von der Konzentration auf die Polarität von Eigenem und Fremdem weg und hin zur Aufmerksamkeit für das möglicherweise Gemeinsame und Verbindende zu finden, wo immer man dem (zunächst) Fremden begegnet. Dazu sind selbstverständlich auch der Beitrag und die aktive Mitarbeit der Minderheitenkulturen im Aufnahmeland notwendig.

Identitäten in der Migration

Viele Migranten in Deutschland verfügen heute über mehrere Identitäten. Die eine ist aufs Engste mit der Erinnerung, der Familie, dem soziokulturellen Umfeld und den persönlichen Erfahrungen verwoben. Diese ist die eher patriarchalisch zu verstehende Herkunftsidentität, ohne Nationalismusstrukturen. Sie kann als eine historisch gewachsene Identität verstanden werden, die von Generation zu Generation weitergegeben wird. Die andere, die »aufgezwungene« Identität, zentriert sich um eine Nation, einen Staat, eine gedachte Gemeinschaft, die mehr umfasst als die eigentliche kulturelle Identität und das Gefühl, zu einer Gemeinschaft zu gehören. Gruppen wie z. B. den Kurden, den Basken, den Ethnien aus dem früheren Jugoslawien und anderen wurde eine neue Identität aufgezwungen, die nichts mit ihrer Vergangenheit zu tun hat. Sie wurden nicht gefragt, ob sie Türken, Spanier, Araber, Engländer etc. werden wollten. Sie wurden per politischem Dekret dazu gemacht. Sie sind »eingebürgert« worden und haben einen Nationalpass, mit dem sie vielleicht kulturell und individuell nichts gemein haben. Unter dieser aufgezwungenen, unnatürlichen Identität leiden diese Menschen heute noch besonders und legen daher sehr viel Gewicht auf die Anerkennung ihrer Herkunftsidentität, die sehr emotionell geprägt ist und viele traumatische Züge aus der unverarbeiteten Vergangenheit enthält.

In Deutschland sind viele Migranten deutsche Staatsbürger, ihre Kinder sehen sich als Deutsche zuzüglich der Herkunftsidentität, wie beispielsweise Deutsch-Türken etc. Ihre emotionelle Identität wollen sie beibehalten und sehen zu der in Deutschland neu angenommenen Identität keinen Widerspruch. Es würde auch der Entwicklung und Erziehung von Menschen widersprechen, wenn man sie zwingen würde, eine neue, nicht klar definierte Identität ohne Zugang zur Vergangenheit anzunehmen. Identität entwickelt sich aus der Vergangenheit und hat in der Gegenwart einen wichtigen Einfluss auf die Identität in der Zukunft. Gerade die Gegenwart, ganz gleich ob im Herkunfts- oder Residenzland, ist bedeutend für die Identitätsentwicklung, und von ihr hängt es auch ab, inwieweit Menschen im Hier und Jetzt leben.

Diese Differenzierung könnte jetzt noch auf anderen Ebenen weitergeführt werden, worauf ich hier verzichte. Festgehalten sei nur, dass das Problem darin besteht, dass einige Ethnien niemals als eigenständig und in ihrer eigenen ethnischen Identität akzeptiert wurden, weder im Herkunfts- noch im Migrationsland. Diese Ethnien brauchen eine besondere Annahme im Aufnahmeland, um eine neue Identität etwa in Europa besser annehmen zu können. Bisher haben sie für ihre Identität und deren Anerkennung auf verschiedenste Weise gekämpft. Ihnen muss deutlich gemacht werden, dass sie keinen weiteren Identitätskampf führen müssen, da in demokratischen Ländern die Identität von Gruppen, gleich welcher Zugehörigkeit, nicht infrage gestellt wird bzw. werden sollte. Dies ist momentan allerdings leider noch mehr eine Idealvorstellung als gelebte Realität. Ich glaube, dass eine Identität als Europäer zu weit gefasst ist, als dass sie für die meisten Europäer allzu viel bedeuten könnte. Der Begriff »Europäische Gemeinschaft« hat meiner Ansicht zurzeit eine viel größere Bedeutung.

Mit der Betonung der eigenen – tatsächlichen oder auch nur

vermeintlichen – Stärken und der Herabsetzung der Stärken der Residenzidentität kompensieren viele Migranten einerseits einen drohenden bzw. tatsächlich bereits erlittenen Identitätsverlust. Diese und andere Formen der »Dramatisierung« von Selbstwahrnehmungen bzw. der Identität von Gemeinschaften und sozialen Gruppen und die damit verbundene Instrumentalisierung von Kultur gelten als typische Mittel, um das eigene kulturelle Überleben zu sichern sowie Würde und Anerkennung zu erlangen. Dadurch verstärken sich gegenwärtig allerdings bestimmte Tendenzen der gegenseitigen Ab- und Ausgrenzung, beispielsweise das Festhalten an alten Ritualen wie »Ehrenmord« oder das Abdriften in radikale islamische Gruppen.

Gleichzeitig betonen viele Politiker*innen und einige Expert*-innen, dass bestimmte Seiten der nachholend verstärkten Identitätskonstruktionen »essentialistischen« Charakter tragen und dass solche historisch bekannten Identitätsmodelle deutlich zu »Ethnozentrizität«, »Dogmatik«, »Fundamentalismus« und »Terrorismus« tendieren, weswegen ihre Überwindung als eine der wesentlichen politisch-kulturellen Leistungen bei der »Verwestlichung« der zugewanderten Menschen begriffen werden muss.

Im Zeitalter der Globalisierung ist die Vorstellung einer Einheits- und Monokultur in einem Land wie Deutschland nicht mehr realistisch. Benehmen sich die deutschen Jugendlichen in Deutschland typisch deutsch? Erkennen wir auf einem internationalen Treffen von Jugendlichen die »nationale Identität« der einzelnen Menschen oder praktizieren wir nicht schon lange ein interkulturelles Zusammenleben, also eine Interaktionsform verschiedener Ethnien untereinander (Interkultur)? Für das interkulturelle Zusammenleben bedeutet dies, dass das Untersuchungsfeld nicht nur wesentlich auf die Künste, ihre Produktion und Vermittlung im interkulturellen Dialog konzentriert sein kann; auch eher gesellschaftsbezogene und alternative, unter den Begriff der Soziokultur subsumierende Formen der Kultur müssen mit in Betracht gezogen werden.

Allerdings sollte man sich immer dessen bewusst sein, dass die Realität des interkulturellen Mit- und Nebeneinanders in diesem Land wesentlich vielschichtiger und zuweilen auch problematischer ist, als dass sie nur im Kontext von Sprachproblemen, religiösen Unterschieden, der Unterscheidung Morgen- versus Abendland etc. gesehen werden könnte. Insbesondere im Hinblick auf ein transkulturelles Verständnis von Kultur ist eine auf nur ethnisierenden Aspekten basierende Kulturarbeit infrage zu stellen.

Identität ist vielmehr das Ergebnis eines komplexen und dynamischen Mosaiks. Eine Identität lässt sich nicht wie ein alter Mantel bei der Einreise ins »Gastland« bzw. in die neue Heimat an der Grenze ablegen. Genauso wenig kann eine Identität verordnet werden. Wer also Menschen – aus welchem Beweggrund auch immer – ins Land einreisen lässt, muss damit rechnen, dass Menschen mit vielschichtigen und zum Teil komplexen Identitäten kommen. Allein aus diesem Grund muss jede Verleugnung der Differenz und Vielfalt von Identitäten und Kulturen – ob man nun für eine »multikulturelle Gesellschaft« ist oder nicht – sowie jeder Versuch der kulturellen Vereinheitlichung zu einer verfehlten und kontraproduktiven Integration der Kulturen und Identitäten führen. Da wir es mit einer Vielfalt an Kulturen und Identitäten zu tun haben, müssen wir uns vor allem auf fundamentale, an den Menschenrechten orientierte Werte einigen, die eine bindende Kraft haben.

Selbstfürsorge: Wie geht es den »Profis«?

Die schlimmen Erzählungen meiner Klienten werden zu Bildern in meinem Kopf

Irgendwann konnte ich mir die Geschichten nicht mehr anhören. Ich arbeite seit 20 Jahren als Sozialarbeiter, berate Geflüchtete und bin in einem Projekt von Deradikalisierung im Bereich Islamismus tätig. Die Geschichten von Leid und Terror, Gewalt, Trennung, Krieg, Flucht von Menschen haben mich sehr beeindruckt, und ich musste darauf achten, mich von diesen Geschichten und von den in meinem Kopf entstandenen Bildern zu distanzieren, auch im privaten Bereich. Es war schrecklich, dass sich aus den Erzählungen meiner Klienten in meinem Kopf Bilder wie ein »Kopfkino« entwickelt haben und ich irgendwann nicht mehr unterscheiden konnte, ob es meine Erlebnisse oder die von meinem Klienten sind. Ich bekam auch Albträume und litt unter verschiedenen körperlichen Reaktionen. Mit der Zeit, Erfahrung, Fortbildungen und Supervision konnte ich – so glaube ich zumindest – ganz gut damit umgehen. Mit den »Tätern« hatte ich eher Schwierigkeiten, »gewöhnte« mich aber daran. Mit den Opfern von Gewalt und Überlebenden von Genoziden hatte ich mehr Empathie, entwickelte Solidarität und war motiviert, sie zu unterstützen und zu begleiten. Bei den »Tätern« ist meine Antipathie eher in Mitleid umgeschlagen, allerdings musste ich stärker an mir arbeiten, um professionell mit dieser Gruppe umgehen zu können. Seit einem Jahr kommt es mir jedoch so vor, als würden sich die Geschichten wiederholen und als würde gleichzeitig die Welt noch grausamer werden. Der Genozid an den Eziden oder Uiguren, der Krieg in der Ukraine, der Israel-Hamas-Konflikt, die vielen Gewalttaten und Missbrauch in Familien … Ich habe auch das Gefühl, dass meine Einrichtung überfordert ist, kaum noch Ressourcen hat und uns im Stich lässt. Die Kolleginnen und Kollegen lehnen sich alle zurück und machen einfach nur ihre Arbeit. Das ist mir alles zu viel, und ich habe einfach keine Lust mehr. Ich bin müde, fühle mich erschöpft, einfach fertig. Ich möchte nicht mehr …

Die Arbeit mit Klient*innen, die schreckliche Dinge erlebt oder die selbst grausame Taten begangen haben, lässt die Fachkräfte trotz hoher Professionalität nicht einfach kalt. Irgendwann gelangt man an die eigenen Grenzen, zu verstehen, nachzuvollziehen und helfen zu können.

Daher ist die eigene Selbstfürsorge wichtig, um gesund und langfristig in diesem Bereich arbeiten zu können. Denn der enge Kontakt mit Betroffenen und die Gespräche über extreme Gewalt wie Terror, Flucht und Genozide können bei den psychosozialen Fachkräften, die mit dieser Personengruppe arbeiten, zu Burn-out oder zu einer sekundären Traumatisierung führen. Die immer wiederkehrende Auseinandersetzung mit den traumatischen Erinnerungen ihrer Klient*nnen kann die Übertragung typischer Traumasymptome (z.B. Hyperarousal oder Vermeidung) nach sich ziehen, auch wenn die Fachkräfte selbst nie den traumatischen Ereignissen ausgesetzt waren. Dieses Phänomen wird als *sekundäre Traumatisierung* bezeichnet, es zeigt sich in verschiedenen Berufsfeldern wie Beratung, Psychotherapie, Medizin und Pflege oder Traumatherapie.

Eine eigene Trauma-Geschichte ist ein hochrelevanter Risikofaktor für eine sekundäre Traumatisierung. In verschiedenen Studien konnte Folgendes festgestellt werden: Wenn Psychotherapeut*innen ähnliche Traumata wie ihre Klient*innen erlebt haben, könnte dies ein Grund für einen Mangel an notwendiger Distanz sein und zugleich zu einer sekundären Traumatisierung führen.

Eine sekundäre Traumatisierung passiert jedoch auch aufgrund von ausgeprägter Empathiefähigkeit und ist nicht als Zeichen mangelnder Professionalität zu werten.

PRAXISTIPP

Eine mögliche Belastung mit sekundärtraumatischen Symptomen sollte regelmäßig im Rahmen einer Supervision thematisiert und überprüft werden, um einer Chronifizierung vorzubeugen. Wenn Sie das Gefühl haben, davon betroffen zu sein, dann suchen Sie sich professionelle Hilfe. Es ist keine Schande, sich als Fachkraft selbst professionelle Unterstützung zu suchen, sondern vielmehr ein Zeichen der Professionalität. Nur wer selbst gut für sich sorgt, kann auch gut für andere sorgen.

Ausblick

Die wichtigste Herausforderung bei der Bewältigung der Einwanderung dürfte also in der Vermittlung der Einsicht liegen, dass Europa in Zukunft sogar vermehrt auf Zuwanderung angewiesen sein wird. Obwohl der gegenwärtige Anteil der zugewanderten Bevölkerung im Vergleich zu anderen Einwanderungsregionen keineswegs besonders hoch ist, mangelt es bis heute an Sensibilität für diese bevölkerungspolitische Tatsache. Dabei ist Europa noch längst »kein Kontinent von Migranten«. Offensichtlich bergen aber Zuwanderungsfragen vor allem in Deutschland eine starke soziale Brisanz, sodass an eine rationale Politikgestaltung und eine aktive Zuwanderungspolitik immer noch kaum zu denken ist. Vor dem Hintergrund der wirtschaftlichen Sorgen und der kulturellen Überforderungsängste ihrer (Wahl-)Bevölkerungen fällt es den deutschen Parteien nach wie vor schwer, die zuwanderungspolitischen Realitäten anzuerkennen und zu vertreten. Zwar ist inzwischen bereits ein Wandel im Selbstverständnis zu beobachten, aber es dominiert immer noch die Vorstellung, die Aufnahme einiger Migranten sei nur die Ausnahme von einer Regel der Nullzuwanderung.

Gleichzeitig muss aber betont werden, dass das Leben im Residenzland auch für die zugewanderten Menschen Pflichten mit sich bringt. Die Integration in einem fremden Land sollte durch staatliche Institutionen erleichtert werden, aber auch sie selbst müssen sich auf der Basis von Demokratie und Menschenrechten aktiv an der Integration beteiligen. Fragwürdige Werte wie »Ehrenmorde« sind inzwischen selbst im Herkunftsland unzeitgemäß, und entsprechende Taten sind unter Strafe gestellt. Deshalb müssen sie erst recht im Aufnahmeland durch zeitgemäße Werte ersetzt werden. Das Töten eines Menschen, unabhängig davon, aus welchen Gründen es geschieht, wird in allen Kulturen abgelehnt, auch im Islam. Jedem Menschen muss von jedem anderen Respekt und Achtung entgegengebracht werden, ohne jede Ausnahme.

Wir dürfen unter dem Schleier von Kultur und Religion kein Verständnis für Terror und Gewalt im Namen der Ehre haben, ganz gleich, ob man zu der jeweiligen Religion oder Kultur gehört. Daher dürfen wir nicht schweigen. Einmischung auf Augenhöhe ist dagegen notwendig, selbst bei so hochsensiblen Themen wie Islam, »Ehre« und andere Gewalttaten gegen Frauen oder andere Gruppen. Solange die Menschen im Namen der Religion oder bestimmter Werte und Normen Gewalt anwenden, Menschen töten, Frauen vergewaltigen und versklaven, müssen Mitglieder dieser Gruppen klären, ob das wirklich mit menschlichen Werten zu vereinbaren ist. Ich sage eindeutig: Nein. Wir alle haben das Recht, diese Brutalität abzulehnen, ganz gleich, welche Gründe auch immer dafür angegeben werden.

Aktive Einmischung in der neuen Migrationsgesellschaft mit mehr als 190 Nationen und 400 ethnischen Gruppen in Deutschland und klare Stellungnahme gegen den Terror und überholte Traditionen, die Menschen Schaden und Leid zufügen, bedürfen einer klaren, eindeutigen Stellung, insbesondere von Migrant*innenvereinen und -verbänden. Religiöse und kulturelle Gewalt ist und bleibt Gewalt – und ist durch keinen Glauben und durch keine Kultur in der Welt zu legitimieren.

Ein weiterer wichtiger Schritt ist die Erziehung der nachfolgenden Generationen, die, wenn sie an ihrer Herkunftskultur festhalten wollen, diese auch tatsächlich kennen müssen, um sie angemessen in ihr Selbstbild integrieren zu können. Dazu ist es notwendig, dass bereits in den Kindergärten und Schulen geschultes Personal Themen wie Friedenserziehung, Konfliktlösungsstrategien, interkulturelle Kompetenz, Kulturen und Religionen der Welt differenziert behandelt. Das Ziel kann nur darin bestehen, dass die Menschen lernen, wie es möglich ist, trotz aller Unterschiede und Differenzen in Frieden zusammenzuleben.

GLOSSAR

Ahl-Haqs (Ahl-e Haqq)

Die Religion der Ahl-Haqs (pers. »Besitzer der Wahrheit« oder »Weg der Wahrheit«) beruft sich auf die Mithras- und Zarathustrareligion. Ihre Anhänger leben hauptsächlich im Iran (Luristan, Kermānschāh, Aserbaidschan) und in Kurdistan (Kirkuk, Sulaimaniyya, Halabdscha). Ihre Lehren wurden, wie bei den Eziden, über Jahrhunderte mündlich weitergegeben. In Kurdistan werden sie auch Yarasan oder Kakai genannt. Seit dem 14. Jahrhundert haben sie schiitische Elemente in ihre Religion aufgenommen. Es sind aber Ähnlichkeiten mit dem Ezidentum und dem Alevitentum zu beobachten. Die Mitgliederzahl wird auf eine Million geschätzt.

Aleviten

Die alevitische Religion ist in Anatolien entstanden. Wie auch die Schiiten berufen sich die Aleviten auf Ali und islamische Glaubensinhalte, die mit mystischen Lehren vereint werden. Sie haben ihre eigenen Riten und befolgen nicht alle islamischen Gebote. Deshalb werden sie von vielen Muslimen zum Teil als Ketzer abgelehnt. In der Türkei leben schätzungsweise 15 bis 20 Millionen Aleviten; viele von ihnen sind Kurden. Einige kurdische Aleviten betrachten sich nicht als Muslime, sondern sehen ihren Ursprung eher in der antiken Religion des Mithras und zum Teil der Zarathustra-Religion.

Boko Haram

Der Name bedeutet so viel wie »Westliche Bildung/Erziehung/Zivilisation ist Sünde/verboten«. Offiziell heißt diese Terrororganisation *ama'atu Ahlis Sunna Lidda'awati wal-Jihad* (Vereinigung des Islams); es handelt sich um eine radikal-islamistische Terrormiliz, die 2009 im Nordosten Nigerias gegründet wurde. Sie hat enge Beziehung zum IS und möchte einen »islamischen Staat« in Nigeria gründen.

Byzantinisches Reich

Es entstand 395 n. Chr. durch die Teilung des Römischen Reichs, bildete seine Fortsetzung im östlichen Mittelmeerraum und endete 1453 mit der Eroberung von Konstantinopel durch die Osmanen. Die Hauptstadt hieß zunächst Byzanz, später Konstantinopel, und ist die heutige Stadt Istanbul in der Türkei.

Drusen

Arabisch, auch als »Bekenner einer Gottheit« bekannt. Die Religionsgemeinschaft geht auf ihren Begründer Muḥammad ibn Ismāʿīl ad-Darazī (auch Hamza ibn Ali ibn Ahmad) zurück. Anfang des 11. Jh. trennten sich die Drusen von der muslimischen ismailitischen Schia. Sie glauben an einen göttlich inspirierten und eingesetzten Imam, der nach Gottes Ebenbild geschaffen und der perfekte Mensch sei. Heute leben die Drusen in Syrien, Libanon, Israel und Jordanien. Ihre Mitgliederzahl wird auf 1,5 Millionen geschätzt.

Eziden

Kurdisch Ezda, Ezidi, »der, der mich erschaffen hat, Schöpfer«, im deutschen Sprachraum auch als Jesiden oder Yeziden bekannt. Das Ezidentum ist eine der ältesten Religionen im Nahen und Mittleren Osten, seine Wurzeln reichen zurück bis zur Mithrasreligion. Die Eziden verfügen über eine eigene Schöpfungstheorie und ein eigenes Engelsystem. Seit dem 11. Jh. leben sie in einem Kastensystem. Die Religion ist monotheologisch. Ihren Ursprung hat sie in Kurdistan, der heutigen Türkei, im Iran, Irak und in Syrien. Die Mitgliederzahl wird auf eine Million geschätzt. Etwa 250 000 Eziden leben heute in Deutschland, vor allem seit dem Genozid 2014 durch die terroristische Organisation des »Islamischen Staates« (IS).

Fitna

Arabisch »Versuchung«, »Prüfung«, »Heimsuchung«. Der Begriff wird gebraucht, wenn der islamische Glaube vor einer schweren Zeit oder der Abspaltung steht. Fitna bedeutet auch Chaos, Wirren, Zwist in der Gesellschaft.

Histrionisch

Als histrionisches Verhalten wird ein auffallend theatralisches, extrovertiertes, übermäßig gefühlsbetontes und gleichzeitig egozentrisches Verhalten bezeichnet. Bei einer starken andauernden Ausprägung wird von einer histrionischen Persönlichkeitsstörung gesprochen. Betroffene haben u. a. ein starkes Bedürfnis, im Mittelpunkt zu stehen und Aufmerksamkeit, Anerkennung, Lob und Beachtung zu bekommen, was zu destruktiven sozialen Beziehungsmustern führt.

Mandäer

Sie sind Angehörige einer monotheistischen Religionsgemeinschaft. Die Mandäer (aramäisch »Erkenntnis«), auch Nazoräer genannt, beziehen sich auf Johannes den Täufer und sehen ihn als ihren Meister an. Für sie ist Jesus Christus kein Prophet. Die Mandäer glauben, dass die Seele durch die Materie eingeschlossen und durch Wissensoffenbarung befreit wird. Die Erlösung können sie nach ihren Vorstellungen durch die wiederholbare Taufe im fließenden Wasser erreichen. Die Mandäer glauben an einen Gott. Symbole für das Gute sind das Licht und das fließende Wasser. Ihr Ursprung liegt im Irak und Iran, heute leben sie weltweit verstreut, und ihre Mitgliederzahl wird auf ca. 100 000 geschätzt.

Mithrasreligion

Sie wurde nach dem Gott Mithra/Mithras benannt, der als eine Gottheit des Rechts und auch als Erlösergottheit galt. Das Wort *mitra* (altiranisch/altindisch) bedeutet auch Vertrag, Bund der Ehre und der Tugend. Die Mithrasreligion entstand im heutigen Iran und hatte Anhänger im gesamten Nahen und Mittleren Osten bis Indien. Mithras wird auch als Überwinder der Finsternis gefeiert und ist heute noch bei der Bevölkerung im Iran und in Kurdistan als Sonnengott bekannt. Aus dem Mithraismus sind später der Zarathustrismus, das Ezidentum, Ahl-Haqs und andere Religionen entstanden.

Mohammed

Islamischer Prophet und Religionsstifter (gest. 632 n. Chr.). Mohammed – mit vollem Namen *Mohammed ibn Abdallah ibn Abd al-Muttalib ibn Haschim ibn Abd al-Manaf al-Quraischi* – wurde im Jahr 570 oder 571 n. Chr. in der arabischen Stadt Mekka geboren. Ab dem Jahr 610 bis zu seinem Tod im Jahr 632 soll ihm durch den Erzengel Gabriel der Koran, das heilige Buch der Muslime, offenbart worden sein. Den Muslimen gilt Mohammed als der letzte Prophet der abrahamitischen Religionen (Judentum, Christentum und Islam).

Osmanisches Reich

Es wurde von dem turkmenischen Stammesführer Osman (1258–1324) gegründet und hatte in der Folge bis zu seiner Auflösung nach dem Ersten Weltkrieg Teile Europas, Asiens und Nordafrikas unter seine Herrschaft gebracht. Mit der Einnahme Konstantinopels 1453 endete das Byzantinische Reich, und Istanbul wurde zur Hauptstadt des Osmanischen Reichs. 1529 und 1683 belagerten die Osmanen Wien. Im 19. Jh. verlor das Osmanische Reich die Kontrolle über große Gebiete, es kam zur Ausbildung von Nationalstaaten auf dem Balkan und dem Übergreifen der europäischen Kolonialmächte in die arabischen Provinzen. Die Niederlage des Osmanischen Reichs im Ersten Weltkrieg beendete die Herrschaft der Dynastie Osmans und führte zur Errichtung neuer Staaten auf dem Balkan und im Nahen Osten, die bis heute bestehen. Die heutige Türkei sieht sich in der Nachfolge des Osmanischen Reichs, sie wurde 1923 gegründet.

Römisches Reich (Imperium Romanum)

Es existierte von 753 v. Chr. bis 480 n. Chr. und war das größte Reich Europas; es hatte lange Zeit viele Gebiete im Nahen und Mittleren Osten bis Nordafrika unter seiner Herrschaft; seinen Anfang hatte es in Italien, in der heutigen Stadt Rom.

Sasanidisches Reich

Es war das letzte iranische Reich vor der islamischen Eroberung im 7. Jahrhundert n. Chr. Es bestand über vier Jahrhunderte, von 224 bis 651 n. Chr., und war damit die langlebigste iranische Kaiserdynastie.

Talaq (auch Tahlaq)

Kann als Verstoßung verstanden werden und ist nach dem islamischen Recht eine Scheidung, die vom Mann ausgesprochen wird. Wenn der Ehemann drei Mal »Talaq« (»ich verstoße dich«) ruft, dann gilt die Scheidung ab diesem Moment mit sofortiger Wirkung. Das Recht der Verstoßung hat die Ehefrau nicht. Sie kann sich von ihrem Mann nur in gegenseitigem Einvernehmen trennen.

Zarathustra

Griechisch Zoraster, kurdisch Zerdesht, ist ein Reformator der Mithrasreligion und wird auch als Prophet gesehen. Die Geburtszeit Zarathustras ist nicht eindeutig belegt; manche Historiker sehen sein Wirken bereits um 1800 v. Chr., andere sind der Ansicht, dass er erst um 600 v. Chr. gelebt habe. Zarathustra schuf eine monotheistische Religion mit dem Gott des Guten, Ahura Mazda, und dem Gott des Bösen, Ahriman, die er in einem ständigen Kampf sah. Er glaubte, dass eines Tages durch die Menschen das Gute gewinnen würde. Das Religionsbuch Zarathustras wird Avesta genannt.

Die heutigen Anhänger des Zoroastrismus bzw. Zarathustrismus werden Zoroastrier oder Zarathustrier genannt. Sie leben als eine kleine Gruppe noch im Iran, in Indien und in Pakistan. Die Familie des bekannten Sängers Freddie Mercury gehörte dieser Religionsgemeinschaft in Indien an. Die Mitgliederzahl wird weltweit auf unter eine Million geschätzt.

QUELLEN

Ali, A. H. (2005): *»Ich klage an«. Plädoyer für die Befreiung der muslimischen Frauen.* München & Zürich: Piper.

Ateş, S. (2016): *Der Islam braucht eine sexuelle Revolution.* 2. Auflage. Berlin: Ullstein.

Bar-Tal, D. (2000): *From intractable conflict through conflict resolution: Psychological analysis.* In: Political Psychology, Vo. 21 No. 1, 22–50.

Başer-Doğan, Z. (2021): *Ehrenmorde im türkischen Strafrecht.* University of Maribor Press. Online. DOI: 10.18690/978-961-286-473-6.2.

Berg, A., Goetz, J., Sanders, E. (2018): *Toxische Männlichkeit von Kandel bis Chemnitz. Feministische Interventionen in eine aktuelle Gefahrensituation.* https://www.apadbiz.de/2018/toxische-maenlichkeit-von-kandel-bis-chemnitz/#reference-2, Zugriff: 09.04.2024.

Berliner Arbeitskreis gegen Zwangsverheiratung (2023): *Evaluierung der Studie zum Ausmaß von Zwangsverheiratungen in Berlin im Befragungszeitraum 2022.* Online verfügbar unter: https://www.berlin.de/ba-friedrichshain-kreuzberg/politik-und-verwaltung/beauftragte/gleichstellung/auswertung-detailliert-sept-23-finaldocx.pdf?ts=1705017651, [30.01.2024].

Bousquet, G.H. (1966): *L'éthique sexuelle de l'Islam.* Archives de Sciences Sociales des Relgions. Nr. 25. Paris.

Bryce, D., Walker, N. (1986): *Family funcioning and child health: A study of families in West Beirut.* Final Report, December 31, UNICEF.

Bundesamt für Verfassungsschutz (2021): *Islamismus und islamistischer Terrorismus. Zahlen und Fakten,* abgerufen am 09.08.2021 unter https://www.verfassungsschutz.de/DE/themen/islamismus-und-islamistischer-terrorismus/zahlen-und-fakten/zahlen-und-fakten_node.html#doc678982.

Bundeskriminalamt (2015): *Partnerschaftsgewalt, Kriminalstatistische Auswertung,* 2015. https://www.bka.de/DE/AktuelleInformationen/StatistikenLagebilder/Lagebilder/Partnerschaftsgewalt/partnerschaftsgewalt_node.html, [24.02.2024].

Bundeskriminalamt (2015): *Partnerschaftsgewalt.* Lagebericht des BKA. Mainz.

Burton, F. (1979): *The politics of legitimacy: struggles in a Belfast community.* British Journal of Law and Society, 289–291. DOI: 10.2307/1409775.

Çinar, H. İ. (2007): *Die Religionen der Araber vor und in der frühislamischen Zeit.* Wiesbaden: Harrassowitz.

Connell, R. W. (2005): *Globalization, Imperialism and Masculinities.* In M. S. Kimmel, J. Hearn & R. W. Connell (Hrsg.), *Handbook of studies on men & masculinities* (S. 71–89). Thousand Oaks: SAGE.

Denov, M. (2015): Children born of wartime rape. The intergenerational realities of sexual violence and abuse. In: Ethics, Medicine and Public Health (2015) 1, 61–68.

Ehlers, A. (1999): *Posttraumatische Belastungsstörung.* Göttingen: Hogrefe.

Europäisches Parlament (2019), *Entschließung des Europäischen Parlaments vom 14. Februar 2019 zu den Rechten intersexueller Personen (2018/2878 (RSP)),* http://www.europarl.europa.eu/doceo/document/TA-8-2019-0128_DE.pdf.

Freiheit, M., Uhl, A., Zick, A. (2021): *Phänomenübergreifende Radikalisierungsprävention: Perspektiven aus Praxis und Forschung.* In MAPEX (Hrsg.): *Radikalisierungsprävention in Deutschland. Mapping und Analyse von Präventions- und Distanzierungsprojekten im Umgang mit islamistischer Radikalisierung,* S. 223–266.

Galtung, J. (1993): *Friedensforschung als universitäres Studienfach: Wie geht es weiter?* In: Alfs, M., Dominikowski, T., Hiegemann, M., Kinkelbur, D., Nabers, D., Westphal, N. (Hrsg.), *Arbeit am verlorenen Frieden.* Münster: agenda.

Gildemeister, R., Wetterer, A. (1992): *Wie Geschlechter gemacht werden. Die soziale Konstruktion der Zweigeschlechtlichkeit und ihre Reifizierung in der Frauenforschung.* In Traditionen Brüche: Entwicklungen feministischer Theorie, Hrsg. Gudrun-Axeli Knapp und Angelika Wetterer, 201–254. Freiburg/Breisgau: Kore.

Gross, T. (2003): *Kulturelle Herausforderungen in der Einwanderungsgesellschaft.* In: Jahrbuch für Kulturpolitik 2002/2003, Essen.

Hagemann-White, C. (2016): *»Grundbegriffe und Fragen der Ethik bei der Forschung über Gewalt im Geschlechterverhältnis«,* in: Cornelia Helfferich/Barbara Kavemann/Heinz Kindler (Hrsg.), Forschungsmanual Gewalt. Grundlagen der empirischen Erhebung von Gewalt in Paarbeziehungen und sexualisierter Gewalt (13–31), Wiesbaden: Springer.

Honegger, C. (1991): *Die Ordnung der Geschlechter. Die Wissenschaften von Menschen und das Weib,* 1750–1850. Frankfurt a. M./New York: Campus.

Hourani, A. (2000): *Die Geschichte der arabischen Völker.* Frankfurt: Fischer.

Javad, S. (2015): *»Jede kämpfende Seite hat ihre eigene Art, Frauen zu quälen«.* Interview mit Samar Yazbek. In: Infobrief zur geschlechterpolitischen Arbeit der Friedrich-Ebert-Stiftung 5, 23–29.

Kizilhan, J. I. (2006): *»Ehrenmorde«. Der unmögliche Versuch einer Erklärung.* Berlin: Irena Regener (Friedens- und Demokratiepsychologie, 4).

Kizilhan, J. I. (2015): *Interaktion von psychischen Erkrankungen und Zwangsverheiratung bei Migrantinnen in Deutschland.* Psychiatrische Praxis, 42(8), 430–435.

Kizilhan, J. I., Salman, R. (2015): *Die Psychologie des islamischen Terrors.* Trauma & Gewalt, 9(4), 328–342.

Kizilhan, J. I. (2010): *Migration, Identität und Gesundheit.* Familiendynamik. 35, (1), 50–59.

Kizilhan, J. I. (2018): *Posttraumatic stress disorder among former ISIS child soldiers in northern Iraq,* British Journal of Psychiatry (BJP). doi.org/10.1192/bjp.2018.88 IF

Krause, U. (2015): *Zwischen Schutz und Scham? Konfliktbedingte Flüchtlingssiedlungen, Gewalt und Geschlechterverhältnisse.* PERIPHERIE – Politik, Ökonomie, Kultur, 35(2), 235–259. https://doi.org/10.3224/peripherie.v35i138-139.24298.

Mauss, M. (1950): *Die Gabe. Form und Funktion des Austauschs in archaischen Gesellschaften.* Frankfurt a. M.: Suhrkamp Taschenbuch.

Meuser, M. (2006): *Hegemoniale Männlichkeit – Überlegungen zur Leitkategorie der men's studies.* In: Brigitte Aulenbacher et al. (Hrsg.), Frauen Männer Geschlechterforschung. State of the Art. Münster: Westfälisches Dampfbott. S. 160–174.

Nagel, T. (2001): *Das islamische Recht.* Westhofen: WVA-Verlag.

Partnerschaftskriminalität (2021). Kriminalstatistische Auswertung, Berichtsjahr 2021. Bundeskriminalamt (BKA). Mainz.

Raday, F. (2003): »*Culture, Religion, and Gender*«, International Journal of Constitutional law, 1(4), 663–715.

Reddemann, L. (2001): *Imagination als heilsame Kraft (Leben lernen 141).* Stuttgart: Klett-Cotta.

Rogers, C. R. (1977): *Therapeut und Klient.* München: Kindler.

Rohe, M. (2013): *Das islamische Recht.* München: C. H. Beck.

Save the Children Deutschland e.V (Hrsg.) (2019): *Krieg gegen Kinder. Was getan werden muss, um Kinder in bewaffneten Konflikten zu schützen.* Berlin. www.frnrw.de/fileadmin/frnrw/media/Kinder/StC_War_on_Children_2019_deutsch.pdf [30.03.2024].

Statistisches Bundesamt (2023): *Anzahl der polizeilich erfassten Fälle von Zwangsheirat in Deutschland von 2013 bis 2022.* Online verfügbar unter: https://de.statista.com/statistik/daten/studie/309403/umfrage/polizeilich-erfasste-faelle-von-zwangsheirat-in-deutschland/, [30.01.2024].

Uslucan, H. (2008): *Man muss zur Gewalt greifen, weil man nur so beachtet wird.* Zeitschrift für Sozialpädagogik, 1: 74–79.

Whyte, J. (1983): *How much discrimination was there under the unionist regime, 1921–68.* Contemporars Irish Studies. Manchester: Manchester University Press.

Wießner, G. (1996): *Stellungnahme zum Problem der Blutrache im Strafverfahren S. und D.* Akan vor dem Landgericht Münster.

Zimmer, G. (2022): *Femizide in Deutschland. (K)ein Einzelfall. Fakten und Hintergründe zu Gewalt gegen Frauen.* Berlin: Rosa-Luxemburg-Stiftung.

ENDNOTEN

1 https://www.instagram.com/kadincinayetlerinidurduracagiz/?hl=de

2 https://www.instagram.com/kadincinayetlerinidurduracagiz/?hl=de

3 Eine Stadt im Südosten der Türkei.

4 https://frauenrechte.de/fileadmin/Redaktion/Unsere_Arbeit/Gewalt_im_Namen_der_Ehre/GNE_Materialien/Presserecherche_Ehrenmorde_2023.pdf

5 https://tkdf.org.tr/bizden-haberler (Zugriff 09.04.2024)

6 https://www.tkdf.org.tr/bizden-haberler/2023-yili-kadin-cinayetleri-verileri-raporu (Zugriff 09.04.2024)

7 https://www.bka.de/DE/AktuelleInformationen/StatistikenLagebilder/Lagebilder/Partnerschaftsgewalt/partnerschaftsgewalt_node.html (Download 24.02.2024)

8 https://www.bka.de/DE/AktuelleInformationen/StatistikenLagebilder/Lagebilder/Partnerschaftsgewalt/partnerschaftsgewalt_node.html (Download 24.02.2024)

9 https://www.bka.de/SharedDocs/Downloads/DE/Publikationen/JahresberichteUndLagebilder/Partnerschaftsgewalt/Partnerschaftsgewalt_2021.html?nn=63476 (Download 30.03.2024)

10 Als Gebiet des Nahen Ostens werden meist die heutigen Länder Syrien, Libanon, Israel, Palästina, Jordanien, Saudi-Arabien, Bahrain, Kuweit, Oman, Katar, Vereinigte Arabische Emirate, Jemen, Irak, Iran, Ägypten und die Türkei bezeichnet.

11 Kursiv geschriebene Begriffe werden im Glossar am Ende dieses Buchs erläutert.

12 https://qantara.de/artikel/iran-proteste-2022-passen-scharia-und-demokratie-zusammen

13 https://www.ohchr.org/en/press-releases/2023/04/repressive-enforcement-iranian-hijab-laws-symbolises-gender-based

14 Siehe hierzu Jan Ilhan Kizilhan/Alexandra Cavelius: »Die Psychologie des IS – Die Logik der Massenmörder«, Europa Verlag, München 2016.

15 »Archaisch« verbinde ich wohlgemerkt nicht mit »primitiv« oder unterentwickelt, sondern ich möchte damit eine bestimmte Form von Gesellschaftsstruktur beschreiben.

16 Insbesondere innerhalb der Schule und des Freundeskreises.

17 In der Arbeitswelt, Gesellschaft.

18 In der Türkei beispielsweise wurde im Jahr 2004 ein umfassendes Reformpaket verabschiedet, durch das Strafmilderungen für »Ehrenmorde« abgeschafft und Gewalt in der Ehe strafbar gemacht wurden.

19 Türkische Zeitung Hürriyet vom 15.07.2005, S. 8.

20 Erol Pohlreich, 2011: https://www.zis-online.com/dat/artikel/2011_8-9_607.pdf (Zugriff am 20.4.2024)

21 https://www.who.int/news-room/fact-sheets/detail/female-genital-mutilation#:~:text=FGM%20is%20mostly%20carried%20out,is%20taken%20towards%20its%20abandonment (Download 22.03.2024)

22 https://www.unicef.de/informieren/aktuelles/blog/-/kinderehen-weltweit-fragen-und-antworten/274028

23 https://frauenrechte.de/fileadmin/Redaktion/Unsere_Arbeit/Gewalt_im_Namen_der_Ehre/GNE_Materialien/2022_05_TDF-Auswertung_Umfrage_EFM_an_Schulen.pdf

24 https://unwomen.de/formen-der-gewalt-gegen-frauen-und-maedchen/

25 Orte, Daten und Namen sind aus Sicherheits- und Anonymitätsgründen verändert.

26 Statistisches Bundesamt (2024). https://www.destatis.de/DE/Themen/Gesellschaft-Umwelt/Bevoelkerung/Migration-Integration/Tabellen/migrationshintergrund-geschlecht-insgesamt.html (Zugriff 10.04.2024)